글로리아 스타이넘의

# 일상의 반란

# 글로리아 스타이넘의 일상의 반란

글로리아 스타이넘 저
양이현정 옮김

Outrageous acts and everyday rebellions by Gloria Steinem

현실문화연구 기획위원
김수기 김진송 박영숙 엄혁 윤석남 이교동 조봉진

펴낸이 : 김수기
책임편집 : 조윤주
편집 : 박은미 강수돌
영업 : 서명표
펴낸곳 : 현실문화연구
주소 : 서울시 서초구 서초4동 1686-4 현실문화연구 연구실
등록 : 제 22-1533호 1999. 4. 23
첫번째 찍은날 : 2002년 4월 15일
값 : 11,000원

✳ 일러두기

1. 한글 전용을 원칙으로 하되, 이해를 돕기 위해 한글 다음에 한자나 외국어를 병기했다. 인명과 단행본의 경우, 처음 언급될 때만 외국어를 병기했다.
2. 단행본, 잡지 등에는 겹낫쇠『 』를, 기사, 문서 등에는 홑낫쇠「 」를, 영상물, 공연물, 단체 이름에는 단꺾쇠〈 〉를 사용했다.
3. 지은이가 강조한 부분은 고딕체로 표기했다.
4. 지은이의 원주는 각주로 달았다.
5. 옮긴이가 읽는이들의 이해를 돕기 위해 덧붙인 주는 본문에 로마자로 표시하고, 각 글의 끝에 미주로 달았다.

글로리아 스타이넘의

# 일상의 반란

# 글로리아 스타이넘의 **일상의 반란**

글로리아 스타이넘 저
양이현정 옮김

Outrageous acts and everyday rebellions by Gloria Steinem

Copyright @ 1995 Gloria Steinem
Korean translation copyright @ 2000 by Hyunsil Cultural Studies

All Rights Reserved. Authorized translation from English
language edition published by Owl Book,a member of Henry Holt
and Company, Inc.

This Korean edition was published by arrangement with Owl
Book through Korea Copyright Center, Seoul.

현실문화연구 기획위원
김수기 김진송 박영숙 엄혁 윤석남 이교동 조봉진

펴낸이 : 김수기
책임편집 : 조윤주
편집 : 박은미 강수돌
영업 : 서명표
펴낸곳 : 현실문화연구
주소 : 서울시 서초구 서초4동 1686-4 현실문화연구 연구실
등록 : 제 22-1533호 1999. 4. 23
첫번째 찍은날 : 2002년 4월 15일
값 : 11,000원

**＊ 일러두기**

1. 한글 전용을 원칙으로 하되, 이해를 돕기 위해 한글 다음에
   한자나 외국어를 병기했다. 인명과 단행본의 경우, 처음 언급
   될 때만 외국어를 병기했다.
2. 단행본, 잡지 등에는 겹낫쇠「」를, 기사, 문서 등에는 홑낫쇠
   「」를, 영상물, 공연물, 단체 이름에는 단꺾쇠〈 〉를 사용했다.
3. 지은이가 강조한 부분은 고딕체로 표기했다.
4. 지은이의 원주는 각주로 달았다.
5. 옮긴이가 읽는이들의 이해를 돕기 위해 덧붙인 주는 본문에
   로마자로 표시하고, 각 글의 끝에 미주로 달았다.

글로리아 스타이넘의

일상의 반란

현실문화연구

# 차 례

# 서문

이 책이 처음 출판된 후 10년 넘게 계속 출판되고 있다는 사실에 작가로서 보람을 느낀다. 이번에 서문을 새로 쓰고 몇 개의 후기를 덧붙여서 재판을 내게 되었다. 책의 평균 수명이 우유나 달걀의 유통기한과 비슷하다는 점을 생각하면, 이 책은 내가 상상도 못했던 만큼 장수를 누리고 있다. 게다가 처음 이 책이 나온 때로부터 12년 전에 쓴 글도 포함되어 있었으니 놀랄 일이다.

조금이라도 변화한 세상에 책을 다시 내놓는 것이니만큼, 여기 실린 글들이 이전에 했던 역할에 더해 다른 역할도 할 수 있기를 희망한다. 과거의 여성운동은 낡은 것이라고 생각하는 사람들과 젊은 독자들에게 이 글들은 그 당시의 사건과 생각을 생생하게 설명해줄 수 있을 것이다. 나는 그 당시의 사건들을 독자들이 직접 체험하듯 생생하게 전달하는 기록이 필요하다는 생각을 늘 하고 있었다. 그때 거기 있었던 사람들의 다양한 경험은 고려되지 않고 언론보도나 학술적 설명에만 기초해서 씌어진 책과 기사를 읽을 때마다 그런 생각을 한다. 예를 들어 그 당시 여성운동을 '남자 흉내를 내려 하는 여자들', '반남성', '피해자로서의 여성 정체성', '백인중산층 운동' 등 상호모순된 말들로 설명하는 경우가 많다. 페미니스트 학자들도 때로는 손쉬운 인터넷 검색만 한다. 그런 방법으로 옛날 신문 기사만 보고 자기 견해를 결정하는 것이다. 현재의 신문은 전혀 신뢰하지 않으면서 말이다. 과거를 연구하는 모든 학자들에게 이런 지침이 내려져야 할 것 같다. 신문보다 사람 먼저!

또 하나 내가 바라는 것은 이 책과 같은 글 모음집이 일반적인 관행을 바꾸는 데 도움이 되었으면 하는 것이다. 일반적으로 여러 주제를 다룬 책은 하나의 주제로 씌어진 책보다 가치가 없고 수명도 짧다고 생각한다. 나도 한때 그렇게 생각하던 시절이 있었지만, 지금은 다양한 주제를 담은 책도 나름의 가치가 있다고 생각한다. 특히 성과 인종에 기반한 생각을 변화시키려 할 때 어떤 일이 벌어지는지를 보여주려면 여러 가지 주제를 다뤄야 한다.

생식 기능과 특정 질병에 대한 저항력을 제외하면 모든 면에서, 성별이나 인종이 다르다고 해서 특별한 차이가 생기는 건 아니라는 것이 밝혀졌다. 그럼에도 불구하고 성별과 인종이라는 확연한 차이점에 기초해 평생 신분이 결정되는 카스트제도가 널리 퍼져 있다. 그래서 자연적으로 그렇게 될 수 밖에 없다고 믿게 만든다. 한 가지 주제만으로는 우리의 상상력을 충분히 자극할 수 없다. 이런 카스트제도가 없다면, 친밀한 사이부터 전지구적 차원까지 모두 포괄하는 그 모든 거짓 주장이 없다면, 삶이 어떻게 달라질 수 있을까를 상상하기에는 한 가지 주제로 부족한 것이다. 그런 카스트제도에 반대하는 운동에 관한 역사책은 그것 자체보다는 그에 대한 설명들을 보여준다. 모든 사람이 존중받는 세상을 상상할 수 있게 하기 위해서는, 개인적인 이야기를 해야 함은 물론이고 계급, 인종문제와 여성문제의 유사점을 제시해야 한다. (지금은 계급문제나 인종문제가 정치적인 문제로 인식되고 있지만 옛날에는 타고난 본성의 문제로 여겨졌다.) 뭐니뭐니해도 백문이 불여일견이다. 다양한 사례를 보여줄 필요가 있는 것이다.

돌이켜보니 페미니즘 관련 필독서를 추천해달라는 요청을 받으면 나는 다양한 주제를 다룬 책들을 추천하곤 했다. 그 중에는 『자매애는 강력하다」, 「급진적 페미니즘」, 「모든 여자는 백인이고, 모든 흑인은 남자다. 하지만 우리는 용감하다」처럼 여러 사람의 글을 모은 책도 있었고, 한 사람이 여러 주제의 글을 쓴 것을 모은 책도 있었다. 후자의 경우로는 안드레아 드워킨의 「여성 혐오」, 앨리스 워커의 「어머니의 동산을 찾아서」 등이 있다. 로빈 로건의 「자매애는 강력하다」는 25년간이나 꾸준히 팔려서 페미니즘의 새물결의 성과 중 최장수 기록을 세웠다. 나머지 책들도 아직 서점에 꽂혀 있고, 모서리가 닳은 채 도서관에 꽂혀 있다. 수업 시간에 참고자료로 쓰이고 있으며 침대 머리맡에 소중히 놓여 있기도 하다. 그 동안 발간된 다른 소중한 책들과 함께 말이다. 이 책 역시 그 가운데 하나로 포함된다면 나는 작가로서 더없이 행복할 것이다.

그러나 운동가로서의 나는 이 책이 아직도 읽히고 있는 데에 대해 안타까움을 느낀다. 독자들 대부분이 이 책의 내용이 아주 시대에 뒤떨어진 것이라 느낀다면 더 큰 보람을 느낄 것 같다. 이 책이 「루즈벨트는 왜 재선에 실패했나」 같은 책이나 남아프리카 공화국의 아파르트헤이트, 소련 공산주의 체제에 관한 책들처럼 취급된다면 더 좋겠다는 것이다. 이 책에 실린 글이 다음 세대한테도 읽히는 것을 보면 기뻐해야 할지 한탄해야 할지 모르겠다. 안타깝게도 여기 실린 주장이 아직도 유효하다는 것을 보여주는 예가 있다.

최근에 나는 여성운동에 관한 다큐멘터리를 위해 인터뷰를 해줬다. 여자 PD의 말에 의하면, 그 다큐멘터리는 "왜 젊은 페미니스트가 없는가?"에 초점을 맞춘 것이었다. 여론조사 결과를 보면 역사상 그 어느 때보다 젊은 페미니스트들이 많다는 것을 그들도 알 것이다. 자기 자신을 페미니스트라고 부르지 않더라도 페미니스트답게 살아가는 젊은 여자들은 더더욱 많다. 하지만 난 그들이 젊은 페미니스트가 없다고 말하는 것이 무슨 뜻인지 알고 있다. 그들의 질문을 정확히 표현하자면 이런 말이 될 것이다.

"왜 젊은 여자들은 늙은 여자들에 비해 덜 급진적인가? 젊은 여자들이 더 과격할 것 같은데 말이다."

그 인터뷰를 하면서 내가 17년 전 「왜 젊은 여성이 더 보수적인가」에 썼던 이야기가 그대로 되풀이되고 있다는 것을 깨달았다. 남자들은 젊은 시절에 혁명을 꿈꾸지만 나이가 들수록 점점 보수화한다. 여자들은 젊을 때는 보수적인 사람이었더라도 나이가 들수록 점점 급진적인 성향을 띠게 된다. 이건 노예제도 폐지운동과 여성참정권운동 시절부터 되풀이되어온 양상이다. 남성지배 사회에서 젊은 남자는 권력을 가진 그들 아버지에게 저항하다가 그 자리를 자신이 차지하게 되면 점점 보수화하는 것이 당연해 보인다. 젊은 여자는 성적 매력과 출산 능력으로 인해 제한적인 지배력을 가질 수 있지만 결국에는 무력한 그들 어머니 자리를 차지한다. 그뿐만 아니라 젊은 여자들은 아직 임노동에서의 불평등을 경험하지 못한 상태이고, 집안일과 양육에서의 불공평한 부담도 겪어보지 않았고, 남녀에 따라 나이 들어감도 다르게 평가된다는 것도 알지 못한다. 달리 말해 젊은 여자들의 유일한 문제는 아무 문제도 없다고 생각한다는 점이다.

이런 상황은 그 글이 처음 발표될 때에도 낡은 이야기가 아니었고, 지금도 그렇다. 내가 만약 똑같은 글을 오늘 쓰고 있다면, 이런 여성의 변화가 남성의 변화보다 더 좋은 것도 아니고 더 나쁜 것도 아니라는 점을 더 분명히 할 것이다. 그냥 서로 다를 뿐이라고 말이다. 그런 변화 양상이 같은 성에 속한 모든 사람에게 적용되는 것도 아니다. 그걸 만드는 것은 신체조건이 아니라 문화이기 때문이다. 역사를 살펴보면 페미니즘의 첫 번째 물결에 비해 두 번째 물결에 참가한 여성들의 평균 연령이 열 살가량 낮아졌다. 성역할이 사라지면 성별에 따른 저항 양상도 사라질 것이다. 그러나 남성적인 인식과 행동만을 정상이라고 생각한다면, 그와는 다른 논리의 삶을 사는 많은 여자들(그리고 일부 남자들)의 존재를 비가

시화하는 결과를 낳는다. 그리고 또래의 보수적인 성역할 인식에 도전하는 용감한 젊은 여자들의 용기를 꺾는 결과를 낳을 것이다. 남성적인 것만 정상이라고 간주한다면, 무엇보다도 40대, 50대, 60대 이상의 늙은 여자들이 고정화된 성역할에 대해 강하게 저항할 수 있다는 중요한 사실을 지나치게 되는 것이다. 일반적인 사람들뿐만 아니라 여자들 자신도 그 사실을 못 보게 되는 것이다. 미국의 출생률이 급격히 감소했고 평균수명은 참정권운동 시대에 비해 30년 이상 늘었기 때문에, 나이든 여자들이 여성운동에서 중대한 역할을 하게 될 가능성이 정말 크다.

최근 우리는 왜 여자들은 나이가 들면서 보다 급진적인 성향을 갖게 되는가에 대한 이유를 더 많이 알게 되었다. 그래서 새로이 알게 된 이유를 「왜 젊은 여성이 더 보수적인가」의 후기에 덧붙여두었다. 젊은 페미니스트들은 외로움을 느낄 수 밖에 없다. 그들은 이렇게 생각한다.

"모두들 어디 있는 거야?"

자기 자신을 위한 운동을 평생 할 가능성에 대해서는 남녀 모두 별로 고려하지 않는다.

나는 16년 전 「히틀러가 살아 있다면 낙태를 찬성했을까」를 썼다. 반낙태 집단들이 태아를 나치와 동일시하고 합법적 낙태의 자유선택권을 옹호하는 사람들을 나치에 비유하고 있음을 드러내기 위한 것이었다. 이런 극단적인 수사법은 인종학살 음모론을 대신해 나타난 것이었다. 우익은 합법적 낙태가 흑인 공동체를 약화시키려는 음모라고 선전했지만 그런 주장은 별로 효과가 없었다. 그 주장이 근거도 없는 것이었음은 물론이다(백인 여성이 유색인 여성보다 낙태를 더 많이 하는 경향이 있었기 때문이다). 그런 주장을 하는 사람들은 백인 인종차별주의자들이었다. 그렇지 않았다면 인종학살 음모론이 좀더 많이 먹혀들어갔을지도 모른다. 그들은 "낙태와 피임으로 백인 서구 사회가 자살을 하고 있다."고 주장하는 인종차별주의자였던 것이다. 나는 낙태를 나치즘에 빗대어 비꼬는 반낙태 진영의 새로운 수사법을 주요 언론이 받아들이지 않을 것이라 생각했다. 그리고 히틀러와 나치가 실제로는 낙태를 금지했다는 역사적인 사실도 밝힐 것이라 기대했다. 나치는 낙태가 반국가 범죄라고 선언했으며, 낙태를 한 여성과 의사를 감옥에 보낼 수도 있었다. 가족계획 시술소를 폐쇄하고 피임에 관한 정보는 공개하지 못하게 했다. 나치가 이렇게 한 것은 모두 아리아 인구를 늘리기 위한 것이었다. 그렇게 하면서 그들은 유태인들과 다른 바람직하지 못한 사람들을 제거하고 있었다.

16년이 지난 지금도 반낙태 단체들은 여전히 낙태를 옹호하는 운동가들을 나치에 비유하고 있다.

언론도 그런 주장의 타당성을 검토하지 않는다. 그런 과격한 표현법은 산부인과 병원에 폭탄을 던지는 등의 테러 행위를 불러왔고 그것을 정당화했다. 그런 일은 이제 한 달에 한 번 꼴로 일어난다. 의사나 병원 직원을 살해하는 경우도 있었고 미수에 그친 사건도 있었다.

그러면 이런 폭력적인 결과를 낳았다고 해서 반낙태 수사법이 조금이라도 누그러졌는가? 걱정스럽게도 그렇지 않다. 오히려 그런 표현은 주류문화로 흘러들어갔다. 토크쇼 진행자인 극우파 러시 림보는 최근 여성운동에 대한 보수파들의 반격이 심해지는 동안 인기를 얻었다. 그는 페미니스트가 나치와 같다는 주장을 한 단어로 압축해서 "페미나치"라고 표현했다. 1992년, 그는 그 말의 뜻을 이렇게 설명했다.

"페미나치는 가능한 한 많은 낙태가 일어나도록 하는 것이 세상에서 제일 중요하다고 생각하는 여자, 즉 페미니스트를 말합니다."[1] 그는 나를 포함한 여러 사람들에게 페미나치란 칭호를 붙여줬지만, 나는 그가 말한 정의에 들어맞는 여자를 본 적이 한 번도 없다. 오히려 아이를 안전하게 낳을 권리, 아이를 가질 것인가 말 것인가, 언제 아이를 가질 것인가를 결정할 권리가 항상 우리의 목표였다. 그리고 여성운동 최초의 법적 투쟁 중 하나는 강제 불임시술을 금지하기 위한 것이었다. 최근에 낙태에 초점이 맞추어진 것은 낙태를 또다시 불법화하거나 낙태시술소에 테러를 가하는 데 대한 하나의 반응이었다.

그럼에도 불구하고 '페미나치'라는 말은 곧바로 언론 보도에 사용되었다. 마치 그것이 적절한 말인 것처럼, 또 심지어 훌륭한 말인 것처럼 계속해서 사용되고 있다. 나치 유태인이라는 말을 만들어낸다면, 역사의식이 결여된 그런 부당한 말이 "페미나치"의 경우와 마찬가지로 사용될 수 있겠는가? 그렇지 않을 것이다. 언론에서조차 낙태의 자유로운 선택을 인종학살과 동일시하고, 페미니스트를 나치에 비유하는 표현을 사용하면서 테러 행위를 정당화하고 있다.

내가 「에로티카와 포르노그라피」를 쓴 후 19년 동안, 포르노에 대한 새로운 인식이 사람들의 공감을 얻었고 그에 대한 전국적인 논쟁이 시작되었다. 강간이 성행위가 아니라 폭력인 것과 마찬가지로, 포르노는 섹스에 관한 것이 아니라 여성혐오와 폭력을 담고 있는 것이라는 인식이 확산된 것이었다. 그것은 좋은 소식이다. 나쁜 소식은 포르노 반대 운동가들이 오해를 받아왔다는 것이다. 그들은 포르노 산업 측의 악선전에 의해 매우 왜곡되게 알려져서 점점 우익의 검열 강화 주장과 한 덩어리로 묶이곤 한다. 그런데 검열을 강조하는 측은 페미니즘, 게이, 레즈비언, 낙태, 성교육, 나체 등, 결혼 내의 임신으로 끝나지 않는 모든 성적인 것에 반대한다. 검열찬성론자와 페미니스트를 구별하기란 아주 쉬운 일이다. 전자는 도서관에서 책을 줄이려 하고 후자는 도서관에 더 많은 책을 넣으려 한다.

나를 비롯한 여성운동가들이 "청교도적"인 "빅토리아 시대 사람"이고 "섹스를 싫어하는" 사람이라고 비난하는 이야기를 들으면 황당하기 그지없다. 몇 년 전까지는 지금과 똑같은 주장을 한다는 이유로 "성해방주의자," "타락한 여자들"이라는 비난을 들었기 때문이다. (우익들은 지금도 우리를 그렇게 보기도 한다.) 포르노가 폭력을 정상적인 것으로 보이게 만든다는 이유로 포르노를 반대하는 사람들은 더 열심히 싸워야 할 것이다. 참정권운동가들의 운명을 되풀이하지 않으려면 말이다. 그들은 성적 매력이 없는 따분한 블루스타킹으로 역사에 기록되었다. 그렇지만 실제로 엠마 골드만과 빅토리아 우드헐, 마가렛 생어 등은 우리와 다름 없이 성 해방을 추구했다. 굴욕적이거나 위험하지 않는 성행위를 할 수 있는 권리를 주장하는 여성은 섹스를 싫어하고 쾌락을 모른다고 비난한다. 지배보다 협력을 선호하는 남성은 성적 능력이 모자란 겁장이로 만든다. 이것이 바로 남성지배의 핵심에 도전하는 자들을 고립시키기 위한 전술이다. 폭력과 지배를 섹스와 구분하려 하는 사람들을 이런 식으로 고립시키는 것이다.

에로티카와 포르노를 구분하는 것은 강간과 성행위를 구분하는 것보다 더 어려웠다. 성희롱이 상호적 애정과 다르다고 주장하는 것보다 어려웠고 지배와 폭력을 섹스와 구별해내는 여타의 작업들보다도 더 어려웠다. 왜 그랬을까? 그것은 다국적 포르노 산업이 벌어들이는 몇 조 달러의 돈과 관련 있다고 나는 생각한다. 다국적 포르노 산업은 영화, 비디오, 만화, 포르노 잡지, 시디롬, 컴퓨터 게임, 라이브 섹스쇼, 아동 매춘, 섹스 관광 등 온갖 것들로 돈을 벌어들이고 있다. 그들은 버려진 아이들이나 외국에서 데려온 여자들을 성노예로 사고팔고, 포르노를 찍는 데 이용하기도 한다. 이들은 조직적 범죄를 저지르면서 그것을 "합법적"인 사업으로 보이게 하는 데 성공했다. 그 뿐만 아니라 표현의 자유를 옹호한다는 단체들에게 보호를 받기까지 한다. 그 동안 포르노를 만드는 과정에서 저지른 범죄에 대해서만 재판을 받게 해도, 포르노 산업은 떼돈을 벌어들이는 사업이 아니라 위험한 사업이 될 것이다. 린다 러블레이스에 관한 글에도 나오듯이, 그들은 포르노를 만들면서 구타, 감금은 예사로 하고, 어린이 납치, 강간까지 일삼는다. 포르노의 판매가 제한되기만 해도, 그렇지 않으면 최소한 사람들이 포르노를 용납하는 정도나 포르노의 인기가 좀 줄어들기만 해도, 이 번창하는 산업이 훨씬 축소될 것이다. KKK나 네오 나치 등 다른 집단 혐오 선전물은 돈이 안 되지만 포르노는 큰 돈벌이가 된다. 그래서 KKK나 네오 나치에 대한 항의에 비해 포르노 반대는 표현의 자유의 침해라고 비난받는 경우가 훨씬 많은 것이다. 범죄를 저지르고 처벌을 피하는 가장 좋은 방법이 그것을 사진으로 찍고 포르노로 파는 것이 되는 지경에 이르렀다. 포르노로 팔리고 있는 범죄가 다른 범죄와 마찬가지로 처벌되어야 한다고 주장하면 검열찬성론자라고 비난받는다.

물론 포르노가 정상적인 것으로 보이는 데에는 경제적인 이유보다는 좀더 심층적인 이유가 있다. 두 사람 모두 쾌락을 즐기는 평등한 성행위의 묘사는 아주 드물기 때문에, 포르노 제작자들만이 섹스 표현을 독점해 왔다. 그래서 그들은 포르노 반대는 섹스에 반대하는 것이라고 주장할 수 있었던 것이다. 우리가 "섹스 마약 폭력"이라고 마치 하나의 덩어리인 것처럼 말할 때마다, 섹스는 원래 폭력적이라는 그들의 주장을 강화하는 결과를 낳는다.

그러나 우리는 한 사회 내의 아동 학대와 성인들의 새도매저키즘의 정도가 연관성이 있다는 것을 알고 있다. 많은 사람들이 고통과 굴욕은 사랑, 친밀성의 불가피한 부분이라고 생각하며 자란다. 포르노에 대한 대응은 그것이 여성 억압의 기제로 작용하고 있다는 것을 드러내는 데 그쳐서는 안 된다. 포르노를 좋아하지만 다른 사람을 해롭게 할 생각은 없는 개인들에게 자신이 비난받는다는 느낌을 주어서는 안 된다. 자신이 비난받는다는 이런 느낌은 몇몇 페미니스트를 포함한 일부 여자들이 포르노를 옹호하게 만든 부분적인 원인이 되었다. 인종이나 계급 제도에 너무 익숙해져서 그런 억압 속에서 편안함을 느끼는 사람들이 있듯이, 매춘과 포르노에 대해서도 그렇게 느끼는 사람들이 있다. 섹스 산업 종사자들 등 어떤 사람들은 매춘이나 포르노에 큰 매력을 느낀다.

그러나 대부분의 사람들이 포르노 반대에 참여하지 않는 가장 큰 이유는 포르노가 어떤 내용을 담고 있는지 모르기 때문이다. 페미니스트인 다이아나 러셀은 "여성은 포르노에 반대하고 검열에도 반대한다"는 구호가 새겨진 티셔츠를 입고 다니곤 하는데, 그녀의 최근 책에 가장 흔한 포르노 이미지 중 몇 개를 실었다. 『포르노그라피에 반대하여: 해악의 증거』[2]라는 제목의 그 책은 포르노를 본 적이 없는 독자들에게 우리의 극장, 비디오 가게, 신문 가판대, 케이블 텔레비전, 사이버스페이스에 있는 것이 어떤 것인지 알려 준다. 포르노의 전형적인 이미지는 이런 것들이다. 1) 엄청나게 큰 가슴을 가진 여자. 위험할 정도로 실리콘을 많이 넣는 유방확대 수술을 받은 그들은 정상적으로 눕지도 걷지도 못한다. 2) 재갈을 물리고 밧줄로 꽁꽁 묶고 가면을 씌운 채 정육점에 걸어 놓은 여자의 몸. 3) 굴욕을 겪으면서 "쾌락"을 경험한다는 여자들 얼굴에 뚜렷이 보이는 눈물 자국. 4) 여자의 다리를 벌려서 따로 묶어 두고 병이나 막대를 여자의 질에 강제로 넣는다. 5) 젖꼭지나 음순이 바늘에 뛰뚫린 채로 웃고 있는 여자아이들. 마약에 취한 것이 틀림없는 표정을 하고 있다. 6) 어린이의 입과 항문에 강제로 성기를 넣는 모습. 아동 성 학대 방법을 알려주는 지침서에 실려 있다. 7) 여자를 마구馬具에 묶어두고 동물이나 모조 남근을 삽입하면 고통스러워 소리 지르는 모습. 8) 어린 남자아이를 이용하는 남자 어른. 아이에게 심한 고통을 주는 방식으로 아이의 몸을 이용한다. 9) 실제로 내장을 꺼내거나 살인을 하는 모습을 그대로 보여주기도 한다. 앞에서 이야기한 것 중 많은 경우에, 인종, 계급, 연령, 옷을 벗은 정도의 차이가 더해지면 피해자와 가해자 간의 권력의 차이는 더 커진다.

　특정 인종이나 민족에 대한 집단혐오나 비하를 반대하는 사람들은 진지하게 받아들여지지만, 포르노를 반대하는 사람들은 진지하게 받아들여지지 않는다. 우리는 나치즘 이미지를 반대하는 유태인들이나 인종차별적 사진을 반대하는 흑인들처럼 정당하게 여겨지지 않는 것이다.

　여기 실린 글들을 다시 읽으면서, 그 동안 큰 변화가 일어나지 않았다고 생각하고 보수주의자들의 반격을 다시 떠올리니 새삼 분노가 치민다. 그런데 분노는 행동을 위한 에너지를 일으키는 배터리와 같다. 독자 여러분도 분노를 소중히 생각하고 잘 활용하기를 바란다. 분노가 표현되지 않고 안으로 향하면 억울함이나 우울증이 된다. 정치적 행동은 그런 느낌을 치유하는 해독제이며 진보로 가는 유일한 길이다. 사실상 보수주의의 반격은 성공의 증거이기도 하다. 페미니즘이 대다수 사람들에게 평등의식을 심어줌으로써 불가피하게 생기는 결과인 것이다. 대다수 사람들이 평등의식을 갖게 되면 이전에 다수를 차지했던 반평등론자들은 성난 소수가 된다. 그런데 자신들이 합법적인 것, 정상적인 것을 규정할 수 있다고 여기는 보수주의자들의 생각은 여전히 변하지 않는다.

　여자들은 다른 사람에게 인정받음으로써 자기 가치를 확인하도록 훈련되어 있어서, 반대를 무릅쓰는 것은 여자들에게 매우 어려운 일이다. 그런데 역사학자 거다 러너가 지적했듯이, 여성의 역사의 공통점은 잃어버렸다고 발견하고, 다시 잃어버렸다가 재발견하고, 또다시 잃어버렸다가 다시 재발견하는 것이다. 그것은 주변화된 모든 집단의 역사도 마찬가지다. 주변부의 집단이 중심을 변화시킬 때까지 그런 과정은 되풀이된다. 나무나 씨앗의 경우에도 그렇듯이, 성장이 이루어지는 곳은 주변부이다. 그렇다면 누가 주변부가 아닌 곳에 있고 싶겠는가?

　축하해야 할 변화도 많이 이루어졌다. 그런 변화는 개인적인 것에서부터 정치적인 것에 이르기까지 매우 다양하다. 정치적인 변화는 운동 단체와 사회 전체가 공유하는 것이다. 그러나 개인적인 변화는 독자들 각자에 따라 다르게 나타날 것이다. 내 주위의 변화는 이런 것들이다.

　플레이보이 클럽에서 일하고 나서 쓴 폭로기사는 아직 읽히지만 국내

외의 플레이보이 클럽들은 없어졌다.

이 책에서 다룬 주제들이 다른 곳에서 더 자세히 연구되고 있다는 것을 발견할 때도 나는 보람을 느낀다. 특히 「남성의 말 여성의 수다」에서 다룬 말하기 방식의 정치학에 대한 연구가 많이 이루어졌다. (그 중 가장 인기 있었던 것은 데보라 태넌의 책 『당신은 이해 못해 You Just Don't Understand』였다.) 「성기에 가해지는 범죄」에서 다룬 여성 성기 절단 문제는 마침내 주요 언론에서도 보도되고 있다. 또한 변화를 위한 가장 중요한 동력을 얻어가고 있다. 성기 절단을 경험한 여자들이 운동을 벌이기 시작하고 있는 것이다. 이들은 딸들을 구하기 위해 용감하게도 자신의 문화적 전통을 공격하고 있다.

「여성의 몸을 찬양함」을 다시 읽어보니 섭생 장애가 늘어나고 심각해지는 현상 때문에 그 문제가 더 절실히 다가온다. 요즘 젊은 여성들이 살을 빼기 위해 굶어서 건강상의 문제가 생기는 것도 젠더 정치학의 문제이다.

이제 레즈비언, 게이 운동의 공간이 점점 더 커지고 있다. 그래서 「트랜스젠더: 신발이 맞지 않으면 발을 바꿔라」에서 이야기했던, 성역할을 거부하는 사람들은 (트랜스젠더 수술을 한 경우든 안 한 경우든) 자기 자신이 원하는 모습으로 살 수 있게 되었다.

아직도 여성운동을 '백인 중산층 운동'이라고 설명하는 경우가 너무나 많다. (공화당에 대해서는 그렇게 말하지 않는다. 공화당은 흰색을 구분 못하는 색맹처럼 굴어도 문제 제기를 받지 않는다.) 그렇지만 여성운동에는 점점 여러 인종이 참여하고 있는 것을 볼 수 있다. 특히 젊은 페미니스트들은 인종간의 연대에 대한 역사를 알지 못하는데도 다른 인종과 함께 운동을 벌여나가고 있다.

그리고 그 동안의 변화는 몇몇 개인들의 삶에 대한 평가도 바꾸어 놓았다. 최근 마릴린 먼로의 연기력이 진지하게 평가되는 것을 보게 되어 아주 기뻤다. 그것은 그녀가 평생 동안 갈망하던 것이었다. 또 앨리스 워커의 작품은 이제 전 세계적으로 유명해졌는데 그것도 내게는 매우 큰 기쁨이다. 그리고 내 글이 발표된 후 재클린 케네디 오나시스가 내게 했던 말이 기억난다. 그녀는 그 글 덕분에 사람들이 자신을 편집자로 받아들였고, 16년 동안 자신의 일을 계속할 수 있었다고 말했다. 그녀는 가족들과 그녀가 사랑했던 책들에 둘러싸여 죽음을 맞이했다.

내 자신의 삶에 있어서의 변화를 가장 잘 보여주는 것은 「룻의 노래」이다. 여러 해 동안 나는 그 글을 다시 읽어볼 엄두를 내지 못했다. 내 어머니의 슬픈 인생을 똑바로 마주볼 수 있었던 것은 내 안에 있는 알 수 없는 부분이 용기를 주었기 때문이었던 것 같다. 한참 후에야 나는 내가 그 글을 쓸 때 내 삶에 대해서도 쓰고 있었다는 것을 깨달았다. 바깥과는 담을 쌓고 슬픔을 끌어당기는 자석처럼 살았던 어린 시절에 대해, 어려운 시기를 겪은 여자들에게서 내 어머니를 보는 것에 대해, 나를 보호해줄 수 있는 강한 어머니를 얼마나 갈구했는지에 대해 나는 쓰고 있었던 것이다. 이제 나는 그 때는 잘 모르고 썼던 이 문장의 의미를 이해할 수 있게 되었다.

"아마도 앞으로 나는 어머니의 삶이 내게 남긴 것이 무엇인지 생각하며 살아갈 것 같다."

실제로 그랬다. 나는 계속해서 내 안에 숨겨져 있던 부분을 드러내고 있다. 아주 먼 옛날엔 어머니의 운명을 되풀이할지도 모른다는 생각에 어머니와 닮은 점은 모두 부인했다. 그런 이유 때문에 내가 인정하지 않았던 내 안의 어떤 부분들을 이제 들춰내고 있는 것이다. 그러나 그런 두려움은 이제 모두 사라졌고, 내 안에 있는 것을 새로 발견하는 것은 새로 태어나는 것과 같다.

여러분의 삶이든, 내 삶이든, 아니면 앞으로 태어날 아이들의 삶이든, 영원히 사는 것보다 온전한 자기 자신으로 사는 것이 훨씬 더 중요하다.

내 작품이 계속 읽히는 기쁨과 모든 사람이 존중받는 세상에 대한 운동가의 갈망 사이에서 내가 선택하고 싶은 것은 명확하다. 이 책을 시대에 뒤떨어진 것이 되도록 만들기 위한 여러분의 노력에 이 책이 조금이라도 도움이 되기를 바란다.

1995년
글로리아 스타이넘

**각주**

1) Paul D. Coldford, *The Rush Limbaugh Story* (New York: St. Martin's Press, 1993), p 184.
2) Diana E. H. Russell, *Against Pornography: The Evidence of Harm* (Berkeley, California: Russell Publications, 1994). 다음 책도 참조하라. Russell, *Making Violence Sexy: Feminist Views on Pornography* (New York: Teachers College Press, 1993).

# 행간의 인생

지난 10년, 아니 12년 동안 내가 쓴 글을 모아 봤자 지원금 신청서, 휘갈겨 쓴 강연 개요, 여러 번 뜯어고친 후에 완성한 성명서나 다른 책의 추천사뿐일 거라고 나는 생각했다.

물론 그런 일을 하는 데 바친 시간을 후회하지는 않는다. 그런 글을 통해 사람들의 행동을 촉발하고, 다른 사람과 공유한 감정을 말로 옮겼으며, 사람들을 서로에게 소개할 수 있었다. 그런 일들은 장기적으로 보면 책을 출간하는 것만큼이나 중요한 일들이다. 작가로서 보낸 20년 세월 중 가장 감동적인 순간을 꼽으라면 1977년 이틀간의 전국 여성대회를 들겠다(그 대회에 대해서는 뒤의 글, 휴스턴 여성대회와 역사에서 자세히 설명하고 있다.). 나는 다양한 대표자들의 논의와 결의를 글로 작성하는 대서인 자격으로 그 대회에 참가했다. 인디언부터 베트남 난민에 이르는 미국의 모든 '소수 집단'을 각각 대표하는 여성들이 공동 결의문을 만들어 내기로 결의했던 것이다. 우리는 이틀 밤을 꼬박 새워 가며 토론을 했다. 유색인 여성들의 공통의 경험을 설명하면서도 각 집단의 특별한 문제를 담는 말을 찾았을 때, 그리고 그런 전례 없는 공동 결의문이 미국 각 지역 대표 이천 명의 환호 속에 통과되었을 때, 나는 작가로서 자긍심을 느꼈다. 그것은 나의 개인적인 글이 인쇄되어 나온 것을 볼 때의 자랑스러움보다 결코 작지 않은 희열이었다.

그 공동 결의문에는 대회에 모인 여성들이 함께 산고를 치르며 만들어 낸 말들도 포함되어 있었다. 그래서 내 역할이 책 한 권, 평론 하나보다 훨씬 짧은 글을 쓰는 것에 불과했어도 너무나 기뻤다. 예를 들면 우리는 생식에 관한 자유권과 같은 짧고 힘찬 문구를 만들어 냈다. 그 말은 낡은 가부장적 온정주의를 함의하는 인구 조절 이라는 말을 대신하기 위해 만든 것으로서, 세상의 절반인 여성에게 특별한 중요성을 부여하는 '다섯 번째 자유'를 주장하는 것이었다. 각자의 특성을 존중하면서도 사람들이 함께 행동할 수 있게 할 언어를 찾는 것은 작가의 역할 중에 가장 페미니스트적인 임무이자 진정으로 혁명적인 일이라 할 수 있을 것이다. 예술과 음악 없이는 깊이 있는 사회 변화가 있을 수 없는 것과 마찬가지로(엠마 골드만 Emma Goldman[*1])은 "춤출 수 없다면 그것은 나의 혁명이 아니다."라고 말했다.) 우리 머리가 변화를 꿈꾸게 하는 말이 없이는 변화란 있을 수 없다.

그렇지만 저술가이자 활동가였던 나는 쓸거리가 많을 때는 그에 반비례해 글 쓸 시간이 줄어든다는 모순을 항상 안고 살아야 했다.

나는 순회 강연을 다니며 여성운동가로 활동하던 시절에 십여 년 이상이나 일기를 전혀 쓰지 않았던 것을 매우 후회하고 있다. 이 책에 언급되는 생각과 관찰의 대부분은 순회 강연을 위한 여행 도중 발견한 것이다(이 책 맨 마지막에 실린 「변화의 강물을 헤엄쳐 건너가기」의 제목도 그때 생각해 냈다.). 단 한 해만이라도 내가 했던 활동을 자세히 기록했더라면 책 한 권 분량의 기록을 남길 수 있었을 텐데. 예를 들어 여성으로서는 최초로 워싱턴에 있는 내셔널프레스클럽에서 권력자들을 앉혀 놓고 강연을 했던 것 - 그 때 사람들은 내게 타이를 건네 주었다 - 이나 하버드 법학 리뷰 연회에서 연설을 했던 해의 기록 - 1950년대에 들어서야 여학생의 입학을 허가한 하버드 대학교에서 여자가 연구 발표를 하는 일은 거의 없었는데, 나는 그 유례 없는 연설에서 전 세계의 일반적인 상황을 말하지 않고 하버드의 국한된 내용만 이야기하는 큰 실수를 저질렀다고 비난받았다 - 을 남겨 두었다면 대단한 분량이 되었을 것이다. 또 캔사스주 위치타에서 강연을 했을 때는 그 곳 언론이 "페미니즘은 동부와 서부 해안 지역의 몇몇 극단적인 여자들이 만들어 낸 것일 뿐"이라고 악선전을 하던 때였다. 뉴욕의 동료들은 내 강연이 사람들의 관심을 전혀 끌지 못하거나 내가 돌에 맞아 죽으리라고 예측했다. 하지만 실제로 강연을 들으러 야구장에 온 사람들의 수는 삼천에 가까웠다. 그 해는 수많은 것들에 문제를 제기하는 여러 여성들을 만난 운좋은 해이기도 했다. 피츠버그의 한 여성은 기업이 구인 광고를 낼 때 성별을 언급하는 것에 불만을 터뜨렸고, 네바다주의 여성들은 주 정부의 정책이 잘못됐다고 항의했다. 그들은 주 정부가 예산을 절감하고 관광객을 증가시키려, 자녀가 있는 생활 보호 대상 여성들이 매춘을 할 수 밖에 없는 상황을 만든다고 비판했다.

그 당시 언론은 우먼리브 운동*2)과 브라 태우는 여자들*3)로 집약되는 페미니즘의 흐름을 깎아내리려 편파 보도만 일삼고 있었다. 그럼에도 불구하고 1970년대 초반, 나는 일상적인 반역과 평등의 꿈이 어디서나 - 가정 내에서도 공적 영역에서도 - 싹트고 있다는 것을 알 수 있었다. 그리고 이런 새로운 생각을 가지게 된 사람들은 예상과 달리 인구 통계상 매우 다양한 나이, 인종, 학력, 지역을 배경으로 갖는 사람들이었다. 뉴욕이나 캘리포니아의 대도시에 비해 여자들의 대안이 한정되어 있는 지역에서, 언론의 주목을 받는 중간 계급보다는 여성 수입이 가계 소득의 큰 비중을 차지하는 노동 계급에서, 그럴 듯 한 말만 하는 것이 아닌 실제적인 반란이 일어나고 있었다.

여러 지역을 돌아다니는 동안, 뉴욕의 여성 저술가와 편집자들에게 전해줄 좋은 소식도 얻을 수 있었다. 뉴욕의 여성 언론인들이 언론계에 만연해 있는 여성과 남성에 대한 낡은 정형화를 더 이상 참지 못하고 「레이디즈 홈 저널 The Ladies' Home Journal」과 「알에이티 RAT」에 역사적인 항의 데모를 한 직후였다. 사실 「알에이티」는 포르노그라피로 돈을 번, 이른바 급진적인 신문이었는데도 그 모양이었다. 좋은 소식이란 여성을 위한, 여성에 의한, 여성에 대한 새로운 종류의 여성 잡지를 읽을 독자들이 충분히 많이 있다는 것이었다. 페미니즘이라는 말은 잘못 이해되고 있었지만(지금도 가끔 오해를 받고 있지만), 많은 여성 독자들이 페미니즘의 진짜 내용, 즉 양성 평등과 진정한 인간성 회복을 지지하는 잡지를 원하고 있었다. 그런데 여성을 대상으로 하는 잡지들도 모두 남성이 소유, 통제하고 있었고 대부분의 경우 남성이 편집장이었다. 균형을 맞추기 위해서라도 여성들이 전국적인 토론의 장을 하나 가질 필요가 있었다. 실은 하나가 아니라 많이 필요했지만 말이다.

언론계에 있는 여자들과 모임을 갖는 동안, 서로를 울고 웃게 만드는 이야기들이 많이 오고갔다. 「룩 Look」은 편집부의 실무를 담당하면서 그 잡지사를 실질적으로 운영해 온 패트리샤 카바인 Patricia Carbine에게 여자는 절대 편집장이 될 수 없다고 말했다고 한다. 나 역시 언론계에서 일하는 동안 여성 차별을 몸으로 느낀 적이 아주 많았는데, 내가 컨설턴트 겸 작가로 일했던 「레이디즈 홈 저널」의 최고 편집자 두 명(물론 둘 다 남자였다.) 중 한 명은 자신들의 잡지를 읽는 여성 독자들의 머리에는 정신적 결함이 있다고 입버릇처럼 말하곤 했는데, 한번은 내게 원고를 건네 주면서 이렇게 말했다.

"당신이 여자인 척하고 이걸 좀 읽어 보세요."

그는 아마 내가 다른 여성과는 전혀 다른 '무엇'이라고 확신했던 모양이다. 그래도 그는 「세븐틴 Seventeen」의 사장에 비하면 융통성이 있는 편이었다. 그 사장은 내가 안젤라 데이비스 Angela Davis*4)의 법정 변호 비용 모금을 하고 있다는 것을 알고는 내가 더 이상 편집 컨설팅 일을 하지 못하도록 했다. 「뉴욕 New York」은 적어도 여성운동을 중요한 뉴스거리로 이해하고는 있었다. 하지만 그 곳 편집자는 모든 문제가 소수의 상층 계급 여자들의 불만에서 비롯된 것이라고 생각했다. 자메이카에서 가정부를 더 많이 들여온다면 해결될 수 있는 문제라는 것이었다. 『뉴욕타임즈』는 계속해서 여성, 소수 집단, 동성애자들이 일인칭으로 자기 경험을 쓸 수 있는 지면을 할애해 줬지만, 객관성의 이름으로 백인 남성 이성애자 권위자에게 이 집단들에 대한 결론적인 기사를 쓰게 했다. 『플레이보이』의 여직원이 휴 헤프너 Hugh Hefner의 메모를 몰래 갖고 나와 공개한 사건이 있었다. 그 세 쪽짜리 메모는 여성운동에 대한 어떤 기사를 싣는 데 강력히 반대하는 내용이었다. 문제의 기사는 편집자 중 한 사람이 전문적인 남성 저널리스트에게 청탁했던 것인데 헤프너가 보기에는 그 기사가 너무 객관적이고 균형잡힌 시각을 가진 원고라는 것이 문제였다. 그는 이렇게 썼다.

"내가 보기에 『플레이보이』에 페미니즘에 대한 찬반 의견 기사를 싣는 것은 무의미한 일인 것 같다. 나도 물론 그 비합리적이고 감정적이고 괴상한 경향에 관심이 있다. …… 우리의 적은 당연히 그런 풋내기 아가씨들이다. …… 이제 그들과 싸움을 벌일 때다. …… 내가 원하는 것은 파괴적인 효과를 일으킬 만한 글이다. …… 페미니즘을 싹쓸이해 버릴, 진정으로 전문적이고 개인적인 글 말이다."

나는 『플레이보이』의 여직원이 용감하게 그 메모를 언론에 공개하는 것을 보고, 여성의 평등권에 관심을 가진 사람들도 분개하겠지만 그보다도 저널리즘에 관심을 가진 사람들이 더 큰 충격을 받을 것이라고 예상했다. 그 예상은 빗나갔다. 언론인들은 그 사건을 보고 그저 킬킬거렸을 뿐이다. 객관성은 심각한 문제에 대해서나 고려되는 것이지 여자와 관련된 것에서는 적용되지 않았다.

유색인 여성들이 겪는 문제는 훨씬 더 심각했다. 모임에 참석한 흑인 여성들은 전국을 대상으로 하는 주요 잡지의 편집부 고위직에 흑인 여성은 단 한 명도 없다는 사실을 알려 줬다. 흑인 여성을 위한 잡지조차 「플레이보이」가 부분적으로 소유하고 있고 다른 여성지와 마찬가지로 발행인은 남자 두 명이었다. 한 여성은 이렇게 말했다.

"당신들은 적어도 공격이라도 받고 있지만, 우리들의 존재는 아직 눈에 보이지도 않아요. 한마디로 우리는 '비가시화된 여자들'이죠."

그런 이야기들과 모임을 통해 정력과 전문가들을 최대한 끌어모아서, 모든 여성을 포괄하는, 여성이 지배권을 가진, 여성을 위한 전국적인 잡지를 만들게 되었다. 우리에겐 자본도 없었고, 여성 용품 광고 범주에 따라 내용을 분류하는 전통적인 방식을 따를 생각도 없었다. 즉 요리법 뒤에 식품 광고를 싣고 화장품 광고 효과를 높이기 위해 화장법 기사를 싣는 식으로 잡지를 만들지는 않으려 했다는 것이다. 그러니 당연히 재정적인 어려움에 처할 것이라고 예상하고 있었다. (다행히도 우리는 그것이 얼마나 큰 어려움일지는 몰랐다. 자동차, 음향기기, 맥주, 그 외 전통적으로 여성 고객을 겨냥하지 않는 상품들의 광고를 끌어오는 것은 오히려 쉬웠다. 여성을 주고객으로 하는 상품의 광고주들을 설득하는 일이 더 어려웠다. 면도하는 법에 대한 기사가 없어도 남자들이 면도기 광고를 보는 것과 마찬가지로, 머리를 감는 법에 대한 기사가 딸려있지 않아도 여자들은 샴푸 광고를 볼 것이라고 설득하는 일은 아주 어려웠다.) 독자들이 우리에게 용기를 주지 않았다면 이런 어려움들 때문에 우리는 결코 이 일을 계속 할 수 없었을 것이다. 우리는 이 새로운 편집 방향의 잡지의 준비호를 한 권 냈는데 – 가판대에 3개월은 그냥 꽂혀 있을 것 같은 모양으로 – 8일 만에 다 팔려 버렸다.

돈을 마련하고 잡지를 매달 발간할 수 있게 되기 전까지 아주 많은 일을 더 해야 했고, 그 동안의 상황은 줄곧 불확실했다. 남자와 투자자의 권위에 익숙해진 세계에서 편집권이나 재정을 여성이 통제하는 잡지를 발간하려는 것은 코미디 뮤지컬의 소재가 되기에 딱 적당한 것이었다.

그런 어려움에도 불구하고 『미즈 Ms.』가 창간되었다. 이 책에 실린 글 대부분은 원래 『미즈』에 발표되었던 것이다.

그러나 그 즈음 내 삶은 잡지보다는 소설에 가까운 것이었다. 『미즈』 창간 전후의 4, 5년 동안 나는 흑인 페미니스트와 함께 팀을 이루어 순회 강연회를 다녔다. 처음에는 도로시 피트먼 휴 Dorothy Pitman Hughes 와 함께 다녔다. 그 다음에는 탁아 문제의 선구자이자 후에 변호사가 된 플로린스 케네디 Florynce Kennedy와 함께였고, 마지막으로는 여성운동 가 마거릿 슬론 Margaret Sloan과 짝을 이뤘다. 우리는 흑인과 백인 페미니스트가 함께 수백 회의 대중 연설을 함으로써 여성운동의 이미지가 확대되는 효과가 나타나기를 바랐다. 여성운동이 백인 중산층 운동이라는 대중적 인식은 최초의 미국 토착 페미니즘, 더 정확히 말하면 『여성의 신비 The Feminine Mystique』란 책에 의해 만들어졌다(시몬 드 보봐르 Simone de Beauvoir의 『제2의 성 The Second Sex』의 번역본이 훨씬 더 일찍 파문을 일으켰지만 그 효과는 약했다. 문제의 여성이 미국인이 아니라는 점 때문이었다.). 『여성의 신비』는 개량주의적 요소를 많이 가지고 있었을 뿐만 아니라, 민권운동이 절정에 다달아 있었음에도 불구하고 흑인 여성이나 유색 인종 여성에 대해서는 전혀 언급하지 않고 있었다. 그 책은 부엌 조리대 옆에 서서 "이런 게 인생이 아닐 텐데."라고 중얼거리는, 교육 수준이 높은 백인 중산층 주부들의 문제를 이야기하고 있었다. 그 결과 백인 중산층 운동이라는 말이 언론에서 미국 페미니즘을 설명할 때마다 등장하는 문구가 되어 버렸다. 유럽 여성운동과는 아주 다른 이미지가 형성된 것이다. 유럽에서는 여성운동 초기의 저술이나 운동이 훨씬 더 대중적이었고, 계급 문제도 고려하고 있었다.

인종 차별 반대 운동이 성별이나 계급과 무관하게 인종이라는 특성을 공유하는 모든 개인을 포함하는 것처럼, 페미니즘은 경제적 지위와 인종이라는 경계를 뛰어넘는 하나의 계급인 여성들을 모두 포함하는 것이다.

하지만 그에 대한 대중적인 인식은 거의 없었다. 성차별과 인종 차별은 실질적으로 매우 긴밀하게 연결되어 있고 인류학적으로 서로 의존하고 있는 관계이기 때문에 하나를 뿌리뽑지 않으면 다른 하나도 뿌리뽑을 수 없다. 하지만 그런 관계에 대해서도 거의 알려져 있지 않았다.

그래서 형식과 내용에 있어서 모두 페미니스트가 되기 위해서 우리는 흑인과 백인으로 짝을 지어 연설을 하러 다녔다. 플로린스 케네디는 우리 스스로를 향해 '모든 사람을 위한 리틀 에바 팀'이란 유쾌한 별명을 붙였다. 마거릿 슬론이 말했듯 "우리는 수녀들처럼 짝을 지어 다녔다." 도로시 피트먼 휴와 그의 남편 클래런스 Clarence에게는 젖먹이 아기가 있어서 아기도 함께 여행을 했다. 그래서 잠시 동안 우리는 트리오가 되기도 했다. 아이가 일상 생활과 밀접하게 연결되어야 한다는 것도 우리 의 메시지에서 중요한 부분이었다. 그래서 그것을 직접 보여 주기 위해 우리가 아기를 빌렸을 것이라는 의심을 받을지도 모른다고 도로시는 생각했다. 실제로 한두 사람은 우리가 그런 목적으로 딸을 낳았다고 생각하는 듯했다. 그 때는 페미니스트 연사 한 사람만으로도 신기한 존재로 여겨졌는데, 흑백 페미니스트 팀은 소저너 트루스 Sojourner Truth[*5] 시절 이후 듣도 보도 못했던 것이었다.

여러 해 동안 그렇게 짝을 지어 돌아다니면서 이상한 눈길과 반대에 휩싸일 때가 많았지만, 열렬한 지지를 받을 때도 많았다. 우리가 함께 강단에 서 있는 것 자체에 대해 여자들은 열성적인 응원을 보내 주었다. 특히 남부 지방에서 그랬다. 우리 팀은 각자 다닐 때보다 훨씬 더 다양하고 많은 수의 청중을 끌어들일 수 있었다. 또 서로 보완적인 역할을 할 수 있었다. 저널리스트로서 내 이름이 좀더 많이 알려져 있었기 때문에 나는 유료 강연 제안을 받을 가능성이 다른 이들에 비해 많았다. 유료 강연을 한 후에 다른 모임을 열거나 무료 강연을 할 수 있었다. 한편 도로시는 내가 이야기할 수 없는 주제인 평등한 결혼 생활이나 자녀 양육에 대해 이야기할 수 있었고, 플로린스와 마거릿은 나보다 훨씬 더 경험이 풍부한 연사들이었다. 항상 내가 제일 먼저 연설을 했다(내가 두 번째로 이야기했다면 앞서 이야기한 마거릿이나 플로린스의 에너지와 스타일에 찬물을 끼얹는 역할만 했을 것이다.). 그런데 강연의 가장 중요한 부분은 언제나 우리가 이야기를 모두 끝낸 다음이었다. 청중의 토론이 길게 이어졌고 실천을 위한 만남이 계속되었기 때문이다.

청중들 스스로가 질문과 대답을 주고받고, 그들 자신이 직접 시험해 본 해결책을 제시하기도 했다. "남편에게 집안일을 시킬 때 죄책감이 느껴지는데 어떻게 해야 할까요?"라는 질문에 대해 이런 대답이 나오기도 했다.

"다른 여자와 함께 산다면 집안일을 어떻게 분담했을지 상상해 보세요. 남편이라고 해서 기준을 낮추지 말아요."

사람들은 우리가 알지 못하는 문제에 대해서도 답을 알려 주었다. 예를 들면 그 지역의 어떤 공장은 여성을 고용하지 않는다는 것, 어떤 대학에서는 학교의 명예가 실추되는 것을 막기 위해 학교 내에서 일어난 강간 사건을 숨기고 있다는 것, 어떤 고등학교 상담 교사는 여학생들에게는 의사가 아닌 간호사가 되라고 조언하고 유색인 남학생들에게는 수의사가 되라고 권한다는 것 등. 그들은 여성 단체에서 배포한 인쇄물과 새로운 여성운동 단체 가입 신청서 등을 돌려보고, 로비 활동을 해야 할 필요가 있는 정치인 명단이나 항의해야 할 정치인들의 주소록을 돌리기도 했다. 그 자리에 참석한 여성들은 우리의 실천 행동 목록에서 정치적 행동을 위한 아이디어를 얻기도 하고 완전히 새로운 일을 하기로 결정하기도 했다. 그래서 순회 강연을 할수록 우리의 실천 행동 목록은 점점 길어졌다.

강연 후 이어지는 여자들의 소규모 토론에서는 훨씬 더 솔직한 이야기가 나왔다. 의식화 그룹이나 네트워킹 그룹이 장기적이고 근본적인 변화를 위한 기본 세포 역할을 했듯이(「네트워크 만들기」를 살펴보면, 그들이 지금도 그런 역할을 하고 있다는 것을 알 수 있다.), 이런 토론도 그런 역할을 했다. 우리는 규모가 큰 대중 강연의 이상적인 성비는 여성과 남성의 비율이 2 대 1이라는 것을 발견했다. 남성이 여성의 수와 비슷한 숫자를 차지하면 여성은 소극적인 반응을 보이며 남자들이 어떻게 반응하는가를 살피지만, 여성이 확실한 대다수를 차지하면 남성이 있다는 것도 잊어버리고 여자들만 있을 때와 똑같이 반응한다. 그렇게 되면 많은 여자들이 솔직하게 이야기할 수 있는 보기 드문 기회를 가질 수 있다. 남자들은 여자들의 솔직한 이야기를 들을 수 있는 더욱더 드문 기회를 갖게 된다.

무엇보다도 그런 토론에 참가한 여자들은 자신이 미친 것도 아니고 혼자도 아니라는 것을 발견한다. 그건 우리도 마찬가지였다.

우리는 여성운동 단체가 없는 지역에 중점을 두려고 했지만, 돌아다니면서 강연을 하는 페미니스트들이 워낙 드물어서 결국 거의 모든 종류의 단체와 집단을 만나게 됐다. 내 생각에 알래스카 주를 제외하면 안 가 본 주가 없는 것 같다. 때때로 우리가 수잔 B. 안토니 Susan B. Anthony, 소저너 트루스, 오페레타 〈꽃피는 시절 Blossom Time〉 공연단을 합쳐 놓은 것 같다는 느낌이 들었다.

나는 이런 강연회에 대해 「자매애」*6)라는 짧은 글을 썼지만 그 글에 담지 못한 이야기가 아주 많다.

· 기자 회견을 하면 기자들은 보통 내게는 여성 문제 전반에 관한 질문을 한다. 하지만 도로시에게는 흑인 여성에 대해서만 묻거나 기자들 자신이 알고 있는 유명한 흑인들, 즉 소수의 흑인운동 지도자들에 대해서만 물어 본다. 남성이 보편적인 반면 여성은 제한적이듯이 백인은 보편적이지만 흑인은 제한적이었다.

우리는 이 일을 통해 기자들이 교훈을 얻을 수 있도록 어느 정도 그런 식의 질문이 계속될 때까지 아무 말도 하지 않고 있다가 나중에 문제 제기를 했다.

· 북부의 백인 기차 차장들은 내가 특실에 들어갈 때는 가만히 있다가도 도로시에게는 뒤쪽에 더 싼 자리가 있다는 말을 했다.

· 도로시의 고향인 남부의 조그만 마을에 있는 흑인 목사는 여자들은 교회에서 요리와 노래 외에는 아무것도 할 수 없다고 했다. 여자들은 집사가 될 수도 없었고 부지런히 돈을 벌어 교회에 바치면서도 헌금 바구니를 건네는 일은 하지 못했다.

· 어떤 백인 비행기 승무원은 도로시가 비행기 안에서 아기에게 젖을 먹이는 것을 보고 '음란한' 짓은 하지 말라고 말했다.

· 청중석에서 한 남자가 성난 목소리로 도로시에게 소리쳤다.
"이 빨갱이야. 러시아로 돌아가!"
그녀의 생각이 러시아에 뿌리를 둔 것이라는 발상에 도로시와 청중들 모두가 웃음을 터뜨렸다.

· 귀족적인 체하는 한 사립 남자 고등학교에서 우리는 가장 적대적인 청중을 만났다. 하지만 그 적대적인 청중은 곧 우리의 평생 친구가 되었다. 그녀는 그 학교의 학부형이었는데, 회사 중역인 남편은 사냥을 좋아하고 두 아들은 여자아이들이 열등하다는 밥맛 떨어지는 소리를 자주 한다고 말했다. 그녀는 도로시의 어린이집에서 봉사 활동을 하고 싶다는 의사를 밝혔고, 아주 여러 해 동안 거기서 일을 했다.

· 평등을 부르짖는 우리의 이야기가 불경스럽다고 하면서 한 흑인 남자가 강단으로 돌진했을 때, 마거릿은 용감하게도 팔짱을 끼고 그 남자를 막아섰다.

· 모텔 방에서 밤늦도록 토론이 이어지곤 했다. 예를 들면 흑인 여성들은 우리가 백인 여성을 급진화시켜서 남성의 발닦개처럼 구는 짓을 멈추게 해야 한다고 주장하기도 했다. 백인 여자들이 그렇게 하니까 흑인 남자들은 흑인 여자가 너무 거세다며 싫어한다는 것이다. 그런 토론을 하는 동안 성희롱, 아내 구타, 마누라 갈아치우기 등 많은 여자들의 분통 터지는 이야기를 들을 수 있었다.

· 시카고의 한 여성은 복지 수당 문제가 인종차별에 근거한 것으로 왜곡됐지만, 사실은 여성 문제라는 우리의 긴 설명을 아주 명쾌하게 표현했다. 그녀는 "돌보아야 할 어린아이들이 딸린 대부분의 미국 여성들은 복지 수당을 받지 못하는 유일한 부류"라고 요약해서 표현했다.

· 체육관, 강당, 교회 지하실, 노조 사무실 등을 꽉 채운 여자들(그리고 몇몇 남자들)은 자신들이 생활 속에서 겪고 있는 여성 문제가 큰 소리로 이야기되고 설명되는 것을 들으면서 안도하고 박수치고 웃음을 터뜨렸다.

· 우리의 강연을 들은 사람들은 시위나 집회를 조직하기도 했다. 텍사스의 여자 대학교에서는 여학생들을 보호해야 할 수위들이 여학생을 강간한 데 항의하는 시위를 벌였으며, 공장 노동자들은 남자들의 머리카락 이식에 대해서는 보험 혜택이 주어지는데도 임신한 여성

은 보험 혜택을 받지 못하는 점에 대해 항의하기도 했다.

· 보스턴에서 택시를 타고 가던 중 플로린스와 함께 그녀의 첫 번째
책 『낙태 이야기』에 대해 이야기하고 있었는데, 택시를 운전하던 나
이 많은 아일랜드계 여성이 이렇게 말했다.
"이봐요. 만약 남자가 임신을 할 수 있다면 낙태는 신성한 의식이 될
겁니다."

· 나는 플로린스의 너그러움과 에너지를 배우기 위해 애썼다. 포주에
대항하고 매춘의 합법화를 주장하는 매춘 여성들의 운동을 돕는 것
부터, 부유한 여자들에게 재산이 남자들에게 집중적으로 상속되는
관습을 깨뜨릴 것을 고무하는 것까지, 그녀는 수없이 많은 일을 열
성적으로 해냈다.

· 플로린스가 변호사로 일하는 동안 얻은 경험에서 배운 것은 가정 폭
력과 성적 학대가 내가 상상했던 것보다 훨씬 더 광범위하게 일어난
다는 사실이었다. 그녀는 이렇게 말했다.
"여자들 대여섯 명이 모인 자리에서 이야기해 봐. 분명히 한 명 이상
은 아마 어릴 때 집안 식구 중 한 남자에게 성적으로 학대받은 적이
있을 거야."
나는 실제로 그렇게 해 봤는데 그 말이 맞았다.

· 플로린스는 갖가지 방법으로 우연히 만난 여자들의 삶을 바꾸어 놓
았다. 자신감 없는 여자 기자를 윽박질러서 라디오 쇼를 진행하게
했고, 수줍음을 많이 타는 포목점 점원에게는 그녀가 여러 달 동안
갖고 싶어하던 자주색 바지 정장을 사주면서 격려했다.

· 무엇보다도 플로린스에게서 배운 소중한 교훈은 반대 의견의 논리를 받아들일 필요가 없다는 것이었다. 예를 들어 적대적인 남자가 우리더러 레즈비언이냐고 물으면(이런 일은 자주 일어났다. 흑인 여자와 백인 여자가 다른 이유로는 동료가 될 수 없단 말인가?), 그녀는 그 남자를 똑바로 쳐다보면서 이렇게 물었다.

"당신이 내 상대가 될 수 있겠어요?"

유머 없는 혁명은 음악 없는 혁명처럼 성공 가능성이 낮다는 것을 내게 가르쳐 준 사람도 플로린스였다. 그녀 덕분에 나는 예전에는 텔레비전 프로그램의 풍자 코너에만 사용할 수 있었을 유머를 연설할 때도 활용할 수 있게 됐다. 그리고 페미니즘 덕분에 나는 전형적인 유머의 주제를 넘어서는 유머를 만들어 낼 수 있었다. 또한 플로린스는 기사를 쓸 때는 괜찮지만 연설을 할 때는 치명적인 문제가 되는 내 버릇 하나를 고쳐 주었다. 그것은 많은 사실과 통계 수치를 자주 인용하는 것이었다. 차별이 존재한다는 것에 대해서조차 회의적인 듯한 청중 앞에서 내가 또 그런 실수를 하고 나자, 그녀가 나를 옆으로 데리고 가서 상냥하게 말했다.

"이것 봐. 도랑으로 굴러 떨어져서 트럭 밑에 깔려 있다면 사람을 도서관에 보내서 트럭 무게가 얼마나 되는지 알아보고 오라고 하지는 않잖아? 얼른 거기서 빠져나와야지."

내 강연 파트너 세 명과의 우정, 그리고 그들과 함께 보낸 시간 덕분에 나는 사람들 앞에서 말하는 것에 대한 거의 병적인 공포를 극복할 수 있었다. 출판물을 홍보하기 위해 작가에게 방송에 출연해 달라고 요구하는 것은 흔히 있는 일인데, 잡지에서 내가 라디오나 텔레비전에 출연할 것이라고 약속해 놓으면 나는 마지막 순간에 출연을 취소하곤 했다. 그런 일이 너무 자주 있어서 어떤 프로그램에서는 나를 게스트로 초청하는 것을 금하기도 했다. 한 사람을 상대로 논쟁을 하면 아무리 벅찬 상대 앞이라 해도 수줍음을 타지 않고 얘기를 잘 할 수 있었지만 - 저널리스트로서 당연히 그래야 하겠지만 - 사람들 앞에서, 특히 많은 청중 앞에서 이야기를 해야 한다는 것은 생각만 해도 가슴이 뛰고 침이 마르는 일이었다. 몇 번 시도를 해 봤지만 나는 우물거리지 않고 문장을 끝까지 말하는 것에만 온 신경을 집중해야 했다. 강연이 끝난 후에는 여러 날 동안, 이렇게 말할 수 있었는데, 그걸 말했어야 하는데 하는 생각이 머리를 떠나지 않았다.

그것은 다른 사람의 눈을 너무 많이 의식하기 때문이었고 소모적인 일이었다. 나는 사람들 앞에서 바보처럼 이야기를 못 한다는 것에 대해 몹시 자책했다.

한번은 TV 프로그램에 출연해서 이민 노동자들의 노조 설립 노력에 대해 이야기를 했다. 휴식 시간이 되자 진행자 빌 코스비 Bill Cosby는 이를 덜덜거리고 있는 나의 긴장을 풀어 주기 위해서, 시저 채베즈 Cesar Chaves같이 중요한 사람에 대해 이야기하면서 그렇게 긴장할 권리는 없다고 말했다. 하지만 그런 농담도 전혀 도움이 되지 않았다. 1968년 시카고의 민주당 전당대회에서 경찰 폭동을 경험한 후, 아주 화가 난 나는 그 문제에 대해 말하기 위해 다시 방송 출연을 시도했다. 하지만 「뉴욕」의 동료인 지미 브레슬린 Jimmy Breslin과 함께였으니까 엄두를 낼 수 있었다. 그 때 나는 겨우 세 마디밖에 말을 못했다. 가짜 속눈썹을 거부할 용기도 없었다. 당시에는 텔레비전 메이크업 담당 남자들이 여자 게스트에게는 무조건 속눈썹을 붙여 주었다. 메시지를 전하는 내 모습과 내가 전하는 메시지가 서로 모순되는 꼴이었다.

나는 1960년대 말에 캐나다의 텔레비전 시리즈를 진행한 적이 있다. 캐나다에는 아는 사람이 아무도 없으니까 진행을 잘 못하더라도 별로 창피하지 않을 거라고 생각했기 때문이다. 거기서 제임스 얼 존스 James

Earl Jones, 하원의원 아담 클레이턴 파웰 Adam Clayton Powell, 수상 피에르 트뤼도 Pierre Trudeau, 퀘벡 분리 독립운동가 여성 한 명과 장시간 인터뷰를 하기도 했다. (이 때도 남자보다 여자를 더 많이 인터뷰하자고 주장할 용기가 없었다.) 이 시리즈는 아주 전문적인 공동 진행자와 함께 진행하는 것이었고 나중에 편집할 수도 있었기 때문에 편안하게 말할 수 있었다. 한 시간을 혼자서 책임지고 청중 앞에서 연설하는 것과는 아주 거리가 멀었다.

나는 연설 지도 전문가의 자문을 구하기도 했다. 그녀가 말하길 작가와 무용가가 그 직업을 택한 것은 말을 하지 않고 의사소통할 수 있기 때문이고, 그래서 그들은 대중 앞에서 이야기하기를 가장 어려워한다고 했다. 나 또한 마찬가지였다. 작가가 되기 전에 나는 거의 전문적인 댄서였으며 탭댄스를 해서 톨레도에서 탈출할 꿈을 꾸고 있었다. 그래서 대중 앞에서 이야기하는 것은 완전히 포기하기로 했다.

그런데 몇몇 여성들이 우리가 자신감을 크게 결여하고 있는 것은 우리 개인의 잘못이 아니라는 것을 알아 내기 시작했다. 만약 그런 새로운 관점이 생겨나는 시기에 내가 살고 있지 않았다면, 인간 능력의 다양한 측면을 포기하고 있는 많은 여성들처럼 침묵하면서 살았을 것이다. 대중 앞에서 말하기 두려워하는 것도 뿌리 깊은 남녀차별의 체계가 작동된 결과인 것이다.

대중 앞에서 말하는 것에 대해 이렇게 자세히 이야기하는 것은 단지 그것이 내 삶의 큰 장애물이었기 때문만은 아니다. 그것은 다른 사람에게 인정받는 것에 지나치게 의존하는 사람들에게 공통되는 문제이기 때문이다. 내게 가장 큰 도움이 되었던 것은 시인 산드라 호크만 Sandra Hochman이 한 말이다.

"그것에 대해서는 생각하지 말아라. 스스로를 엘리노어 루즈벨트 Eleanor Roosevelt라고 생각하고, 이 바보스러운 텔레비전 쇼를 얼른 끝내고 진짜로 중요한 다른 일을 해야 한다고 생각하라."

이것이 아마도 젠禪 스타일의 말하기 기술일 것이다.

그 후 여러 해 동안 청중 앞에 서서 이야기한 경험을 통해 세 가지 교훈을 얻었다. 첫째, 대중 앞에서 말을 잘 못하더라도 죽지는 않으니 걱정할 것 없다는 것, 둘째 연설을 하는 올바른 방식은 없다는 것이다. 자기 자신의 방식만 있을 뿐이다. 셋째는 여러 사람에게 이야기를 한다는 것은 충분히 가치있는 일이라는 것이다. 화자와 청자는 한 공간에 같이 있다는 사실만으로도 서로를 이해할 수 있으며, 인쇄된 활자를 통해서는 절대 알 수 없는 성격과 의도에 대한 느낌을 주고받을 수 있다.

이제 나는 거의 매주 강연을 하러 다닌다. 그때 그때의 이슈와 청중에 따라 때로는 혼자서, 때로는 다른 여성과 함께 강연을 한다. 만약 예전의 순회 강연회 같은 것을 또다시 한다면(아마도 또 해야 할 것 같다.), 미국 페미니스트들이 누구인가를 상징적으로 보여 주기 위해 많은 사람이 몰려다녀야 할 것이다. 레퍼토리 극단처럼 열명 가량의 여성들이 번갈아 강단에 서도록 해야 할 것이다. 멕시코계 여성부터 알래스카 원주민 여성까지, 푸에르토리코계 여성부터 남태평양 출신 여성까지 모두 포괄해야 하니 말이다. 다양한 선택을 한 여성들을 보여 주기 위해서라면, 자신의 일을 존중해 주기를 바라는 전통적인 가정 주부뿐만 아니라 자기 삶의 방식을 인정받기를 원하는 레즈비언도 포함될 수 있다. 뿐만 아니라 이제는 일부 남자들도 포함해야 할 것이다. 물론 이 외에도 자랑스럽게 자기 자신을 페미니스트라고 부르는 사람은 많이 있다. 그러나 강연회의 목표는 예전과 똑같을 것이다. 그 목표는 사람들이 자기 느낌이 정당하다는 것을 확인받고 자신이 혼자가 아니라는 것을 깨닫게 하는 것이다. 그로써 처음부터 자기 안에 많은 것을 가지고 있었음을 알게 하는 기회를 주는 것이다. 모든 사람이 자기 안에 혁명을 위한 에너지와 능력, 분노, 유머를 충분히 가지고 있다.

순회 강연을 하면서 내가 받을 수 있었던 가장 큰 보상 두 가지는 다른 사람들에게 영향을 주고 있다는 느낌과 새로운 아이디어를 얻은 것이다. 첫 번째는 우리가 살아 있다는 것을 느끼게 해 주는 것이기 때문에 그 자체로 큰 보람이며, 두 번째는 더욱 놀라운 경험이다. 어느 날 밤 사람들이 방 가득 모여서 이야기를 이어가다 보면, 모두 갑작스럽게 무엇인가를 이해하게 되고 저절로 아이디어가 떠오른다. 우리가 전부터 느꼈지만 이름붙이지 못했던 것을 다른 사람이 이야기하는 것을 듣는다. 그 모든 것을 기록하려면 평생이 걸릴 것이다.

나는 20년이 넘는 세월 동안 글을 써서 생계를 유지했지만, 내 책이라 부를 수 있는 것은 이 책이 처음이다. 아직껏 책을 한 권도 내지 못한 이유가 전적으로 여성운동 때문이었다고 한다면 정직하다고 할 수 없을 것이다.[1)]

작가들은 모든 것을 글을 쓰지 못하는 이유라고 둘러대는 것으로 유명하다. 너무 연구를 많이 해서, 다시 타자를 치느라고, 참석해야 할 모임이 많아서, 마루바닥을 닦느라고 등 모든 것이 이유가 된다. 단체를 만들고 기금을 모금하고 『미즈』지 발간을 위해 일해야 했다는 것 등이 그런 것보다는 더 좋은 핑계거리고, 그래서 나는 그것을 이용해 왔다. 지미 브레슬린은 상징적인 운동을 위해서 자기가 원하지도 않는 자리에 출마해야 했을 때 이렇게 말했다.

"글쓰기가 아닌 것은 모두 쉽다."

나는 전업 작가였고 내 일을 사랑했지만, 내가 1965년에 발표한 글을 다시 읽어 보면서 '나는 글쓰기를 좋아한 것이 아니라 글쓰기를 마치는 것을 좋아했다.'는 것을 알 수 있었다.

그 글은 「내가 글 쓰는 일을 택한 이유」라는 것이었는데 『하퍼즈 Harper's』가 그 주제로 일군의 작가들에게 청탁한 글들 중 하나였다. 사실 그 글에서 내가 글 쓰는 일을 하는 이유라고 밝힌 것들 대부분은 여전히 유효하다. 그 이유들은 다음과 같다.

- 자유를 가질 수 있다. 또는 자유가 있다는 환상을 가질 수 있다. 마감일을 맞추기 위해 마지막에 전속력을 내서 달려야 하는 건 매일 같은 곳으로 출근해야 하는 것만큼 자유를 제한한다고 볼 수도 있겠지만 나는 그렇게 생각하지 않는다. …… 좋아하지 않는 사람이나 이론이나 기관에 대해서 글을 쓰는 것은 나중에 보면 항상 가치 있는 일이었음을 알게 된다. 왜냐하면 자신이 쓴 글에 대한 책임감이 편견을 누르기 때문이다. 인쇄된 글은 상당한 힘과 중요성을 갖기 때문에 자기 글에 책임을 느끼지 않을 수 없다.

- 글쓰기를 하다 보면 활자를 맹신하는 잘못을 저지르지 않게 된다.

- 자기 내부보다는 외부에서 정체성을 찾는 여자들은 나이들기 시작하면 위기에 빠진다. 하지만 나는 내가 좋아하는 일을 하고 있으므로 이중턱이 되기 시작하는 때에 그다지 큰 어려움은 느끼지 않을 것이다.

- 여러 분야에 걸친 상식을 쌓을 수 있다. 교외의 인종분리 문제, 전자음악, 솔 벨로우 Saul Bellow, 대학생들의 도덕관, 존 레논 John Lennon, 세 명의 케네디, 우주 탐사 계획, 텔레비전 방송국의 고용 정책, 하드에지*7), 팝 문화, 베트남전에 징병된 사람들, 제임스 볼드윈 James Baldwin에 대한 기사를 한 해에 모두 써야 한다면 만물박사가 될 수 밖에 없다.

• 내 경우에 글 쓰는 일만이 유일하게 직업에 관한 기준을 모두 만족시켰다. 내가 세운 기준은 세 가지였다. 첫째, 그 일을 하고 있을 때 다른 일을 해야 한다는 느낌이 들지 않아야 한다. 둘째, 성취감을 느낄 수 있어야 하고 가끔이라도 자긍심을 가질 수 있어야 한다. 셋째, 긴장과 두려움을 주는 일이어야 한다.[2]

그렇지만 나는 1960년대에 내가 쓴 글의 양을 보고 깜짝 놀랐다. 이 책을 만들기 위해 뒤져 보기 전까지 그 글들을 다시 읽은 적은 한 번도 없었다. 나는 일인칭 시점으로 쓴 글 두 개를 빼고는 모두 싣지 않기로 했다. 그 당시 나는 기자들이나 평론가들의 글쓰기 방식이 독창성이 없고 다시 볼 가치도 별로 없는 글을 만든다는 것을 알지 못했다. 그걸 알았다면 일인칭으로 글을 쓰는 것에 대해 그렇게 많이 망설이지는 않았을 것이다. 그러나 기사에서 자신을 '기자'라고 일컫는 것보다 더 개인적인 말은 들어 본 적이 없다. 나는 전문적인 프리랜서 작가가 되려고 노력하고 있었기 때문에 다른 기자들이 쓰는 대로 썼던 것이다. 일인칭 대신 그런 말을 쓰는 것이 필요할 때도 있지만 그것은 독창적인 사고를 방해한다. 이 책에 실리지 않은 1960년대의 기사들은 몇 가지 주제로 분류될 수 있다.

나는 다른 작가들을 인물 소개 기사의 대상으로 선정함으로써 그들에게서 배움을 얻으려고 했다. 내가 가장 만나 보고 싶었던 작가는 제임스 볼드윈이었다. 왜냐하면 그의 분노와 예민한 감수성에 공감하고 있었기 때문이다(내가 페미니즘을 알기 전이었고 중간 계급 백인 여자인 내가 왜 그런 감정을 공유하는지 이해할 수 없었는데도 말이다). 벨로우의 『오기 마치의 모험 The Adventures of Augie March』은 내가 경험한 격심한 계급 이동 문제를 잘 포착한 유일한 소설이었다. 나는 중서부에서 여러 권의 책을 읽으며, 연예인이 되겠다는 꿈을 안고 성장했다. 하지만 트레일러 아니면 쥐가 돌아다니고 난방이 되지도 않는 집에서 살면서 계급 이동을 경험했다. 그래서 나는 벨로우가 유년 시절에 시카고에서 늘 드나들던 곳을 다시 방문할 때 그를 따라다니면서 즐거운 소설 읽기를 경험할 수 있었다. 나는 트루먼 카포트 Truman Capote를 두 번이나 인터뷰했는데 그의 초기 소설에 큰 감동을 받았기 때문이었다. 특히 아웃사이더의 씁쓸하면서도 달콤한 어린 시절을 기억나게 하는 것이 감동적이었다. 그뿐 아니라 그는 여성에 대해 진지하게 사고할 줄 알았고, 여성에게 감정을 이입해서 글을 쓰는 능력을 갖고 있었다(그의 소설에서 흑인 여자가 길가 도랑에서 백인 남자들에게 둘러싸여서 강간당하는 장면은 잊을 수가 없다). 존 레논에 대해서는 오래 전에 글을 썼다. 나는 그의 음악보다 리버풀 시절에 그가 쓴 익살맞은 시에 더 끌렸다. 그러나 내가 기사를 팔 수 있는 유일한 방법은 비틀즈가 처음 뉴욕에 왔을 때 그들을 따라다니면서 아주 평범한 기사를 쓰는 것이었다. 도로시 파커 Dorothy Parker를 인터뷰했을 땐 마치 예리한 비판을 해 주는 오랜 친구를 만난 것 같았다. 그녀는 여성지가 인물 소개 기사를 실을 정도로 관심을 보이는, 몇 안 되는 저명한 여성 작가 중 한 사람이다. 내 어머니가 그녀의 시를 읊곤 했기 때문에 나는 그녀의 시를 여러 편 외우고 있었다. 실제로 우리는 친구가 되었다. 기사가 나간 후에도 오랫동안 나는 줄기차게 그녀의 아파트를 방문했다. 그녀는 병 때문에 아파트 안에서만 지냈는데 한번은 함께 발레 공연을 보러 갔다. 그 때 그녀가 공연을 평했던 말이 기억난다.

"그 형편없는 원탁 장면을 그렇게 좋게들 평하다니! 공짜 점심 먹으러 와서 '내가 어제 얘기한 웃기는 얘기 들었어?'라고 묻는 사람들로 가득 차 있는 것처럼 보이더군."

과거의 영광을 유쾌하게 드러내는 것이 그녀의 버릇이었다.

내가 청탁받은 기사의 대부분은 언론이 관심을 갖고 있는 유명인사에 대한 것이었다. 『뉴욕 타임즈 매거진 New York Times Magazine』에는 신임 뉴욕 시장의 아내 매리 린지 Mary Lindsay와 배우 마이클 케인 Michael Caine에 대한 기사를 썼고, 『맥콜즈 McCall's』에는 마고트 폰테인 Margot Fonteyn과 리 래지윌 Lee Radziwill의 이야기를 썼으며 『레이디즈 홈 저널』에는 폴 뉴먼 Paul Newman과 당시의 신세대 스타 바바라 스트라이샌드 Barbra Streisand에 대한 기사를 썼다.

여성지 일을 할 때의 위험을 전형적으로 보여 준 것은 폴 뉴먼과 그의 부인에 대한 기사였다. 잡지사에서 원하는 것은 '어떻게 평범한 소녀가 세상에서 가장 잘생긴 영화 배우와 결혼하게 되었는지'를 알아 내라는 것이었다. 내가 조앤 우드워드 Joanne Woodward가 그녀의 남편 못지않게 흥미로운 인물이라는 내용의 기사를 써 보내자 남자 편집자는 그런 기사는 실을 수 없다고 말했다. 『레이디즈 홈 저널』 독자들은 흥미로운 아내에 대해서는 불편함을 느낀다는 것이었다. 나는 그들 관계를 잘못 제시하지 않기 위해서 뉴먼에 대해서만 쓰기로 했다. 그것도 어렵게 얻어 낸 타협이었다. 나는 내가 좋아하는 작품을 만드는, 별로 유명하지 않은 여자들에 대한 기사도 슬그머니 집어넣었다. 예를 들면 나는 인습 타파주의 조각가인 매리솔 Marisol, 그 당시 『뉴욕 타임즈』에 영화평을 싣고 있던 아주 똑똑한 젊은 작가 레나타 아들러 Renata Adler, 만약 남자였다면 즉 늙어서도 카메라 앞에 설 수 있다면 월터 크론카이트 Walter Cronkite 못지않았을 훌륭한 텔레비전 기자 폴린 프레드릭 Pauline Frederick, 미인 대회 우승자가 아닌데도 〈투데이 쇼〉를 진행한 최초의 여성이자 직접 기사까지 작성했던 바바라 월터스 Barbara Walters 등에 대한 글을 집어넣었다. 그러나 그런 여자들을 많이 소개할 수는 없었다. 나는 아주 열심히 싸우지는 않았던 것이다. 나는 명사 소개 기사를 쓰게 된 것을 전통적으로 '젊은 여자 작가'에게 주어지는 일로부터 한 단계 상승한 것이라고 여기고 감사했다. 때로는 젊은 여자 작가에게 흔히 할당하는 주제를 아무 생각 없이 받아들이기도 했다.

　그 중에는 여배우 사사 가버 Zsa Zsa Gabor의 침대가 있는 호텔의 매각 기사도 있었다. 비달 사순 Vidal Sassoon이라는 새로 떠오르는 헤어 디자이너와 인터뷰를 하기 위해 런던으로 날아가기도 했다(그는 의외로 진지한 사람이라는 것을 알게 되었지만 「글래머 Glamour」지는 그의 키부츠 생활에 대해서는 흥미가 없었다.). 디자이너 루디 건리치 Rudy Gernreich에 대한 기사도 썼다(그는 편안하게 입을 수 있는 옷을 만들어 패션의 혁신을 가져온 사람이었다. 「뉴욕 타임즈 매거진」과 오래 싸웠지만 그의 토플리스 수영복만은 기사에 포함시키지 못했다.). 그리고 무늬 있는 스타킹에 대해 자세히 연구해서 긴 기사를 쓰기도 했다. 이 때가 아마 내 글쓰기 인생에서 최악의 시기였던 듯하다. 무늬 스타킹은 「뉴욕 타임즈 매거진」에서 청탁한 것이었다. 내가 쓴 글 중 가장 경박하고 선정적인 기사는 모두 그 잡지에서 청탁한 것들이었다. 그런 주제에 대한 글쓰기를 서너 번 거절한 후부턴 '뉴욕 타임즈인데 뭐 어때?'라고 생각하게 됐고, 그 후에는 전혀 관심 없는 주제에 대해 글을 쓰고 있는 내 자신을 발견하곤 했다. (내가 거절한 기사 중 하나는 유행의 중심지 파크 애비뉴에 대한 기사였다. 파크 애비뉴에 대해 자세하게 소개하라고 하면서 스패니시 할렘 입구까지만 쓰라는 것이었다. 그 곳에서부터는 해당 지역에 거주하는 그 잡지 독자가 적어지기 때문이었다.) 점잖은 「타임즈」와 일할 때도 편집자들로부터 오후에 호텔에 함께 가자는 청을 들을 때가 많았고, 자신들의 편지를 대신 부쳐 달라는 부탁을 받을 수도 있었다.

　「라이프」에는 팝 문화를 소재로 사회학 논문에 가까운 긴 기사를 썼다. 하지만 내가 처음 거기 갔을 때는 편집자가 나를 집으로 돌려보냈다. "우리는 예쁜 아가씨를 원하는 게 아니라 작가를 원한다구."라는 말을 내뱉으면서. 「글래머」에는 맹아적 형태의 페미니즘을 담은 철학적 에세이를 많이 실었다. 약간 들척지근하기는 하지만 개인적 경험이나 진실한 감정의 싹이 없지는 않았다. 나는 요즘도 가끔 그 글들의 영향을 받아서 혼외 관계를 가졌거나 상대가 혼외 정사를 원했으나 응하지 않은 사람, 집을 떠났거나 자신이 하고 싶은 일을 했다는 여성을 만난다. 『룩』에는 주로 문화 비평 칼럼을 실었으며, 『쇼 Show』와 『에스콰이어 Esquire』에는 연예계 이야기와 대학 특집 기사를 썼다. 모든 사람들을 위한 콘서트 안내 책자 같은 이상한 단발성 프로젝트에도 참가했고 거의 모든 사람을 대상으로 하는 서평들도 썼다.

달리 말하면 작가로서 생계를 꾸려 나갔다는 것이다.

그러나 이런 글 대부분은 내가 대학 졸업 직후 인도에 살 때 선망했던 글쓰기와는 거리가 멀었다. 인도에서 나는 우리의 생활 수준이 아니라 그 곳의 생활 수준이 전 세계 사람들 대부분의 표준이라는 것을 알게 되었다. 나는 물잔 하나, 사리 한 벌, 빗 하나만 가지고 카스트 반대 폭동이 일어난 마을을 돌아다니며 매일 기록을 했다. 1958년 귀국한 직후, 나는 순진하게도 그렇게 쓴 글 중 일부를 팔 수 있으리라 생각했다. 그 뿐 아니라 서양 사람들을 상대로 타지마할만이 아니라 인도 여러 곳을 관광하라고 유혹하는 여행 안내서도 팔려고 했는데 그렇게 하기에는 시기상조라는 것을 알지 못했다. 그 때는 비틀즈조차 아직 인도를 발견하지 못했을 때였다.

사실 페미니즘을 접하기 전에 발표한 내 글들은 일관성이 없었고 내가 살아가는 모습과도 일치하지 않았다.

나는 자원 봉사로 정치 활동을 하면서 외국 요리에 대한 글을 쓰고, 『매드 Mad』 후속으로 나온 『헬프! Help!』라는 잡지에 풍자적인 사진 캡션을 쓰고 있었다. '젊은 영주들'이라는 푸에르토리코계 급진주의자들에게 끊임없이 피자와 담배를 제공하는 한편, 『글래머』에 실릴 크리스마스 전통 요리 기사를 쓰고 있었다. '젊은 영주들'은 자신들의 이름과는 어울리지 않게 스패니시 할렘에 있는 교회에 자리를 잡고 있었다. 그 때는 몇몇 초기 페미니스트들도 그 그룹에 가담하고 있었다. 나는 언론 홍보를 위해 화씨 110도의 더위에 멕시코 국경까지 가는 '가난한 사람들의 행진'에 참가하기도 했다. 그 와중에도 나는 적도 지방을 배경으로 하는 바캉스 기사를 쓰고 있었다. 롱아일랜드에서 노조를 결성한 이민 노동자들을 위해 보석금을 모금하고 옷가지를 수집하면서도 제임스 본드 류 영화에 대해 제임스 코번 James Coburn과 인터뷰를 하고 있었다.

극소수의 '젊은 여기자' 중 한 사람이었던 나는 인터뷰 대상인 유명인사들과 함께 여행을 하기도 했고, 마치 내가 그들 집단에 속하는 사람인 것처럼 가끔 함께 사진을 찍기도 했다. 그러나 동시에 나는 한 여성 예술가와 함께 쓰고 있던 아파트 월세로 한 달에 62.5달러를 지불해야 했고, 신용카드 연체료 때문에 아둥바둥대야 했다. 멕시코까지 행진한 농장 노동자들이 행진하느라 쓴 비용을 감당할 수 없었기 때문에 내가 카드로 모든 비용을 지불했고, 나 역시 그 돈을 감당하지 못해 카드가 사용 정지된 상태였다.

이미지와 현실 사이의 이런 불균형은 많은 부분 내가 자초한 것이었다. 나는 내 자신에 대해서 진지하게 생각해보지 않았기에 내가 무슨 생각을 하고 무엇에 관심을 갖고 있는지를 표현하지 못했다. 뿐만 아니라 초기에 플레이보이 클럽 바니걸로 일하면서 폭로 기사를 쓰라는 『쇼』의 제안을 받아들인 실수 탓도 있었다. 다행히 내가 『쇼』에 출판 계약금을 얼른 돌려주어서 그 글이 출판되는 것은 막을 수 있었다. 그래서 약국 선반이 '나는 플레이보이 클럽의 바니걸이었다'란 제목과 아무도 못 알아볼 사진과 함께 내 이름이 화려하게 장식된 책으로 가득 차는 일은 피할 수 있었다. 그러나 이후 나는 공식적인 자리에서는 항상 그 기사를 쓴 사람으로만 설명됐다. 그것 때문에 내 이름을 걸고 쓴 첫 기사가 묻혀 버렸다. 그 기사는 바니걸 기사가 나가기 1년 전에 『에스콰이어』에 실린 것으로, 피임약 혁명을 다룬 글이었다. 그 기사를 보고 다른 편집자들도 내게 글을 부탁하곤 했다. 지금 다시 보니 21년 전에 쓴 그 기사의 끝맺음은 이렇다.

"성적으로 해방된 여성이 갖게 되는 유일한 문제는 상대가 되어 줄 성적으로 해방된 남성이 별로 없다는 점이다."

내가 이런 것까지 알고 있었으면서도 그 외의 모든 것에 대해 몰랐다는 점이 신기하다. 나는 문제의 기사 덕분에, 어렵게 얻은 미국 정보국에 대한 조사 기사 쓰는 일을 할 수 없게 돼 버렸다. 나는 인도의 정보국 활동을 본 후, 미국 정보국이 국가의 이념을 정확히 반영하고 있지 않다고 의심하게 되었고 그에 대한 글을 쓰고 싶었다. 하지만 나는 그 바람을 이루는 대신, 콜걸로 가장해서 고급 매춘에 대한 폭로 기사를 쓰는 건 어떻겠냐느는 제안과 음흉한 시선을 받게 되었다.

콜걸을 가장해 취재하는 것은 넬리 블라이*8)라면 가능한 일이었을지 모른다. 하지만 그 아이디어가 모욕적일 뿐 아니라, 그런 일을 하는 것이 두려웠기 때문에 제안을 받아들일 수 없었다. 결국에는 새로 떠오르고 있던 페미니즘 덕분에 플레이보이 클럽의 착취에 대해 보도한 것이 유용한 일이었음을 알게 되었다. 그러나 기사가 보도된 당시 나는 성적인 농담에 무방비 상태였고, 기사로 인해 나에 대한 사람들의 태도가 달라져서 괴로웠다. 내가 전직 바니걸이라고 소개되거나 『플레이보이』에 아무 설명도 없이 바니걸 복장을 한 내 사진이 실린 것을 볼 때마다 가슴이 철렁 내려앉았다. (20년이 지났는데도 이 두 가지 일은 계속되고 있다. 후자는 『플레이보이』의 장기적인 복수인 듯하다.) 나는 감정적으로는 나를 바니걸들을 포함한 다른 여자들과 동일시하고 있었지만, 내 진지함을 보여줄 유일한 기회는 다른 여자들과 내가 다름을 입증하는 것이라고 교육받아 왔기 때문이었다.

1968년 『뉴욕』 창간을 도와 그 잡지의 기고가 겸 편집자가 되고, 정치 칼럼니스트가 된 후에야 작가로서의 내 일과 내 자신의 관심사가 결합되기 시작했다. 『뉴욕』 창간호에는 「뉴욕의 호치민」이라는 짧은 기사를 실었다. 그 기사는 신비에 싸인 그 독립운동 지도자가 살면서 경험했을 법한 이야기들을 쓴 것이었다. 그가 미국에 대해 깊은 애정을 갖고 있으며, '남아시아의 조지 워싱턴'으로 존경받는다는 것은 인도에 살면서 알게 된 사실이었다. 10년이나 지난 후에야 나는 내 인생에 있어 결정적인 역할을 한, 인도에서의 두 해 동안의 경험을 활용할 수 있었던 것이다. 인도에서 지내는 동안, 미국인이라면 여자가 남자보다 다른 나라를 여행하기가 편하다는 사실도 알게 되었다. 누구든 백인 여자를 백인 남자만큼 경계하지는 않기 때문이다. 마틴 루터 킹이 살해된 후 할렘에 가서 취재할 때도 그 점이 도움이 됐다. 마틴 루터 킹이 암살된 후 나는 멍하니 텔레비전만 보고 앉아 있었는데 『뉴욕』 편집장 클레이 펠커 Clay Felker가 전화를 했다.

"얼른 할렘으로 가서 사람들하고 얘기를 좀 해."

나는 할렘으로 곧장 달려갔고, 그 때 처음으로 내가 기자인 것 같은 기분을 느꼈다. 인도에서 그랬듯이 다른 여자들 가까이에 있으면 안전하다는 것을 나는 알고 있었다. 신임 대통령 닉슨이 넬슨 록펠러 Nelson Rockefeller를 남미 순방길에 오르게 했을 때 역시 나는 『뉴욕』에 실을 기사를 쓰기 위해 기자단 비행기에 올랐다. 그 결과물로 아주 인기 없었던 그의 순방에 대한 기사 「한 손으로 손뼉치는 소리」가 나왔다. 존 린지 John Lindsay 시장과 하원의원 에드 콕 Ed Koch에 대한 기사도 썼고, 부상당한 베트남 참전 군인들을 소재로 한 기사도 썼다. 전장에서 바로 퀸즈 병원으로 후송된 군인들은 자신이 전쟁의 희생자일 뿐 아니라 평화운동의 희생자임을 알게 되었다. 단백결핍성 소아영양실조증이라는 병에 대한 기사도 썼다. 그것은 단백질 결핍 질병으로, 당시 미국에서 환자가 발견되기 전까지 기아에 허덕이는 아프리카 사람들에게만 나타나는 병이라고 여겨졌었다. 또 나는 탁아시설을 둘러싼 이웃간의 싸움, 베트남전 참전 반대 시위와 평화운동, 대통령 선거 취재기자단 비행기에 탄 기자들의 태도에 대한 글도 썼다. 그 때 처음으로 이것을 하면서 저것을 쓰는 일을 하지 않게 되었고, 내 관심사에 집중할 수 있었다.

하지만 「뉴욕」의 기사를 위해 어떤 지역 낙태 청문회에 간 이후에야 나는 내 관심사가 내 인생의 정치학에서 나온 것임을 알 수 있었다.

그 자리는 뉴욕 주의 낙태 금지법 폐지에 대한 공식적인 청문회에 항의하기 위한 것이었다. 문제의 청문회는 열네 명의 남자와 한 명의 수녀만을 증인으로 초대했던 것이다. 그에 대항해 초기 여성 단체가 마련한 청문회에서는 여자들이 자신의 불법 낙태 경험을 이야기했다. 나는 교회 지하실에 앉아서 청중 앞에 나선 여자들이 자신을 도와 줄 사람을 얼마나 애타게 찾았는지와 낙태 수술을 하기 전 의사에게 모욕을 당하면서도 참을 수 밖에 없었던 상황, 돌팔이의 불법 수술에 목숨을 내맡겼던 것 등을 이야기하는 것을 들었다. 그것은 강렬한 감정을 가지고 가장 솔직하게 털어놓는 개인적인 이야기라는 점에서 1960년대 초반의 민권운동 집회에서 들었던 '증언'과 비슷했다.

그 이야기를 듣는 동안 나는 더 이상 머리로 생각하고 있지 않았다. 나는 이미 알고 있었다. 대학 졸업 직후 나는 낙태할 수 있는 곳을 찾아가서 낙태 시술을 받았지만 아무에게도 이야기하지 않았다. 성인 여성 서너 명 중 한 명이 나와 같은 경험을 하는데도, 왜 우리 모두 죄의식과 외로움을 느껴야만 할까? 우리 자신의 몸의 운명을 결정하는 힘도 갖지 못한다면 우리는 도대체 얼마만한 힘을 가질 수 있을까?

나는 내가 할 수 있는 범위 내에서 생식 관련 이슈에 대한 모든 자료를 봤고, 페미니즘의 새로운 물결의 근원에 대해서도 연구했다. 그리고 「블랙 파워 다음에는 여성 해방」이라는 제목의, 그럴듯해 보이는 객관적인 기사도 하나 썼다. (그 글 전체를 통틀어 '나'는 한 번도 나오지 않는다. 그 글에는 내가 교회 지하실에서 느꼈던 감정은 전혀 담겨 있지 않았으며, 당연히 내가 예전에 낙태를 했다는 사실도 밝혀지지 않았다.) 낙태 청문회에서 여자들의 이야기를 들음으로써 나는 처음으로 거리낌없이 나의 낙태 경험을 이야기할 수 있다는 느낌을 가졌지만, 여전히 기자는 개인적인 경험을 감출 때 신뢰를 얻을 수 있다고 생각하고 있었다. 내가 배워야 할 게 아주 많았다. 그러나 평화운동과 민권운동으로부터 분리해 나온 이 급진적인 젊은 여자들이 전미여성기구 NOW(National Organization for Women)의 중산층 개량주의에 영향을 미칠 수 있다면, 그리고 정부의 생활보조금과 탁아시설 문제를 통해 이미 조직화되어 있는 빈민 여성들과 결합할 수 있다면, 오래 지속될 중요한 대중운동이 일어날 것임을 예측할 수 있었다.

그 기사 내용은 지금은 너무 당연해서 급진적인 내용으로 보이지도 않는 것이지만, 발표 후 1년 후인 1970년에는 페미니즘의 새물결에 대한 최초의 보도 중 하나로 페니 미주리 저널리즘상을 수상했다. 그러나 내 남자 친구들과 남자 동료들은 즉각 위험 신호를 보냈다. 몇 명은 나를 구석으로 데리고 가서는 친절하게 이렇게 말했다.

"심각하고 중요한 정치 문제를 다루지 않고 왜 이런 정신나간 여자들 얘기를 쓰고 있냐?"

"진짜 기사거리를 얻으려고 그렇게 열심히 일했으면서 여자들 일만 쓰는 기자로 낙인찍히는 위험을 어떻게 감수할 거냐?"

재미있게도, 좋은 기사를 쓰기 위해 바니걸로 위장 취업하는 것이 내 경력에 도움이 된다고 생각했던 바로 그 사람들이 여성의 정치운동에 대한 짧은 기사 하나에는 신경을 곤두세웠다.

나는 유일한 '여자 기자'로 사는 것의 영예에 대해 처음으로 회의하기 시작했다. 주위의 남자들이 아무리 능력 있고 여성에게 호의적인 남자들이라 해도 여기자는 역시 여기자였던 것이다. 부정했거나 무시하려고 노력했던 과거의 억눌린 분노가 폭발해서 넘쳤다. 독신 여자는 집세를 낼 능력이 없을 거라고(낼 수 있다면 매춘부일 거라고) 생각한 주인 때문에 아파트를 빌릴 수 없었던 일, 여자라는 이유로 나보다 젊고 경험도 없는 남자 기자에게 정치 기사를 뺏겼던 일, 내가 이룬 일은 모두 내가 '예쁜 여자'이기 때문에 가능했다고 여겨지는 것(편집자들이 모두 여자일 때도 나는 그런 편견을 알아차리곤 했다.), 여자는 별로 돈이 필요하지 않다며 내게는 돈을 적게 주던 일, 나를 인정해 줄 때는 언제나 빈정거림을 빠뜨리지 않던 것(『뉴스위크』는 유망한 젊은 작가라고 나를 소개하면서 내 사진 밑에 "생각보다 쉬웠다."라는 설명을 붙여 놓았다. 그 캡션은 내가 한 말을 인용한 것이라는데, 내가 "프리랜서 작가가 되는 것이 생각보다는 쉽다."고 말한 것을 그렇게 인용했던 것이다.), 내가 어떤 남자와 데이트를 하든, 그가 재능이 있는 사람이든 돈이 조금 있는 사람이든 무조건 그 남자와 결혼하라고 계속해서 부추기는 친구들, 불감증 마누라와 멍청한 금발머리들과 모든 남자아이들에게 몸을 내주던 시골 여자아이들 등에 대한 기자들의 농담에 내내 시달리는 것 등.

가장 나쁜 것은 그 모든 작은 모욕에 내 스스로 항복했다는 것, 어떤 일이 벌어지고 있는가에 대해 내 감정에 기초한 판단을 믿지 않으려 했던 것, 내 자신의 경험조차 믿지 않았던 것이었다. 예를 들어 내가 가장 신뢰하는 친구들은 여자들이었는데도 나는 여자들은 서로 잘 지내지 못한다고 생각했다. 내 자신은 모든 차별에 반대하는 운동에 감정적으로 공감하고 있으면서도 여자들이 남자들보다 보수적이라는 데 동의했다. 내가 성적으로 끌리는 남자에게서 빼놓을 수 없는 부분이 신뢰와 부드러움이라는 것을 알고 있으면서도 나는 여자들 모두가 성적 매저키스트라고 생각했다. 자기는 특별한 예외라고 생각하며, 우리 자신의 삶과 일치하지 않는 잘못된 믿음을 얼마나 오랫동안 받아들일 수 있는가는 정말 놀랍다. 빛이 밝아 오기 시작했을 때 나는 왜 내가 전에는 이런 것들을 하나도 이해하지 못했는지 머리를 찧었다.

나는 닥치는대로 페미니스트의 글들을 읽기 시작했고 내가 만날 수 있는 모든 여성운동가들을 만나 이야기했다. 그리고 당시 내가 관심을 가지고 있던 몇 안 되는 잡지들에, 빠른 속도로 성장해가는 여성운동에 대한 기사를 썼다. 『룩』에는 백악관에 여자 대통령이 입성할 가능성에 대해 썼고, 『뉴욕』에는 성의 정치학을 논평하는 칼럼들을 썼다. 『타임』에는 「여성이 승리한다면 어떻게 될까」라는 제목의 에세이가, 센세이션을 불러일으킨 케이트 밀레트에 대한 커버 스토리와 함께 실렸다. (『타임』에 비슷한 에세이들을 썼던 남자 저널리스트들보다 내가 적은 원고료를 받았다는 것을 나중에 알았다. 여성이 승리하는 것과는 거리가 멀었던 것이다.)

그러나 내가 여성운동에 관한 기사를 쓰겠다고 했을 때, 대부분의 잡지사가 이런 답변을 했다.

"죄송하지만 페미니즘 관련 기사는 작년에 실었습니다."

"남녀가 평등하다고 말하는 글을 하나 실으면 객관성을 유지하기 위해 바로 뒤에 그렇지 않다는 글을 실어야 할 겁니다."

내가 음식과 남자 영화 배우들, 무늬 스타킹에 대한 통찰력을 타고났다고 생각했던 편집자들이 이제는 나 또는 다른 여자 기자들이 페미니즘에 대해 객관적인 글을 쓸 수 있는 능력을 생물학적으로 결여하고 있지 않은지 의심하고 있었다.

그런 반응은 내가 글쓰기에서 조금 물러나 말하는 일을 하도록 이끌었다. 그 낙태 청문회의 밤에 내가 처음으로 살짝 보았던 현실을 알릴 수 있는 유일한 방법은 말하기인 듯 했다. 나는 성차별이 내 삶에 어떤 영향을 미쳐 왔는지를 다른 여자들로부터의 배움을 통해 조금씩 이해하기 시작했고, 사람들 앞에서 개인적인 이야기를 털어놓는 실험을 하기 시작했다. 그것이 시작이었다.

그러나 그것이 끝은 아니었다. 맨 처음 의식화 과정의 빛은 매우 많은 것을 드러내 줘서 마치 태양이 솟아오르는 것 같다. 하지만 사실 그 빛은 어둠 속의 촛불과 같다.

예를 들면 나는 내가 쓴 기사들을 모아서 너무 낡은 것이 되기 전에 책 한 권으로 묶을 수도 있었을 것이다. 따로 책을 한 권 쓸 수도 있었을 것이다. 그런데 왜 나는 내 글들을 묶어서 책으로 내지 않았을까? 왜 그 때는 책을 따로 쓸 생각을 하지 않았을까?

페미니즘을 접하기 전에 나는 내 글이 아주 훌륭하지는 않다고 생각하고 있었다. 그런 핑계가 감추고 있는 진실은, 여전히 내 진짜 정체성은 내가 하는 일이 아니라 남편으로부터 비롯될 것이라고 생각하고 있었다는 사실이다. 또한 내 글이 별로 훌륭하지 않다는 핑계 덕분에, 하나의 주제로 긴 글을 쓰기에는 내 생활이 너무 불안정하다는 사실을 인정하지 않을 수 있었다. 나는 짧은 기사를 써서 얻는 수입으로 생계를 유지하고 있었던 것이다.

페미니즘이 동트기 시작한 직후, 나는 남자 작가들이 수많은 나무를 베어 자신의 하드커버 책으로 서점을 가득 채우고 있지만 그들이 나보다 더 훌륭한 작가는 아니라는 것을 알게 되었다. 어떤 이들은 나보다 못하기도 했다. 어떤 사람들의 책은 서로 비슷비슷한 내용을 포장만 다르게 한 것이어서 나무 한 그루의 죽음만큼의 가치도 없어 보였다. 초기 의식화의 첫 번째 빛 속에서 나는 남자 작가들은 조사, 타자, 편집 등의 일을 자신의 아내, 여자친구, 여비서 등에게 맡긴다는 사실도 알게 됐다. 그런 남자들은 일할 때 "쉿, 아빠가 지금 일하고 계시잖아." 같은 존경이 담긴 말도 들었다. 반면 나는 내 일을 좋아하고 내 일에 몰두하고 있다는 사실을 인정하는 것이 아주 '여성적이지 않은' 일인 것처럼 느껴야 했다. 남자 동료들과는 달리 한 번도 애인에게 조사나 도움을 요청한 적이 없었고 그들의 계획보다 내 글쓰는 일을 우선시하는 일도 거의 없었다. "일하고 싶어."라고 단호하게 말하는 일도 없었다. 대신 얼버무리면서 사과하거나 이렇게 말했다.

"정말 미안하지만 이번 마감일은 꼭 지켜야 되거든."

나중에야 나는 일이나 '여성적이지 않은' 무엇을 정당화하기 위해서 외부의 급한 일을 핑계 삼아야 하는 것이 대부분의 모든 여자들이 갖고 있는 문제라는 것을 알게 되었다. 이 책에 실린 「여성의 노동에 대하여」는 그런 현상을 자세히 살피고 있다. 여성들은 남성의 권위를 자극하거나 경제적 조건을 이유로 내세우기도 하고, 자신이 하고 싶은 일을 하기 위해 대단한 독창성을 발휘해서 갖가지의 다양한 방법을 찾아낸다. 이런 속임수를 이용해서 우리는 비밀스럽게 반란을 일으키면서도 수동적이고 '여성적인' 자세를 유지할 수 있다. 기만적인 술책이 대부분 그렇듯이 그것은 재능과 독창성과 시간의 엄청난 낭비다.

훨씬 더 나중에야 내가 깨달은 것은, 책을 출판하는 것이나 긴 글을 쓰는 데 대해 – 또는 목표 달성을 위해 미래에 대한 계획을 세우는 것에 대해 – 내가 느끼던 저항감도 사회적 약자들의 공통된 증상이라는 것이었다. 내 인생이 내가 결혼하게 될 남자에 의해 결정될 것이라는 생각을 버린 후에도(그 한참 후에도), 나는 여전히 "5년 후에는 이렇게 되었으면 좋겠다."라고 말하기 어려웠다. 내년에 무슨 일을 해야겠다고 말하는 것조차 어려웠다. 계급과 인종이 가져다 주는 한계로 인해 남자들도 자신이 통제력을 가지지 못하고 타인에게 휘둘리고 있다고 똑같이 느낀다. 하지만 여자들은 계급이나 인종으로 인해 권력을 갖지 못할 뿐 아니라, 실제의 또는 미래의 남편과 아이들의 요구를 우선시해야 한다고 교육받아 왔기 때문에 통제력을 발휘하기가 더욱 어렵다. 나는 「여성의 시간」을 쓰면서 계획을 미리 세울 수 있는지의 여부는 계급에 따라 달라진다는 것을 이해할 수 있었다. 나는 개인으로서 이런 수동적인 사고 방식을 이해하고 그에 저항하기 시작하고 있었다.

낡은 생각들은 사라지고 새로운 관찰이 차곡차곡 쌓여 진실을 알려 주었다. 성장하는 의식은 이전의 통찰력을 점점 확장시키지 그것을 부정하지는 않는다. 예를 들어 최근에 나는 '긴 글 하나를 계속 쓰는 것이 왜 그렇게 두려웠을까?'를 생각해 왔다. 인생이 언제나 책 한 권 길이의 주제로 경험되는 것은 아니다. 한 주제를 다룬 짧은 글이나 통찰력이 담긴 시리즈도 유용할 수 있고 시의 경제성이나 깊이를 산문에 부여할 수도 있다. 에피소드식 서술 방식을 채택하면, 비현실적일 정도로 단순하고 직선적인 연결을 만들어 내기 위해 지금도 고심하고 있는 많은 남성 작가들이 해방감을 느낄 수 있을 것이다. 그리고 아이들이 집에 돌아오기 전까지 집중할 수 있는 단 몇 시간 동안 부엌 식탁에 앉아서 글을 쓰는 여성 작가들에게도 해결책이 될 수 있다. 즉 자발성, 유연성, 현재를 사는 능력은 시간을 통제하지 못하는 것이 가진 다른 좋은 측면이다. 여자들은 우리가 배워야 하는 것이 무엇인지 알아낼 때도 우리가 이미 알고 있는 것의 보편적인 중요성을 간과하거나 평가절하해서는 안 된다.

지금까지의 변화무쌍한 내 삶에서 얻은 것과 잃은 것이 무엇이냐는 질문을 받으면 나는 항상 단일한 주제와 명쾌한 결론에 이르러야 할 것 같은 느낌을 갖는다. 하지만 인상적인 장면과 그 때의 느낌을 회상해 보면 좋았던 점과 나빴던 점이 항상 분명히 구별되지는 않는다. 가장 나빴던 것이 매우 교훈적인 것으로 드러나서 결국에는 보람있는 것이 되기도 한다. 좋은 점이라고 생각했던 것이 사실은 괴로움을 줄 뿐이었지만 불평하기는 매우 어려운 경우도 있었다. 남들이 보기에는 그것이 좋은 점처럼 보였기 때문이다. (예를 들면 사람들이 부자의 괴로움에 대해 공감하기 어려워하는 것처럼, 유명해지는 것이 안겨다 주는 문제에 대해서는 잘 이해하지 못한다.) 그러나 나쁜 의도로 행해진 것만 나빴던 것이라고 본다면 다음과 같은 장면이 떠오른다.

- 〈투데이 쇼〉와 나의 이미지를 이용한 소설 광고를 보고 화들짝 놀랐

을 때. 옷을 몇 조각만 걸치고 내 머리 모양을 하고 내 안경 비슷한 것을 쓴 여자 주인공이 커다란 페미니스트 상징이 새겨진 목걸이가 놓인 탁자 쪽으로 살금살금 기어가고 있다. 남자 아나운서의 목소리는 "그녀는 남자들을 이용했다…… 그러나 여자들을 더 좋아했다."라고 말한다. '저항적인 여자는 모두 레즈비언'이라는 선입견을 보여 주는 이 예는 유용한 교훈이 되었다. 그 전에는 레스비어니즘을 페미니즘의 문제라고 보지 않았던 여자들이 이제, 레스비어니즘을 훌륭한 선택으로 인정받게 만들어야 한다는 점을 이해하게 되었다. 저항적인 여자를 모두 레즈비언이라고 공격하는 비난 때문에 모든 여성운동이 저지되고 모든 여자들이 분열되는 것을 막으려면, 레즈비언에 대한 긍정적인 평가가 자리잡게 해야 하기 때문이다.

• 불행하게도 나와 같은 성을 가지고 있는 내 친척 아저씨 부부는 여러 사람에게 한꺼번에 보낸 크리스마스 편지에, 낚시 여행을 갔다왔다는 소식과 은퇴 후 다른 활동도 하고 있다는 소식과 함께 공식적으로 나와 의절하겠다는 선언을 썼다. 페미니스트인 내가 신과 남자, 국가에 충성하지 않기 때문이라고 했다. 이 선언은 어머니의 마음을 아프게 했다. 하지만 그들이 아직도 인종분리를 주장하는 사람들이고, 내가 태어나기 여러 해 전에 참정권 운동에 참가했던 할머니와도 불화가 있었다는 사실을 알게 되었다. 그 후에는 그런 선언을 듣는 것이 영광일 뿐만 아니라 집안의 전통인 듯 보이기 시작했다.

• 앨 캡은 텔레비전에서 내가 "신좌파의 셜리 템플*9)"이며 여덟 명의 간호사를 살해한 새디스트 살인자 리차드 스펙에 비견될 만한 사람이라고 비난했다. 게다가 앨 캡은 계속해서 모든 여성운동 지도자들을 연쇄 살인범에 비유했다. 그렇다면 페미니즘이 여자들을 죽이는

것이라는 이야기가 된다. 그 후에 그가 대학에 연사로 자주 나갈 때 젊은 여자들에게 성적인 접근을 했다는 주장이 제기되고 그에 관한 소송이 이어졌기 때문에 공식 활동에 지장이 있다는 사실을 알게 되었다. 그러나 아무튼 그의 말은 내게 상처가 되었다.

• TV에 나온 리차드 스펙은 자신이 살해한 여자들이 모두 글로리아 스타이넘 같지는 않았다고 말했다. 그는 구치소에서 인터뷰를 하고 있었고 그의 여성 혐오와 여성 살해는 독창적인 것도 아니었지만, 그 이야기를 듣자 소름이 돋았다.

• 엘리베이터 안내원은 같은 빌딩에서 일하는 어떤 남자가 이렇게 말했다고 전해 주었다.
"거트루드 스타인*10)이 이 빌딩에서 일한다고 들었어요. 그런데 왜 엘리베이터에서 한 번도 못 봤을까요?"
처음에는 그 말을 단순히 우스개소리라고 생각했지만, 저항적인 한 여자의 이미지가 우리 모두를 포함하는 것으로 사용되고 있다는 것을 깨달았다. 우리는 모두 비슷비슷해 보이는 것이다.

• 텍사스 주에서 연설을 하고 나오는데 원형 극장 밖에서 열명쯤 되는 사람들이 '글로리아 스타이넘은 휴머니스트다' 라고 쓴 피켓을 들고 서 있는 것이 보였다. '고맙기도 해라. 날 지지하는 사람들인가 봐.' 라고 생각했다. 그러나 가까이 다가가 그들의 표정을 보니 날 싫어 하는 빛이 역력했다. 그들은 '휴머니스트' – 또는 권위주의적인 하느님 대신 인간에 대한 믿음을 가진 사람을 의미하는 말은 무엇이든 – 란 말을 가장 심한 욕으로 생각하는 우익 집단이었다.

- 여성운동은 '가족을 파괴하려는 좌파의 술책'이라는 이유로 우익은 일관되게 우리를 반대했고, 좌파도 가끔씩 여성운동은 '좌파를 분열시키려는 우익의 술책'이라고 생각해 우리를 적대시했다. 여기서 얻은 교훈은 뭐든지 여성운동가들 탓이라고 하면 된다는 것이었다.

- 나는 몇십 년 전 소련이 주최한 청년 축전에 참가했다는 이유로 공산주의자들의 앞잡이라고 비난받았으며, 같은 이유로 정부의 앞잡이라고도 비난받았다. 소련의 청년 축전에 참가한 미국인들은 미국 정부에서 지원금을 받는 재단으로부터 참가 비용을 부분적으로 보조받았었기 때문이었다. 그리고 레즈비언 권리를 지지한 것에 대해서도 두 가지로 비난받았다('가족을 파괴하려는 공산주의자들의 술책'이라는 비난도 있었고 '여성운동을 분열시키려는 FBI의 작전'이라는 비난도 있었다.). 그런 비난을 듣는 것은 말할 수 없이 괴로운 일이다. 그런 것은 모두 내 마음과 행동이 내 것이 아님을 간접적으로 보여 준다.

- 사람들은 내가 글을 발표하고 원하는 것을 얻기 위해, 심지어 페미니스트로 – 또는 무엇으로든 – 성공하기 위해 내가 '남자들을 이용했다'고들 이야기했다. 이런 비난은 어떤 분야에서든 성공한 여자들에게 일반적으로 가해지는 것이다. 그러므로 성공한 여자에게는 무수한 비난이 가해진다는 점이 바로 앞서 말한 모든 괴로움의 근본 원인일 수도 있다. 사회에서 성공하는 여자들이 많아지지 않는 한 계속해서, 여자들이 그 위치에 오르기 위해서는 남자를 이용한 것이 틀림없다는 편견에 시달릴 수 밖에 없다. 그럴 때 제기할 수 있는 유일한 반론은 이것이다.
"어느 남자냐?"

• 뉴욕 전역의 신문 가판대에 진열된 『스크루 Screw』지에는 여자 그림이 끼여 있었는데 내 얼굴에 내 안경을 쓰고 벌거벗은 몸에는 여자 성기가 아주 자세히 그려져 있었다. 테두리에는 세밀하게 그린 페니스들을 빙 둘러놓았고 '페미니스트에게 좆을 박아라' 라는 선정적인 문구가 제목으로 박혀 있었다. 절망감과 모욕감에 나는 『스크루』 편집장 앨 골드스타인에게 변호사의 편지를 보냈다. 그런데 그에 대한 답으로 사탕 한 상자와 함께 이런 쪽지가 배달되었다. "이거나 빨아." 벨라 압죽의 유머만이 나를 우울증에서 구할 수 있었다. 음순까지 자세히 그려 놓은 누드 그림에 내 얼굴을 붙여 놓았다고 내가 이야기하자 그녀는 무표정한 얼굴로 이렇게 말했다.

"성기는 내 걸 갖다 붙인 거야."

가끔 폭탄으로 강당을 날려 버리겠다는 협박 전화도 받았다(보통 그런 전화를 한 사람들은 자신을 '생명의 수호자' 라고 밝혔는데, 그렇게 말하면서 생명을 위협하는 것에서 모순을 느끼지 못하는 모양이었다.). 나를 모욕하는 기사들도 여럿 있었는데 나중엔 그런 기사를 봐도 읽지 않고 그냥 무시했다. 내가 그에 대해 할 수 있는 일이 아무것도 없고 내 생명에 대한 법적인 권리도 행사할 수 없다는 절망감 그리고 여성의 급박한 문제가 조롱당하거나 오해되는 것에 대한 분노 때문에 그냥 무시하기로 했다. 돈을 전혀 받지 않아도 내가 아주 하고 싶은 일만 하는 데서 오는 큰 보람도 있었고, 다른 한편으로는 사회 운동 밖에서 벌 수 있는 것보다 훨씬 적은 돈을 번다는 문제도 있었다. "돈도 많이 벌고 유명해졌다."는 말을 그렇게 자주 듣지만 않았다면, 그래서 유명해졌어도 돈은 없다는 것을 납득시키기가 그리 어렵지만 않다면, 돈을 적게 번다는 것은 아무 문제도 되지 않는다.

그러나 힘들었던 점은 좋았던 점을 설명하는 것보다는 훨씬 쉽다. 좋았던 점은 훨씬 더 많은 것을 의미할 수 있기 때문이다. 여자들은 블루스를 부르는 데 - 분노를 완화시키는 방법으로 유머를 사용하는 데에도 - 아주 익숙해져 있기 때문인지 승리나 축하는 여자들에게 익숙하지 않은 영역인 듯 보인다. 그래도 물질적인 것과 감정적인 것으로 보람을 느꼈던 기억과 많은 장면들이 떠오른다.

- 다섯 명의 여성이 여성운동이 없었다면 그들이 좋아하는 현재의 직업을 가질 수 없었을 것이라고 말하는 것을 듣고 매우 기뻤다. 그들은 임신한 비행기 승무원, 소방수, 뉴욕 주 최고위 공무원, 노조 목수, 최초의 여성 우주인이었다. 그리고 같은 날 이 모든 것을 듣는다는 것은 더욱 기분 좋은 일이었다.

- 내가 길을 가고 있었는데 어떤 트럭 운전사가 나를 부르더니 이런 이야기를 했다. 그는 사랑하는 여자와 3년간 동거를 했는데 여자가 결혼과 아이 낳기를 거부해 왔다. 그녀가 결혼 후에도 계속 일하는 것을 그가 반대했기 때문이었다. 그러다가 그는 내가 인터뷰에서 남자들에게 자신이 지금과 똑같은 사람인데 여자로 태어났다면 어떤 느낌을 가질까 생각해 보라고 말하는 것을 들었다. 그는 잠시 그런 상상을 하는 것을 연습해 보았고 그 후 아주 많은 것이 변했다. 이제 그와 여자 친구는 결혼해서 행복하게 살고 있다고 했다. 그는 나에게 고맙다고 말했지만 감정이입의 기적은 그 사람 자신이 이룬 것이다.

- 매일 일터로 가는 길에 중년의 흑인 여성 교통 경찰을 만난다. 맨해튼의 가장 번잡한 교차로에서 오케스트라의 지휘자처럼 교통 정리를 하는 그녀는 나를 보면 웃으면서 "놈들을 혼내 줘요."라고 말한다. 그것은 내게 말로는 설명하기 어려운, 여성으로서의 자부심과

행복을 느끼게 한다.

• 내가 다니던 치과의 기술 좋은 의사가 은퇴하면서 차분하고 실력 있는 젊은 여자 의사에게 자기 병원을 넘겼다는 사실을 알게 되었을 때.

• 미네소타 주 아이언레인지에서 농촌 마을까지 순회 강연을 다닐 때 가는 곳마다 교회 지하실과 학교 체육관이, 자신들이 페미니스트라고 아무렇지 않게 말하는 남녀로 가득 차 있는 것을 보았을 때.

• '보수적이며 냉담하다'는 평을 듣던 대학에 강연하러 가서 그 곳에 여성학 강좌가 개설되어 있고, 사무직 노동자들이 노조를 설립해 놓았고, 포르노 상영관에 항의하는 시위가 벌어졌고, 성폭력 상담 전화가 만들어졌고, 학생과 교직원을 위한 탁아시설이 마련되어 있으며, 여학생들과 교수들이 평등한 관계를 맺고 있다는 — 10년 전, 아니 5년 전에도 볼 수 없던 — 사실을 알았을 때.

• "하느님 어머니"를 부르며 기도하는 중서부 지역 가톨릭 신부를 만났을 때. 오천년간의 가부장제에 대한 보상으로 그렇게 기도한다는 그는 내게 설교를 청하기도 했다. 또 낙태를 반대하는 주교의 입장을 반대하는 수녀들이 공식 성명서를 발표했을 때도 운동가로서 보람을 느꼈다. 그리고 내 친구 어머니의 추모회를 여성 랍비가 아름답게 진행하고 여성의 선창을 따라 성가대가 노래하는 것을 보았을 때. 워싱턴에서 감독 교회 여성 사제가 자기 자신과 다른 이들을 위해 장애물을 없앨 수 있도록 교회 법정에 소송을 냈다고 이야기하는 것을 들었을 때. 신학교의 성경 수업 시간에 마녀로 몰려 화형당한 수백만의 여성들을 잔인한 가부장적인 신에 저항한 순교자로 경배

하기로 했다는 소식을 들었을 때.

• 비행기를 탔더니 승무원이 자신들이 최근 소송을 제기했다고 이야기하면서 이코노미 석의 표를 가지고 있는 나를 일등석에 앉혀 주었다. 그들은 비번일 때 낯선 도시에서 내 강의를 들으러 오기도 했다. 또 자원해서 로비 활동을 하겠다고 하면서 이런저런 이슈에 대한 소식이나 가까운 여성단체의 주소를 자신들에게 보내주기로 한 것을 상기시키는 메모를 우리 집으로 보냈다.

• 다음과 같은 이야기를 들을 때도 보람을 느낀다.
"페미니즘이 내 인생을 구했어요."
"우리 어머니에게 도움을 주셔서 감사합니다."
"이제 아내를 이해할 수 있게 됐습니다."
"내 딸은 나는 절대 할 수 없었던 일을 하는 사람이 될 거예요."
페미니즘으로 인해 인생이 바뀌었다는 사람들이 그 공을 나에게로 돌리는 말을 듣는 건 정말 기쁜 일이다.

• 디트로이트에서 있었던 일이다. 『미즈』 창간 10주년 기념 행사식장인 강당에 앉아 있는데, 누군가 내 어깨를 두드렸다. 돌아보니, 몸집이 작고 머리가 하얗고 일을 많이 한 듯 한 마디 굵은 손을 가진 여성이 서 있었다. 자신이 가진 옷 중에 가장 좋은 것이 틀림없을 면 드레스를 빳빳이 풀먹여 입고 있었다. 그녀는 부드럽게 말했다.
"당신이 내 속마음을 모두 이야기해 줬다는 말을 하려고 왔어요."
그런 한 순간에 모든 보람이 한꺼번에 느껴진다. 지금도 그녀의 손길과 말을 생각하면 눈물이 핑 돈다.

예전에 나는 똑같은 꿈을 되풀이해서 꾸곤 했다. 내가 한 사람 또는 여러 사람과 싸우는 꿈이었다. 그들은 나를 죽이려 하거나 내가 사랑하는 누군가를 해치려 하고 있다. 나는 있는 힘껏 때리고 발로 찬다. 온힘을 다해, 맹렬하게, 더욱더 열심히 싸우지만 내가 아무리 힘껏 싸워도 그들에게 상처를 입힐 수가 없었다. 아무리 열심히 싸워도 그들은 미소만 지을 따름이었다.

1970년대에 이 꿈을 다른 여자들에게 이야기해 주었더니, 그들도 모두 비슷한 느낌을 가지고 있다고 말했다. 내 꿈은 약자가 느끼는 분노와 모멸감, 무력감의 고전적인 시나리오였던 것이다.

그 후 여러 해가 지난 뒤 언젠가부터 그 꿈을 꾸지 않게 되었다. 디트로이트의 그 여성을 생각하다 보니, 그 꿈이 멈춘 것이 그녀의 말을 들었던 것과 연관된다는 것을 이제야 알겠다. 그녀의 말은 여성들이 서로를 위해 무엇을 할 수 있는가, 무엇을 하고 있는가를 확실히 보여준다. 우리는 서로에게 새로운 종류의 공감의 힘을 주고 있다는 것이다.

이제 여성과 남성은 자신이 선택하지 않은 성역할의 감옥으로부터 크고 작은 여러 가지 방식으로 서로를 구출해 내기 시작했다. 당신이 이 책에서 그런 구출의 순간이나 사실, 아이디어를 찾기를 바란다.

—1983년

**각주**

1) 나만의 책은 아니지만 거의 내 책이라 할 만한 것이 두 권은 있다. 『천 개의 인도 The Thousand Indias』는 1957년부터 1958년까지 연구원 장학금을 받아 인도에 가 있는 동안 인도 정부를 대신해 쓴 여행 안내서다. 그리고 『비치 북 The Beach Book』(Viking, 1963)은 내가 간추린 책이지만 텍스트는 거의 대부분 다른 사람들이 쓴 글이었다.

2) 「What's In It for Me」, *Harper's*, 1965, 169p.

**역주**

*1) 엠마 골드만(1869~1940): 러시아 출생의 미국 무정부주의자. 1916년 산아제한운동을 하다가 투옥되기도 했다.

*2) 우먼리브 운동: 우먼리브 운동 이전의 여성운동이 남녀 동등권을 요구하는 데 초점을 맞춘 것이었다면 우먼리브 운동은 여기서 한 걸음 더 나아가 '여성의 해방'을 내세웠다. '사적인 것이 정치적인 것이다.'라는 슬로건과 함께 관습이나 이데올로기, 사생활 속의 뿌리깊은 성차별을 철폐하자고 주장했다.

*3) 브라 태우는 여자들: 여성운동가들이 모여 브래지어를 태우는 의식을 행한 것으로, 여성의 몸과 자유를 억압하는 족쇄를 벗어던진다는 의미를 전파했다.

*4) 안젤라 데이비스: 안젤라 데이비스는 국가와 법 등 권력 기구에 대한 도전의 뜻으로 재판관을 포함한 네 사람을 법정에서 죽였다.

*5) 소저너 트루스(1797~1883): 흑인 사회 개혁가. 노예제 폐지 운동과 여성운동에 힘썼다.

*6) 「남자가 월경을 한다면」(글로리아 스타이넘 글, 양이현정 옮김, 현실문화연구, 2002)에 수록되어 있다.

*7) 하드에지 Hardedge: 기하학적 도형과 선명한 윤곽의 추상회화

*8) 넬리 블라이 Nelly Bly(1867~1922): 스타 여기자의 대명사. 소설 『80일간의 세계 일주』의 기록을 깨기 위해 세계 일주를 시작한 것으로 유명하다.

*9) 30년대의 유명한 아역 스타. 196, 70년대에 다양한 정치 활동을 했다.

*10) 거투르드 스타인(1874-1946). 아방가르드 미국 작가.

# 네트워크 만들기

    미국을 돌아다니다 보면 어디서나 여자들의 연대 조직을 발견할 수 있
다. 1980년대와 1990년대의 네트워킹은 1970년대의 의식화 그룹처럼
광범위하게 퍼져 있다. 네트워크 조직과 운영은 우리가 미친 것이 아니
라 사회 제도가 잘못되어 있다는 것을 여자들에게 알리는 주요한 방법이
다. 또한 아무리 용기 있는 여성이라도 혼자서는 변화시킬 수 없는 것을
상호지지 집단들은 변화시킬 수 있다는 것도 알게 된다.

    이미 의식화 그룹 활동의 경험이 있다면(또는 페미니스트 독서 클럽,
어머니들의 지지 그룹 등 혁명적인 여성 모임이라 할 수 있는 것을 경험
한 적이 있다면), 직장이나 공통 관심사를 매개로 결성된 여자들의 네트
워크는 다음 단계의 활동과 학습을 제공할 것이다. 작은 의식화 그룹들
에서 우리가 미친 것이 아님을 확인하는 경험을 가지지 못했다면 네트워
크 안에서 솔직한 자기 이야기를 하는 것을 통해 비슷한 경험을 할 수 있
을 것이고 비슷한 심리적 지원을 받을 수 있을 것이다.

    그러나 다음과 같은 문제가 있다. 예전의 의식화 그룹들과는 달리 새
로운 네크워크들은 기존 조직의 전술을 모방하는 경우가 많은 듯 하다.
그리고 어떤 집단들은 모든 여성을 포괄하려 하지 않고 성공하지 못한
여자들은 배제해 버린다. 그러나 대부분의 경우에 유일한 문제는 네크워
크라는 말이 주는 이미지이다. 네트워크나 여자 동창회라는 말은 우리

머리에서 남자들의 연줄 집단을 떠올리게 한다. 의식화 그룹이라는 개념도 다른 것들에서 끌어온 것이기는 하다. 즉 흑인 민권운동, 알콜중독방지회의 지지 그룹 등이 의식화 그룹의 모델이 되었다. 그러나 네트워크라는 말은 기존 집단의 구태를 떠오르게 할 수도 있다.

그런데 네트워크라는 말 앞에 여성이라는 말을 붙이면 느낌이 달라진다. 그리고 〈전국 여성건강 네트워크〉나 〈페미니스트 컴퓨터기술 프로젝트〉 같은 특화된 전국 연맹에서부터, 〈뉴욕 여성포럼〉이나 〈여성 중역을 위한 필라델피아 포럼〉과 같은 지역의 정보 교환 조직에 이르기까지, 네트워크는 모든 것을 일반적으로 포괄하는 말로 쓰일 수 있다.

나는 조직의 이름에 심리학적 요인이 있다는 것도 알아냈다. 이름에 포럼이라는 말을 포함하고 있는 네트워크들이 엘리트주의적인 성격을 강하게 가지고 있는 반면, 지지 집단이나 대표자 회의라는 이름을 가진 모임은 그 반대 경향이 있는 것으로 보인다. 전문직의 최고위급 사람들로 구성되어 있고 하나의 도시만 포괄하는 많은 네트워크들은 사회적 지위를 나타내는 말을 조직 이름의 핵심 요소로 포함시키는 경향이 있다. 반면 특정 이슈나 제도와 관련되어 조직된 네트워크는 그것에 영향을 받는 모든 범위의 여성들을 조직 이름에서 언급하는 경향이 있다.

더 중요한 점은 여성들이 네트워크라는 말을 쓸 때 명사보다는 동사로서 더 많이 쓴다는 것이다. 그것은 결과가 아니라 과정이다. 그런 의미에서 '네트워킹'은 느슨하게 수평적으로 엮는 것을 뜻한다. 그것은 폐쇄적이고 위계적인 남성 조직, 예를 들면 전문가 연합, 우애 조합, 겸직 임원 회의, 동창생 연줄과 대조된다.

그렇지만 솔직히 말하면 여자들 네트워크의 내용에도 문제가 있다. 몇몇 여성 네트워크의 실제 활동에 문제가 있다는 것이다. 특히 남성이 절대적으로 많은 직장에 다니는 여자들의 조직인 경우에 여성 네트워크는 지배 집단의 승인을 추구하는 경향이 강하다. 착한 여자기만 하면 지배 집단의 반대가 사라질 것이라고 생각하기 때문이다. 다시 말해 그들이 일과 관련된 문제만 이야기하고, '페미니스트' 같은 말을 내뱉으면서 여성 일반과 동일시하는 일만 없으면, 남녀평등 수정헌법 조항 ERA과 생식에 관한 자유권 같은 자신들과 '무관한' 이슈를 지지하는 일만 없으면 말이다.

보통 이런 단계는 짧은 기간 안에 끝난다. 돈과 권력이 관련된 문제에 이르면 '착한 여자들'은 대부분 어떻게 하든 똑같은 반대에 부딪치게 된다는 것을 금방 깨닫는다. 회사 식당에서 여자들이 함께 점심 먹는 것만 보아도 남자 상사들은 즉각 반응을 보인다. 매리 스콧 웰치는 에키터블 생명보험과 유나이티드 스토어워커 여직원들이 네트워크를 성공적으로 만들어 낸 이야기를 글로 썼는데, 그 중에는 여직원 모임 공고를 찢어 버리고 단순한 의사 진행 과정에 여자 '스파이'를 보내서 염탐하는 양식 없는 고용주에 대한 이야기도 있다. 몇몇 직장 네트워크의 여성들이 보여 주는 소심함이나 순종적 특성은 반드시 경계되어야 한다. 그러나 우리가 직접 통제할 수 없고 의존해야만 하는 직장이라는 곳에서 조직을 만들 때 그런 위험을 피하기는 거의 불가능하다.

누군가 그런 소심한 행동을 했을 때, 다른 여자들은 그것이 남자들을 흉내내는 짓이라고 비난한다(여자들이 서로에게서 인정을 받으려 하기보다 남자들로부터 승인받기를 추구한다는 의미다.). 하지만 사실상 그것은 매우 여성적인 행동이다. 그와 비슷한 남자들의 모임은 고용주가 강하게 나올 때 호의를 기대하기보다는 집단적인 힘을 행사하려는 경향이 훨씬 강하다.

빈민, 흑인, 남미계 등 차별받는 모든 남자들은, 모든 인종의 여자들 대부분에 비해 더 자기 이익이 무엇인지 훨씬 잘 파악한다. 예를 들면 유태인 언론사 간부들의 조직이 미국 헌법에 유태인의 권리를 포함시키는 것을 지지하지 않는 것은 상상하기 어렵다. 또 흑인 뉴스 캐스터가 흑인

지위향상협회 NAACP에 가입하지 않는 이유가 인종차별 사건에 대해서 객관적 입장을 취하기 위해서라고 말하는 것도 상상할 수 없는 일이다. 나는 최근 뉴욕 언론사에서 일하는 세련된 여자들을 만났는데 거의 모두 개인적으로는 적극적인 페미니스트들이었다. 하지만 아무도 ERA를 비준하지 않은 주들에 대한 보이코트 결의를 따르지 않았다. ERA를 비준하지 않은 주에서 개최된 회의에 참석하면서 그에 대한 항의도 표시하지 않았다. 그리고 텔레비전에 나오는 유명한 여성 중 한 명은 스스로 페미니스트라고 하면서도 여성운동 단체에 기부금을 낼 수 없으며 전미여성 조직 NOW에도 가입할 수 없다고 했다. 그 이유는 자신이 ERA 반대 사건도 보도해야 하기 때문이라고 했다. 사실 아직도 몇 개의 전문직 여성 네트워크에서는 그들 그룹의 이름에 '여성'이라는 말을 붙일 것인가에 대해 논쟁이 분분하다.

슬픈 일이지만 여자들은(특히 권력 가진 남자에게 접근할 수 있는 백인 여자들은), 자신이 자기 문제를 진지하게 생각하지 않아도 다른 누군가가 그 문제를 고민할 것이라고 생각하는 듯하다.

남자에 대한 접근 가능성에 대해서는 〈가사 노동자를 위한 전국위원회〉 회장인 캐롤린 리드에게서 적절한 조언을 구할 수 있다. 그녀는 다음과 같이 말했다.

"가사 노동자로서 권력을 가진 남자에게 접근 가능하다는 것과 남자에게 영향력을 행사하는 것은 완전히 다른 문제다."

위에서 네트워크의 문제점을 열거한 이유는 주의할 점을 알려 주기 위해서지 네트워크 운영을 포기해야 한다고 말하기 위해서가 아니다. 캐롤 클레이먼은 자신의 책 『여자들의 네트워크: 더 좋은 일자리를 얻고, 훌륭한 경력을 쌓고, 네트워크를 통해 여자라는 사실을 기분 좋게 느끼게 하는 길잡이』에서 저마다 다른 성공적인 그룹 수백 개를 소개하고 있다. 알콜 중독에 대한 것이든, 건축에 대한 것이든, 여성학 공부를 위한 것이든, 폭력에 반대하기 위한 것이든, 성공적인 조직들은 일반적인 관행과는 달리 인종, 연령, 계급, 성 정체성, 장애, 학력 등과 무관하게 관심사를 공유하는 여성은 모두 받아들이는 경향이 있다. 그런 조직들은 보통 열린 구조와 유연한 전술을 만들기 위해 열심히 노력하고 있으며 그렇게 해서 자신과 자매들이 모두 발전할 수 있도록 하려 한다.

사실상 권력을 지키려 하는 기존의 일반적 네트워크와 권력을 해체하려는 저항적인 네트워크 사이에는 실제로 차이가 존재하며 기능도 서로 다르다.

다음과 같은 차이점을 자세히 살펴보고 그것의 장점을 제대로 평가한다면, 네트워크를 만드는 우리의 자매들에 대해 더 좋은 느낌을 가질 수 있을 것이다. 그리고 우리 자신의 삶 속에 이런 여성의 영역이 존재한다는 것만으로도 가치가 있다는 것을 일 수 있을 것이다.


여성은 권력을 다르게 정의하는 경향이 있다. 권력에 대한 전통적인 정의는 다른 사람들을 지배하고 그들의 노동으로부터 부당하게 이득을 취하는 능력과 많이 관련되어 있다. 남성성의 개념과 기업의 위계적인 특성, 우리 사회에 만연해 있는 부의 세습을 생각해 보면 그것을 이해할 수 있다. 이것은 분명히 기존 체제가 공언하는 능력주의와는 거리가 멀다. 그러므로 민주적인 경쟁이나 민주적인 구조를 낳을 수도 없다.

실제로 재산을 상속받을 부잣집 아들들과 아주 큰 투자 자본을 운영하는 관리자들을 제외한다면, 남자들의 인맥 조직 대부분은 해체될 것이다. 나는 남자 기업가들이 그래도 살아남을 것이라고 전망하지만 자녀 양육에 대해 남녀가 동등한 책임을 진다면 그들의 지위는 분명히 하락할 것이다.

반면 여성은 권력을 자신의 재능을 이용할 줄 아는 능력, 자기 삶에 대한 통제력을 갖는 것으로 정의하는 경향을 보여 왔다. 여성이 전통적인 의미의 권력, 즉 타인에 대한 지배력을 실행할 때는 그런 '여자답지 않은' 행동에 대한 문화적인 처벌이 아주 가혹하다. 최악의 경우, 여성은 자신이 권력을 사용하는 데 죄의식을 갖거나 남성에게 조용히 배후 조종당한다. 자연히 여성은 권력을 행사할 수 있는 경우에도 권력을 사용하지 않게 된다.

그런가 하면 여자들이 권력을 사용하는 방식은 남성의 그것과는 아주 달라서 현재 경영 컨설턴트들은 여성의 경영 방식을 연구하고 있다. 그들은 여성의 경영 방식이 좀더 협력적이고 협동적인 경영의 모델이 될 수 있다고 보고 있다. 예를 들면 일반적으로 "이 일을 해"하고 말하는 상황에서 여자들은 "이 일을 해야 할 필요가 있겠다"라고 말하는 습관이 있고, 어떤 일에 기여한 사람들의 이름을 모두 나열하면서 공로를 나누어 가지려 하는 경향이 있다.

우리는 일을 다른 사람에게 나누어주지 못한다고 자주 한탄한다. 혼자서 일을 다 하는 습관은 자신에게 해롭다고들 말하지만 그런 성향은 좋은 면도 가지고 있다. 우리는 결국 우리의 고용인들만큼 열심히 일하게 될 것이다. 또는 그들보다 더 많이 일하게 될 수도 있지만 그것은 좋은 리더쉽의 모델이 될 수도 있다.

우리가 위계적이고 '남성적인' 방식의 유용한 부분을 배워야 한다는 것은 확실하다. 그러나 그와 마찬가지로 대부분의 남자들도 여성적 방식의 좋은 점을 배울 필요가 있다.

여성이 정의하는 권력의 내용을 살펴보면, 여성은 권력을 - 특히 여성의 권력의 경우에는 - 획득되는 것이라고 생각하고 있음을 알 수 있다. 그래서 여성들은 개인적 능력과 지식, 학습을 중요하게 여기게 된다. 회사 중역 고위직 여성들로 구성된 어떤 네트워크는 정기적으로 모임을 갖는데, 그 모임의 유일한 목적은 최고의 여성 경제학자와 경영 전문가들로부터 강연을 듣는 것이었다. (최고의 남자들에게 강연을 듣는 것을 반대하지는 않았지만 거기서 남자들이 은근히 우월감을 드러내는 경향이 있다는 것을 발견했다.) 좀더 높은 학력이나 좀더 많은 훈련의 기회를 위해 학교로 돌아간 여성 관리자의 비율은 남성 관리자에 비해 훨씬 높다. 하지만 회사들은 아직도 남성 관리자에게 장려금을 더 많이 주는 경향이 있다.

여자들이 집단을 만들어서 일을 하거나 조직에서 여성이 대다수를 차지하게 되면, 기존의 구조에 흩어져 있을 때와는 두드러지게 다른 모습을 보여 준다. 위계 질서는 약해지고, 누가 가장 열심히 일하는가에 기초해서 위계가 만들어진다. 바깥 세상에서의 지위에 기초해서 위계가 정해지지는 않는다. (연봉을 가입 기준으로 삼는 소수의 전문직 네트워크들조차 "수입을 기준으로 삼아야 하지만 실제로는 그렇게 할 수 없다."고 흔히 말한다. 자신의 실제 가치만큼 보수를 받는 여성은 거의 없다는 사실을 인정하기 때문이다.) 여자들의 모임에서 형식적인 것의 중요성은 약화되고, 높은 사람들의 발언은 짧게 끝난다. 대신 일한 사람들의 이름을 모두 열거하며 감사를 표하는 시간은 길다.

이런 네트워크들의 특징 중 가장 두드러진 것은 아마도 기존 집단이 고려해 보지도 못한 목표를 설정한다는 점일 것이다. 그 목표는 바로 다른 여자들이 힘을 가질 수 있게 해 준다는 것이다.

이민자들이 그들 집단 내의 힘으로 모든 일을 해결하려 하는 것과 마찬가지로 여성들도 서로에게 도움을 줄 수 있을 것이다. 여성들의 모임에서는 공식적인 발언 훈련과 자신감을 기르는 기회를 가질 수도 있고 전문직 여성끼리 서로의 문제에 대해 도움을 줄 수도 있다. 자기 회사의 채용 정보를 서로 알려 주고, 여성 소유의 사업체와 여성 지원 서비스 업체를 이용하도록 하는 것 등을 통해서 서로에게 도움을 줄 수 있다. 우리는 전문가와 권위자를 찾을 때는 그가 남자이기를 기대하도록 훈련되어 왔다. 그런데도 여자들이 서로를 전문가로서 인정하고 힘을 실어주려는 노력을 시작한 것은 큰 성과다. 여자 내과 의사와 산부인과 의사(여자 산부인과 의사에 대한 수요는 이제 공급을 넘어섰지만), 모임의 의식을 주재할 여자 목사, 여자 성직자, 우리의 회의와 콘서트를 도와 줄 여자 오디오 기술자, 우리의 투자를 담당해 줄 여자 주식 분석가, 여자 피아노 조율사, 여자 비행기 조종사, 여자 안전 요원, 집이나 사무실 공사를 할 여자 목수를 찾음으로써 우리는 서로를 인정하고 도울 수 있다.

휴스턴의 한 여성은 자신의 단체에서 여성 건축가에게 일을 맡긴 것에 대해 다음과 같이 말했다.

"우리가 선택 기준을 낮춘 게 아닙니다. 오히려 기준은 더 높인 거죠. 통계적으로 볼 때 여성 전문가들이 현재 위치를 차지하기 위해서는 남자들보다 훨씬 더 일을 잘 해야 했을 테니까요."

가장 전통적인 기술을 활용해 다른 여성에게 도움을 주는 경우도 있다. 예를 들어 어떤 은퇴한 디자이너는 여러 해 동안 자기 지역 여성 의원에게 아름다운 옷을 만들어 기증해 왔고, 미네소타의 한 주부는 코린 호벌(전 UN 여성지위 위원회 미국 대표)에게 오는 수많은 편지의 답장을 쓰는 일을 도와 호벌이 정치적 영향력을 확대하는 데 기여했다.

여성들이 다른 여성의 힘을 북돋워 주는 경향은 점점 더 강해지고 있다. 그것은 권력에 대한 탐 울프의 고전적인 정의, 즉 "다른 사람들을 움직이게 만드는 것"과는 아주 다른 권력이다.


가입 자격에 제한이 있는 활동가 네트워크는 즉시 제한을 없애는 것이 좋다. 제한을 없애는 것이 더 좋은 전술이 되는 경우가 많기 때문이다. 로스앤젤레스에 있는 모든 여자 부사장들의 네트워크를 만든다고 생각해 보자. 아주 재미있는 모임이 될 테고 회원들은 그 모임에서 유용한 정보를 교환할 수 있을 것이다. 하지만 자기 회사에 대한 정보를 얻을 수는 없을 것이다. 예를 들어 직장을 옮길 때 도움이 되는 것은 수평적인 위치에 있는 다른 회사 사람일 것이다.

그런데 부사장들 각자가 자기 회사 내의 네트워크에 속해 있다고 생각해 보자. 사장 비서를 포함해서 위계 구조의 낮은 위치에 있는 여자들부터 여자 부사장을 비롯한 높은 지위의 여자들을 모두 포함하는 네트워크가 있다고 생각해 보자. 분명 부사장은 사장 비서에게 정보를 얻을 수 있을 것이다. 그 부사장이 만약 회사 내에서 이동하고 싶다면 어떤 자리가 비었는지 알아야 한다. 다른 회사로 가고 싶다면 자신이 속한 네트워크의 회원 중 한 사람이 다른 회사를 추천해줄 수 있을지도 모른다. 동시에 그 회원은 사장 비서로부터 자기 회사에 대한 직접적인 정보를 얻을 수 있을 것이고, 비서는 승진 가능성을 더 높일 수 있고 만나기 힘든 최고위층 여성들과 접촉하는 기회도 가질 수 있다.

이같이 경계를 뛰어넘는 네트워크는 여성의 수가 적을 때 더 중요하다. 미국 노동통계국에 따르면 전체 일자리의 47% 정도는 개인적 접촉을 통해 충원된다. 여성은 대부분 남자들의 인맥에 속해 있지 않기 때문에 여성 자신의 인맥을 만들어야 한다.

예를 들어 뉴욕 여성 언론인 그룹에서는 매달 한 번 비싼 점심을 같이 하면서 '게시판'이라는 시간을 갖는다. 그 때는 여자들이 자리에서 일어나서 자기 회사에 일자리가 있다고 알리거나 자기 후배의 능력이 대단하다고 칭찬하기도 한다. 어떤 여자 중역에 따르면, 비서 일은 승진을 위한 단계일 뿐 아니라 중요한 조언의 원천이다. 자신이 비서 일부터 시작했기 때문에 그 일의 중요성을 잘 이해하고 있다고 말했다. 한 대학 네트워크의 구성원은 이렇게 말했다.

"비서들은 모든 것을 알고 있죠." 그 네트워크에는 교수진과 교수 부인, 사무 직원과 식당 직원들까지 포함되어 있었다. "우리는 비서들을 존중하면서 필요한 지원을 하고 부서 이동 시에 편의를 제공해 주고, 그들은 우리에게 실제로 무슨 일이 벌어지고 있는지 알려 줍니다."

내가 목격했던, 경계를 뛰어넘는 그런 네트워크의 몇몇 예는 다음과 같다.

- 어떤 사장의 아내는 남편에게 비서 월급을 올려 주도록 했다.

- 연방정부의 여자 공무원은 자신의 개인적인 시간과 전화를 이용해서 성폭력 예방 운동 단체에 전화를 걸어서 연방 연구 기금을 어디에서 지원 받을 수 있는지 알려 주었다.

- 매우 돈이 많은 전직 신문 발행인과 전직 법무부 공무원은 – 낮은 계층 사람들과 전혀 동일시하지 않는다고 여겨지는 유형의 여자들이었는데 – 둘 다 비서들에 대한 『새비』지의 태도에 항의하는 편지를 보냈다. (전직 발행인은 다음과 같이 비웃듯이 말했다. "친애하는 편집장님. 어떻게 좋은 비서를 구할 것인가에 대해서만 쓸 것이 아니라 비서를 어떻게 더 잘 대우할 것인가를 이야기해야 하지 않을까요.")

- 흑인 페미니스트들은 백인 남자 의원들에게 로비 활동을 하고 백인 페미니스트들은 흑인 남자 의원들에게 로비 활동을 했다 (모두가 서로 합의해서). 같은 인종의 여자들에게 위협받는다는 느낌을 받지 않고 여성 문제에 대해 이해시키기 위해서였다.

- 여성 학자들의 네트워크는 학교에서 불이익을 당할 위험을 무릅쓰고 코넬 대학교에 대한 여자 교수들의 소송을 지지하고 있다.

- 어떤 큰 캘리포니아 정치 조직 내의 작은 여성 모임은 내부적으로

로비 활동을 해서 생식에 관한 자유권에 반대하는 후보들을 공식 지지하는 것을 그만두게 했다.

동부 지역 대학교 내의 한 네트워크는 앞에서 말한 다양성의 전술적 장점을 보여 주는 좋은 예다. 우선 학생들은 학생들의 돈으로 지불되는 의료 서비스에 산부인과 검사와 치료가 포함되어 있지 않다는 점에 항의하면서 등록금 납부를 연기했다. 그러나 아무 일도 일어나지 않았다. 여자 교수들은 수개월에 걸쳐 여성 차별적인 임용 평가 기준을 자세히 공개했다. 이번에도 아무 일도 일어나지 않았다. 마지막으로 전화 교환수들과 저임금을 받는 다른 직원들이 임금 인상을 요구했다. 역시 아무 일도 일어나지 않았다. 그런데 마지막으로 세 집단이 힘을 모아 네트워크를 만들고 서로를 지지하고 나섰다. 하루 동안 전화가 한 통도 오지 않고 다른 곳으로 전화를 걸 수도 없었다. 그러자 무슨 일인가가 일어났다. 각 집단이 요구하던 것이 갑자기 이루어진 것이다. 그러나 전화 교환수들이 학생과 교수의 지지 없이 혼자서 파업을 일으켰다면 해고되었을 것이다. 또 교환수들이 없었다면 학생과 교수 집단의 요구도 아직 받아들여지지 않았을 것이다.

여성의 공통된 경험을 가지고 다리를 만드는 여성들의 능력은 결국 남성에게도 이로울 때가 많다. CBS의 여성 그룹은 승진 단계와 경력 상담 제도를 만들었는데 이제는 남자들도 그것을 이용하고 있다. 여자들이 건설한 그런 다리는 국제적인 것일 때도 있다. 아일랜드 평화 운동은 천주교 여성들과 개신교 여성들이 함께 시작한 것이었고, 아랍과 이스라엘 여성들은 캠프 데이비드 협정이 체결되기 훨씬 이전부터 만나고 있었다. 이제는 미국과 이스라엘, 팔레스타인 해방 기구의 페미니스트들이 공동 성명서를 발표하는 일까지 논의되고 있다.

네트워크는 심리적인 세력권이다.  모든 인종의 여성은 자기 영역, 자기 나라를 갖지 못하는 유일한 피억압 집단이다. 여성에게는 이웃도 없다. 지금은 권력이 없는 남자들도 과거나 현재에 그들 집단이 권위와 명예를 누리던 곳이 지구 어딘가에 있다. 상상 속에서만이라도 그 곳에 가면 자존심을 회복할 수 있다. 남자들은 이웃도 가질 수 있고 그런 이웃들이 자유롭게 모이는 술집에도 갈 수 있다. 그러나 여자들은 그렇게 할 수 없다.

가부장제 하에서는 가난한 남자도 자기 집에서만은 왕처럼 군림할 수 있지만, 여자는 아무리 부유하다 해도 자기 몸조차 자기 마음대로 할 수 없다.

여성에 의해서, 여성을 위해 운영되는 그룹들이 우리에게 소중한 이유가 바로 이것이다. 여성의 네트워크는 우리의 심리적인 세력권이다. 그것은 우리가 누구인가, 우리는 독립적이고 총체적인 인간으로서 어떤 사람이 될 수도 있는가를 발견하게 해 주는 곳이다. 또한 네트워크는 가족과 직장에서의 부차적 역할을 뛰어 넘을 수 있도록 도와준다. 사회가 여성에게 기대하는 역할을 하지 않아도 되는 것이다.

남녀가 섞인 집단에서는 어떤 기술과 특성은 남성에게만 요구하기 때문에 여성에게는 기회가 주어지지 않는다. 하지만 여성의 네트워크는 여성이 그런 기술과 특성을 개발할 수 있게 한다.

일주일에 몇시간 또는 한 달에 몇시간 동안 심리적 세력권을 만드는 것은 우리가 혼자가 아니라는 사실을 느끼게 해 준다. 그런 시간 동안에 새로운 다른 현실을 확인할 수도 있다. 정치인들과 일간 신문이 "대다수 미국인이 원하는 것"이라고 언제나 떠들어대고 있는 것과는 다른 현실이 있다는 사실을 알게 되는 것이다. 그리고 정치인과 신문이 말하는 미국인의 대다수가 누구를 지칭하는 것인지도 알게 된다.

그런데 우리에게 필요한 것은 우리의 세력권을 만드는 것보다 훨씬 더 근본적인 것일지도 모른다. 우리 어머니들은 세상에서 권력을 가질 수 없었고 그런 어머니에게서 자란 우리는 어머니가 없다고 느낄 때가 많다. 여성에 의해 그리고 여성을 위해 운영되는 그룹의 지지와 자유로움 안에서 우리는 서로의 어머니가 되고 있다.

그렇다면 그것 또한 여성들간의 경계를 가로지르는 것이다.

인도의 유명한 경제학자이자 내 오랜 친구인 데바키 제인은 20여 년간 페미니스트로서 가족 계획과 의료, 고용 문제에 관련된 활동을 해오고 있다. 모든 것이 중요하지만 여성의 발전에서 가장 중요한 요소라고 그녀가 결론 내리는 것은 바로 가족과 직장 밖의 여성 집단이다. 모든 여성은 자기 삶에서 자유로운 여자들의 공간을 적어도 하나씩은 가지고 있어야 한다는 것이다.

인도에서는 수공예품 협동조합이 그런 역할을 한다. 매일 우물가에서 이야기를 나누는 여자들의 집단이나 사회적 네트워크나 전문직 여성 조직 등이 그런 공간으로 기능하기도 한다. 상호 지지와 인정의 근원인 이런 네트워크 없이는 여자들은 그들의 권리를 사용할 자신감을 가질 수 없다. 더 많은 권리를 요구할 힘은 더욱 더 가지기 어려울 것이다.

우리 삶의 어떤 지점에서 우리들 모두는 자유로운 공간, 즉 우리만의 작은 심리적 영역을 필요로 한다. 당신은 그런 공간을 가지고 있는가?

—1982년

# 언어와 변화

　잠깐 생각해 보자. 지금의 페미니즘의 물결이 시작되기 전에 당신은 어떠했나?

　과거의 현실과 과거의 가능성, 과거의 신념을 돌이켜 기억해내는 것은 변화의 깊이를 측정하기 위한 첫걸음이다. 여러 사람이 함께 문제와 해결책을 생각해내는 법을 배웠던 것처럼, 함께 변화를 측정해 보자. 그것은 편견으로부터 가장 자유롭게 우리 자신의 역사를 도출해 내는 방법이 될 것이다. 다양한 경험과 연령과 배경을 가진 사람들 각자의 삶의 변화에 유사한 양상이 있다는 것을 알게 되면, 그리고 우리가 쓰는 말에서도 유사한 변화가 있었다는 것을 알아차리면, 우리는 정확한 역사적 패턴을 파악할 수 있다. 우리가 경험한 대로 그 변화들을 적어둔다면, 그것은 새로운 역사 기록이 될 것이다. 지금까지 역사는 주로 정치가들의 행동을 기록한 것이었고 특정 이론을 증명하려는 학자들의 해석일 뿐이었지만, 우리는 정확하고 다가가기 쉬운 여성의 역사 그리고 민중의 역사를 만들기 시작할 수 있다.

　새로운 말과 문구는 변화의 척도이며 변화와 유기적인 관계를 갖고 있다. 언어는 인식의 변화를 포착할 뿐 아니라 현실 자체를 반영하기도 하는 것이다.

　이제, 우리는 성희롱과 아내 구타 같은 용어를 쓴다. 몇 년 전에 그런 일은 그저 '인생'이라고 불렀을 뿐이다.

이제, 우리는 어떤 남자와 결혼하고 싶어하는 대신 우리 자신이 직접 그런 사람이 되고 있다. 예전에 여자는 의사가 되기 위해서가 아니라 의사와 결혼하기 위해 교육을 받았다.

이제 센터나 신문, 네트워크, 록밴드 같은 말 앞에 여성이라는 단어를 붙이는 것은 적극적인 선택을 나타낸다. 페미니즘 이전에 그것은 폄하의 의미였다.

이제, 우리는 아이에게는 양쪽 부모가 있다는 혁명적인 발견을 했다. 예전에는 스포크 박사 Benjamin Spoch*1) 박사 같이 우호적인 사람도 어머니만이 자녀 양육에 책임이 있다고 주장했다.

1972년, 미항공우주국에서는 여성 우주인의 역할은 "화성 등으로 가는 장기간 우주 비행"에서 "남녀 반응의 차이"가 무엇인지 밝히는 것이라는 견해를 가지고 있었다. 이제는, 여자도 그냥 "우주인"이다.

최근까지만 해도 늦깎이 여대생은 신기한 존재였다. 예전에는 여성의 입학이 거부되던 대학에 이제 많은 여자들이 뒤늦게 들어가서 여자 학부생의 평균 연령은 27세가 되었다.

1970년대까지 대부분의 대학들에서 여성학이란 것은 들어보지도 못했다. 이제는 천 개가 넘는 대학에 수만 개의 여성학 강좌가 있다.

몇년 전까지 여자가 경제적 지위의 사다리를 올라간다는 것은 간호사가 아닌 의사가, 비서가 아닌 사장이 된다는 의미였다. 몇몇 여자들의 성공이 여성 지위 향상의 증거인 양 제시되었다. 그러나 이제 간호사들이 파업을 일으키고, 비서들은 노조에 가입하고 있으며, 핑크 칼라 노동자들의 게토에서 반란이 일어나고 있다. 더 이상 남자가 하는 일이라는 이유로 더 많은 보수를 받을 수 없게 되었다.

예술은 남성이 창조하는 것으로 정의되곤 했다. 공예는 여성이나 원주민들이 만드는 것이었다. 최근에 와서야 우리는 그 두 가지가 같은 것임을 발견했고 공예품 기술은 예술에 도입되고 예술은 일상 생활로 들어가고 있다.

이제 양당의 평등권 반대 정치가들은 여성의 표, 남성과 다른 여성의 투표 성향에 대해 걱정한다. 1980년대까지 정치 전문가들은 그런 것이 있다고 말하지 않았다.

1970년대에 경찰관들은 여자들과 같이 일하게 될지도 모른다는 생각만으로도 항의를 했다. 이제는 여자 경찰관들이 모든 대도시에서 일하고 있고 폴리스맨이라는 말은 폴리스 오피서 police officer로 바뀌었다.

1960년대에 미국인들은 백인 여성이 집안 경제를 지배하고 흑인 여성이 여가장이라고 이야기하면서 여성이 권력을 갖지 못한 것을 미화하고 여성의 권력에 대한 잘못된 믿음을 심어 주었다. 겨우 20년이 지난 후 70퍼센트가 넘는 남녀 미국인들은 성차별이 존재한다는 데 동의한다. 그리고 성차별이 잘못된 것이라는 데에도 동의한다.

1970년대까지 여자들은 미스와 미세스 중에 하나를 선택할 수 밖에 없었고 남자들과는 달리 결혼 여부가 자신이 누구인가를 설명하는 것이었다. 이제 미국 여성의 3분의 1 이상이 '미스터'에 정확히 대응하는 말인 '미즈'를 대신 쓰고 있으며 정부 출판물과 기업체, 언론에서도 그렇게 하고 있다.

페미니즘 이전에는 강간은 피해자가 법정에 서야 하는 유일한 범죄였다. 오늘날 증거법이 바뀌었고 모든 종류의 성폭행은 폭력 범죄로 이해된다.

이제 레즈비언들도 성 정체성 때문에 직장을 잃는 일은 없다. 아이들의 친권을 가질 수도 있게 되었고 공직에 당선되기도 했다. 전혀 속이거나 숨기지 않고도 말이다. 십 년 전만 해도 레즈비언은 비밀스러운 말이었으며 레즈비언 어머니는 모순된 말이라고 생각되었다.

몇 년 전에는 임신한 여성은 아예 직장을 떠나도록 강요받는 경우가 많았으며 부성 휴가나 부모 휴가라는 말은 존재하지도 않았다. 이제 임신은 일을 하기 어려운 일반적인 상황의 하나라고 법적으로 간주되며 일부 회사들과 몇몇 노조에서는 아이 아버지에게도 휴가를 주고 있다.

이런 새로운 변화의 많은 부분은 기존 언어를 정확하게 만드는 것이다. 예를 들어 의원을 콩그레스멘 congressmen에서 콩그레스 피플 congresspeople로 바꿔 부르는 것이나 노동자가 멘 워킹 men working에서 피플 워킹 people working으로 바뀐 것이 그런 경우다. 기존 언어를 정확하게 고치는 것도 권력에 있어서 큰 변화를 가지고 오지만, 새로운 희망을 포착하기 위해서는 새로운 용어를 만들어내는 것도 필요하다.

현재의 페미니즘 물결 이전에는 인구조절이라는 말을 사용했다. '인구 폭발'을 해결하기 위한 이것은 인구 폭발이라는 말보다는 개선된 말이었다. 두 용어 모두 부정적인 뜻을 담고 있다. 인구조절은 외부 강제력의 필요성을 함축하고 있고 '인구 폭발'은 출산을 끝없는 번식 같은 비인격적인 행위로 보이게 하기 때문이다. 따라서 페미니스트들은 '인구조절'이라는 말에 통렬한 비판을 가할 것으로 예상되었다. 그 말이 전제하는 것은 여성은 스스로 조절하는 능력을 가지고 있지 않다는 것이다. 인구문제 전문가라고 하는 자유주의자 남성들은 여성에게 선택권을 주면 아이를 너무 많이 낳으려 할 것이라고 주장한다. 여성은 아이를 가져야만 안정감과 만족감을 느끼기 때문이라고 한다. (그들 주장에 따르면, 물론 여성이 고등 교육을 받았거나 문맹이 아닐 경우에는 그렇지 않다. 합리적인 여성은 즉 여성이 좀더 남자와 비슷해진다면 그렇지 않다는 것이다.) 다른 한편 아주 종교적이거나 보수적인 남자들은 여성에게 선택권을 준다면 아이를 전혀 낳지 않으려 할 것이라고 주장한다. 그들은 여성을 섹스만 생각하고 섹스만 추구할 위험이 있는 존재로 본다. 그들은 섹스만 생각하는 여성은 아이를 전혀 낳지 않으려고 피임약을 이용하고 비도덕적인 행동을 할 위험이 크며 그렇게 해서 가부장제 가족 뿐 아니라 문명 자체를 약화시킬 수 있다고 생각한다.

그러나 1970년대에 페미니즘은 기존 용어를 교정하는 대신 토론의 용어를 바꾸었다. 생식에 관한 자유권 reproductive freedom을 하나의 용어로 그리고 기본적인 인권으로 대중적으로 확립했다. 이 포괄적인 용어에는 안전한 피임과 낙태가 포함되고 강제 불임시술을 받지 않을 (남녀 모두의) 자유도 포함된다. 임신 중이나 출산 시에 의사들에게 예절바른 대우를 받을 권리까지 포함된다. 다시 말해 생식에 관한 자유권은 아이를 가질 것인지 말 것인지를 결정할 권리는 개인에게 있다는 것을 말한다. 그것은 여성에게 더 중요한 권리임이 분명하지만 남성도 보호하는 역할을 한다. 뿐만 아니라 그것은 백인 여성과 유색인 여성간의 새로운 신뢰와 협력 구축을 가능하게 한다. 미국 내에서 뿐 아니라 다른 곳에서도 여성들은 인구 조절이 어떤 집단의 여성들에게만 강제될 것이라고 의심해 왔기 때문이다. 그리고 그것은 타당한 의심이었다.

자유주의적 인구 전문가들의 이론과는 달리, 생식에 관한 자유권이 허용되는 곳에서는 어디서나 여자들은 열성적으로 그것을 행사해 왔다. 최소한의 자유만이 허용되는 곳에서도 여자들은 그것을 최대한 활용했다. 인구문제 학술지들은 인구증가율 감소라는 이해하기 어려운 현상을 특집으로 다루기 시작했고, 여성 문맹률이 매우 높은 지역들에서도 인구 증가가 둔화되는 경향이 나타났다. 1979년 동, 서유럽의 UN 여성대회에서 그 문제에 대한 결론으로 제시한 것은 통계적으로 보건대 여자들이 일종의 "출산 파업"을 하고 있다는 것이었다. 여자들이 자기 건강을 위해서 뿐만 아니라 여성의 이중역할 문제 때문에 즉 바깥 일과 집안일을 모두 해야 하는 부담 때문에 임신 횟수를 제한하고 있다는 것이었다. 어떤 나라들은 남성이 자녀 양육을 공동 부담하고 여성의 부담을 덜어주는 해결책을 권고했지만 많은 권위주의적인 정부는 그저 피임과 낙태를 어렵게 해서 어쩔 수 없는 임신과 출산이 많이 이루어지도록 하려고 했다. 1979년에 이르러서 미국 정부의 일부 전문가들이 "심각하게 낮은 출산율"에 대해 아주 공개적으로 이야기하고 있었다. 그리고 일부 우익 낙태 반대운동가들은 백인들의 출산율이 낮아서 미국이 유색인으로 가득하게 될지도 모른다는 걱정을 공공연하게 이야기했다. 어떤 미래가 올 것인가? 생식에 관한 자유권으로 인해 (페미니스트들이 주장하는 대로) 출산과 양육이 사회로부터 지원과 도움과 보상을 받는 가치 있는 일이 될 것인가? 그렇지 않으면 (페미니즘에 반대하는 우익에서 주장하듯이) 출산과 양육이 단순히 여성에게, 특히 인종적으로 "바람직한" 여성에게 강요되는 역할이 될 것인가?

분명히 생식에 관한 자유권은 페미니즘이 수천 년 동안 주장해 온 것을 표현하는 한 방식일 뿐이다. 피임과 낙태법을 가르쳤던 마녀와 집시는 여자들의 자유를 위해 싸운 투사들이었다. 그런 것들을 알고 있었기 때문에 과거의 가부장들이 그들을 싫어했던 것이다. 19세기와 20세기초에 일어난 전세계적인 여성운동에서는 "산아제한"이나 "임신 조절"을 주장했는데, 기혼 여성의 임신과 출산 조절에 대한 이야기를 했다는 이유만으로도 많은 페미니스트 투사들은 감옥에 가야 했다.

그런데 그 오래된 페미니즘의 주장에 현대의 페미니스트들이 기여한 것은 '생식에 관한 자유권' 을 보편적 인권으로 격상시켰다는 것이다. 그것은 언론의 자유나 집회의 자유와 같은 기본권이 되었다. 결혼 여부에 상관없이, 어떤 집단의 인구를 증가시키거나 감소시키려 하는 인종차별주의의 필요와 무관하게, 또는 군인이나 노동자를 더 많이 또는 더 적게 가지려는 민족주의의 목표와 무관하게, 여성 개인은 자기 몸의 사용에 대해 결정할 수 있는 권리를 가진다. 아이를 원하는 남성은 기꺼이 아이를 가지려 하는 여성을 찾아야 한다. 그리고 인구증가율이 증가하기를 원하는 정부는 인간적인 조치를 통해 인구 증가를 유도해야 한다. 영아 사망률을 줄이고, 임신기의 의료혜택을 개선하고, 탁아 시설과 남성의 육아 참여로써 여성의 육아 노동을 분담할 수 있게 하고, 평균 수명 연장을 위해 노력하는 것과 같은 방법을 택해야 한다는 것이다.

앞서 말한 여성 쪽의 출산 거부권 행사를 남성우월주의자들이 가장 두려워한다는 것은 확실하다. 그래서 그들은 가부장적 가족제도 내의 출산을 위한 것이 아닌 모든 것(혼외 관계, 동성애, 레즈비어니즘 뿐만 아니라 피임과 낙태)을 공격하고 싶어하는 것이다. 그래서 피임과 동성애 등 모순되는 것처럼 보이는 문제에서 적은 거의 언제나 같다. 또한 동의에 의한, 자유롭게 선택한 모든 성행위는 인간의 정당한 표현이므로 우리는 그것에 찬성하는 편에 선다.

최근 몇 년간 파트너(동성일 수도 있고 이성일 수도 있는), 성적 선호, 동성애자 권리 같은 말들이 일반적으로 쓰이기 시작했다. 동성 간의 성적 표현에 대한 병적인 혐오를 지칭하기 위해 동성애 혐오증이라는 말이 만들어졌다. 그것은 과거에는 아주 보편적이어서 이름이 필요하지 않던 것이었다. 별 생각 없이 계속 사용되는 남성 혐오 레즈비언이라는 말에 대한 비판도 있었다. 리타 메이 브라운은, 남자를 증오하는 것은 레즈비언이 아니라 남자에게 의존해서 사는 여자들이며 그래서 그런 여자들이 더 상처받기 쉽고 더 많이 분노한다고 지적했다.

1960년대에는 결혼제도 밖의 섹스는 모두 성혁명이라 불렀다. 이것은 단순히 남성 입장에서 섹스 상대가 될 수 있는 여성이 증가했다는 것만을 의미하는 비페미니스트 용어였다. 1970년대 말에 이르면 페미니즘은 해방에 대한 새로운 관점을 도입했다. 선택을 할 수 있는 힘을 가지는 것이 해방이라고 정의되었다. 그리고 여성이나 남성에게 성은 금지되어서도 안 되고 강요되어서도 안 된다고 생각하게 되었다. 그런 생각을 가지고 있었기 때문에 처녀, 금욕, 자율, 정절, 헌신 같은 말이 긍정적인 의미를 가지게 되었다. 불감증이나 색정광 같은, 비난이 함축된 말들은 가치 판단이 포함되어 있지 않은 말로 바뀌었다. 즉 오르가슴 이전 상태, 성적으로 활동적인 같은 말로 대체되었다. 사실상 색정광은 의학책에는 나오지 않는 용어인데 섹스를 즐기거나 성적 요구를 하는 모든 여자들을 비난하기 위해 자주 사용되어 왔다.

결혼 전의 성姓을 사용하면 설명을 덧붙여야 하기 때문에 번거로움에도 불구하고 결혼한 후에도 계속 자신의 출생시 성을 쓰는 여자들이 점점 많아지고 있다. (그리고 일반적으로 사용되는 처녀 때 maiden 성이라는 말은 쓰지 않는다. 그것은 남녀의 이중규범을 포함하고 있기 때문이다.) 극소수이긴 하지만 어떤 여자들은 부계인 성을 모계 성으로 바꾸어 사용하고 (매리 루스차일드), 또는 이전 주인의 성 대신 지역 이름이나 알파벳 하나를 쓰는 흑인 운동의 전통을 따르기도 했다(예를 들면 주디 시카고나 로라 X). 성에 관련된 딜레마를 수정주의적인 단계에서 해결하려 한 많은 사람들은 그냥 자기 이름과 성에 남편 성을 덧붙이기만 했다 (매리 스미스 존스). 남편들도 두 가지 성을 모두 쓰지 않는 한 그것은 결혼의 불평등성을 보여주는 표시이다.

아이가 부계 성을 따르게 하는 가부장제의 관습을 깨뜨리는 데 성공한 사람은 아직 거의 없다. 여전히 아이 아버지의 성만 아이에게 준다. 그렇지 않으면 어머니의 성을 붙여주는 경우에도, 있으나마나 한 중간 이름으로 끼워 넣는다. 몇몇 유럽 국가들에서 하고 있는 것처럼 아이가 부모 성을 모두 쓰도록 해서 평등한 선택이 법적으로 인정받을 수 있게 해야 할 것이다. 부모 성을 모두 쓰는 것은 실제로 그 아이가 누구에게서 태어났는지를 확실히 보여주는 것이다. 또 "이 아이는 첫 번째 결혼에서 얻은 딸이에요" 또는 "얘는 내 두 번째 남편하고 사이에서 낳은 아들이에요" 같은 설명을 계속해서 해야 할 필요도 없게 만든다. 아이가 신분증이나 투표권을 가질 나이가 되면 부모 성을 함께 쓸 것인지 완전히 새로운 성을 쓸 것인지 자신이 정하게 할 수 있다. 결국에는 우리 모두 자기 이름을 정할 수 있어야 한다. 이름 붙이는 것의 권력은 매우 깊은 곳까지 이르는 것이다.

수식어로서 선택권 찬성 pro-choice이라는 말이 낙태 찬성 pro-abortion 을 대신해 쓰이기 시작했다. 낙태 찬성론자는 언론이 만들어 낸 용어이 다. 그것은 낙태를 합법적인 선택으로 옹호하는 것이 아니라 무조건 낙 태에 찬성하는 듯한 인상을 준다. 낙태는 점잖은 데에 쓰기 곤란한 말이 라는 인식을 없애기 위해 우리는 낙태라는 말을 포함시킨 문구를 사용했 다. 예를 들어 안전하고 합법적인 낙태 같은 문구도 많이 사용했다. 1970년대 초에는 프로이드가 말한 질 오르가슴이 신경학적으로 가능하 지 않고 음핵 오르가슴이 진실이라는 것을 증명하려 했다. 하지만 1970 년대 말에는 공평하게 (아무 수식어도 필요 없는) 그냥 오르가슴이라는 말이 더 많이 쓰이게 되었다. 그리고 더 많이 경험되었다.

페미니스트 정신이 도전과 유머로 되살린 말들도 있다. 그 전에는 모 욕적인 욕으로 쓰였던 마녀, 악녀, 다이크 등이 작은 페미니스트 집단들 의 용감한 이름으로 탈바꿈하기 시작했다. 몇몇 여성 예술가들은 자신의 새로운 여성 이미지에 보지 예술이라는 이름을 붙였다. 모든 성적 상징 이 남근은 아니라는 발견을 경축하기 위한 것이었다. 또 스포츠 지배체 제라는 말도 만들어 냈다. 그것은 운동 경기와 승부에 집착하는 남자들 의 강박증을 유머스럽게 설명한 말이다. 패배자주의라는 말은 여자들이 성공을 두려워하는 것을 가리키는 말이다. 이 말은 우리 사회의 문화가, 성공이나 여성적이지 않다고 여겨지는 모든 것에 대해 여자들이 불편함 을 느끼게 만든다는 인식으로부터 나왔다. 수퍼맘과 수퍼우먼은 완벽한 아내이자 어머니인 동시에 완벽한 직장 여성이 되는 것은 인간적으로 불 가능한 목표라는 것을 내포한다. 그래서 이 새로운 말은 여자들을 안심시켰다.

우먼 리브나 우먼 리버는 여성운동을 폄하하는 말이라고 해서 페미니스트들이 비판했다. (알제리 리브나 블랙 리버라는 말을 쓸 수 있겠는가?) 이 말은 줄어들긴 했지만 완전히 사라지지는 않았다.

노동이라는 말과 노동의 본질도 페미니즘의 새로운 인식의 한 영역이었다. 페미니즘 이전에 일은 대체로 남자들이 할 일 또는 남자들이 하는 일이라고 정의되었다. 그러므로 일하는 여성은 집 바깥에서 돈을 벌기 위해 남성적인 방식으로 노동하는 사람을 가리키는 말이었다. 염려스럽게도 여전히 그렇게 쓰이고 있지만, 그 말에 대한 비판이 제기되고 있다. 특히 가정주부들이 그에 대해 문제를 제기하고 있다. 주부들은 어떤 계급의 노동자들보다 더 열심히 일하는데도 여전히 "일하지 않는" 사람들이라고 불린다. 페미니스트들은 집 안의 일이나 집 바깥의 일이라고 말하거나 지불 노동이나 부불 노동이라는 말을 쓰는 경향이 있다. 집안의 일이 경제적인 가치를 가진다고 인식하는 것은, 일하지 않는 여자들이라는 말에 내재된 의미론적 노예 상태를 끝내고 결혼을 평등한 동반자 관계로 만들어가는 데 큰 효과가 있을 것이다. 또한 집안일과 바깥일을 병행하는 수백만 여성들의 이중 역할 문제를 해결하는 데도 도움이 될 것이다. 인간의 기본적인 생활을 가능하게 하는 집안일을 하나의 일로 정의함으로써 여자만이 아니라 남자도 그 일을 할 수 있고 해야만 한다는 것이 분명히 드러난다.

1960년대 초에 생긴 동일노동 동일임금이라는 개념은 핑크 칼라 게토 ─ 이것도 새로 만들어진 말이다 ─ 에는 도움을 주지 못했다. 거기에는 여자들이 대부분이고 노동조합이 없기 때문이다. 남자들이 대부분인 블루 칼라 노동자들은 보통 여성 직종의 노동자들보다 훨씬 많은 돈을 받는다. 간호사들에게 동일임금 원칙이 무슨 효과가 있었겠는가? 그들은 옆에서 일하는 다른 여자들과 똑같이 낮은 임금을 받고 있었으니 말이다. 그래서 동일 가치 노동에 대한 동일 임금이 새로운 목표가 되었고 동일 가치 노동에 대한 연구가 많이 이루어졌다. 남자들이 주로 하는 일 중에서 학력과 기술이 별로 요구되지 않으면서 여자들이 주로 하는 일보다 더 많은 임금을 받는 많은 경우들이 연구되었다.

여성이라는 수식어 하나를 붙이면 의미와 내용이 많이 달라지는 말들이 있다. 여성 은행, 여성 음악, 여성학, 여성 대표자 회의. 이것들은 많은 새로운 내용을 포함하고 있다. 탁아시설, 유연한 노동 시간, 신용에 대한 새로운 기준, 새로운 상징, 새로운 노래 가사 등이 그것이다. 그런 여성 집단들은 새로운 조직 구조를 실험하기도 했다. 위계가 가부장제에 그 뿌리를 두고 있다는 신념을 실천하기 위한 경우도 있고, 권위주의에 대해서는 무의식적인 불편함을 느끼기 때문인 경우도 있다. 어쨌든 여성 집단은 수직적 조직을 좀더 수평적인 것으로 바꾸는 경우가 많았다. 집단적, 공동체적, 상호지지, 단골, 기술 공유 등이 조직표, 자격 증명, 명령 체계보다 더 많이 이야기되었다. 그런 새로운 조직 형태는 자주 비현실적이라고 비난받았지만, 새로운 조직에서 개인들은 더 좋은 실적을 올렸다. 그런 좋은 실적은 전통적이고 위계적인 형태의 기업에서 생산성 위기가 닥친 것과 대조적이었다. 따라서 일부 경영 컨설턴트는 여성 조직이 모델이 될 수 있다고 보았다.

요약하면, 여성운동과 대안적 조직들이 여성 문화가 어떤 것인지를 보여주었으며 그것에 가치를 부여하기 시작했다. '여성 문화'는 전통적이고 남성적인 관점과는 다른 시각을 총체적으로 가리키는 것으로, 그것은 신체적 차이 때문이 아니라 성별에 따른 사회화 때문에 만들어지는 것이다. 우리도 배워야 할 것이 있지만 남자들도 마찬가지다. 우리는 함께 각각의 가장 유용하고 창조적인 특성을 결합하는 문화를 창조해야 한다.

권력이라는 말도 재정의되고 있다. 우리가 말하는 권력은 타인을 지배하는 것이 아니라 자기 삶을 통제할 수 있는 권력을 의미한다고 여자들은 조심스럽게 이야기한다.

어떤 것을 제자리로 돌아가게 하는 데에도 언어가 이용되어 왔다. 별거 수당은 때때로 밀린 월급이나 보상금이라고 말해지기도 한다. 미국 노동부에서도 가정주부 한 사람의 노동을 대체하는 비용이 일년에 최소한 1만8천 달러라고 계산했다면, 아내가 별거할 때는 밀린 월급을 받아야 하지 않겠는가? 그와 비슷하게 많은 페미니스트들은 이제 기업체나 전문가 집단에게 기부금을 간청하지 않고 과거에 여성에게 끼친 손해에 대한 보상금을 요구하기 시작했다. 여성학, 흑인학, 미국원주민연구 등은 교정 학문이라고 자주 일컬어진다. 그것은 엉뚱한 곳을 겨누던 비난의 화살을 바로잡는다는 의미를 가지고 있으며 그 부분이 빠진 기존 학문을 바로잡는다는 의미도 포함하고 있다. 즉 그런 과목이 언젠가는 모든 사람이 필수적으로 수강해야 하는 기본 커리큘럼, 즉 인류의 역사에 포함되어야 한다는 의미인 것이다. 권위주의적인 보수주의자들이 여성운동에 반발하면서 스스로 가족 옹호론자라고 부른 것이 계기가 되어 많은 페미니스트들은 다양한 가족 형태가 있다는 것을 보여주기 위해 항상 복수형으로 가족들이라고 쓰게 되었다. 우익이 인정하는 가부장적 핵가족 (생계부양자 아버지, 집에서 아이들을 돌보는 어머니) 모델은 전체 미국 가구 중 85퍼센트를 배제하는 것이다. 우익이 말하는 가족은 그와 같은 가부장적 핵가족이므로, 그들은 남녀평등 수정헌법안에서 아동학대금지법에 이르기까지 여성과 어린이의 개인적 권리를 보장하는 것이 모두 반가족적이라고 생각하는 것이다.

언어는 다른 집단을 배제하는 힘을 가질 수 있다는 점에서도 중요하다. 인간, 인류라는 의미로 맨 man, 맨카인드 mankind라는 말을 쓸 때 여성은 자신이 제외되었다는 느낌을 갖게 된다. 피플 people, 휴머니티

humanity, 휴먼카인드 humankind라는 말은 남녀를 포괄할 수 있다. 학사 Bachelor나 석사 Master는 모두 남자를 가리키는 말이다. 페미니스트들은 남자들에게, 학사나 석사학위를 받아서 스핀스터(노처녀) 오브 아트나 미스트리스(여주인) 오브 사이언스가 된다면 어떤 기분이겠는지 상상해 보라고 한다. 인류의 동포애 brotherhood of man를 '자매애'라고 부른다면 동포애를 위해 노력하는 남자는 어떤 느낌이겠는가? 그러면 남자들은 소외감을 느끼지 않겠는가?

소수 인종 집단은 남녀 할 것 없이 백인이 아닌 것(비백인)으로 정의되어 왔다 (우리는 백인을 비흑인이라고 말하는가?). 그러나 미국에서 소수집단으로 여겨지는 사람들이 사실은 전 세계에서는 대다수를 차지한다. 더 정확하고 보편적인 말을 쓰기 위해 페미니스트들은 유색인이라는 표현을 자주 채택한다. 잠시 동안 제4세계라는 말도 사용되었다. 그것은 가부장제 세상에 사는 모든 여성의 공통성을 설명하기 위한 용어였다. 그런데 그 말은 개발도상국이나 제3세계에도 포함되지 않는 가장 가난하고 산업화되지 않은 나라를 가리키는 말로 전용되었다. 이런 의미를 담기 위해 여성들은 이제 가끔 여성을 가리키는 말로 제5세계라는 말을 사용한다. 이것은 세계 어디에 있더라도 싼 노동으로 이용되고 자본과 기술에 대한 통제력을 가지지 못하는, 인구의 절반인 여성을 가리키는 말이다.

여성들 사이의 장벽을 뛰어 넘어 서로에게 다가가기 위해 페미니스트들은 흑인과 백인을 분리하는 우리 자신의 언어 습관에 대해서도 세심한 주의를 기울여 왔다. 예를 들어 어두운 색깔이나 검은 색을 부정적인 이미지로 사용하고 흰색은 긍정적인 이미지로 사용하는 인종차별적인 습관을 바꾸기 위해 노력했다. (예를 들면, 인간 본성의 어두운 면, 시커먼 마음, 흑색 선전, 하얀(=악의 없는) 거짓말, 백 마술(=무해한 마술), 금발머리(=총애받는) 청년 등.) 만약 어떤 집단 앞에 수식어가 필요하다면

(아시아계 미국인 시인), 다른 모든 집단에도 그렇게 해야 한다(유럽계 미국인 교사).

마찬가지로 자격을 갖춘이라는 말은 주변적인 집단들을 설명할 때만 주로 쓰인다. 백인 남자는 마치 태어날 때부터 자격을 갖추고 있는 것 같다. 백인 남자들은 그냥 노동자, 의사, 시인일 뿐이지만 그 나머지는 일종의 한정어가 앞에 붙어야 한다. 그것은 자주 자격을 갖추지 '못한'이라는 의미이기도 하다 (여성 노동자, 흑인 의사, 여류 시인).

언어를 더 정확하게 만들기 위해 열심히 노력한 결과, 체어퍼슨 chairperson(의장), 스포크퍼슨 spokesperson(대변인) 같은 말이 만들어졌다. 당연히 모두 같은 성별의 사람들만 있는 조직에서는 체어맨 chairman, 체어우먼 chairwoman이라는 지위를 두어도 문제가 없다. 그러나 남녀가 섞인 조직에서는 구성원들 중 누가 그 자리를 차지해도 어색하지 않을 이름을 붙여야 한다. 그러므로 의장은 체어퍼슨 chairperson이라고 불러야 한다. 또는 그냥 체어 chair라고 하는 것이 더 낫다. 그러나 권력의 불균형 때문에 이런 성별 구분 없는 언어는 여성에게만 적용되고 남성에게는 기존의 용어가 그대로 사용되기도 한다. 즉 여성은 스포크퍼슨 spokesperson이지만 남성은 여전히 스포크맨 spokesman이 되는 것이다. 여자들을 가리킬 때는 피플 people이라고 하지만 남자들은 여전히 맨 men이라고 부른다.

성별 구분 없는 언어로 너무 급하게 뛰어넘어 가려다가 여성의 배제에 기여한 측면도 있었다. 휴머니즘은 아주 유혹적인 말이다 ("겁 먹을 필요 없어. 페미니스트들이 정말로 이야기하려는 건 휴머니즘이니까."라고 이야기하면 편하니까). 양성성도 여성 문화와 남성 문화가 완벽하게 결합될 수 있다는 희망을 이야기했지만, 양성성이라는 등식은 언제나 남성 쪽으로 기울어진다. 여성성에 대한 긍정적 평가가 아직 부족하기 때문이다. 양성성이라는 개념을 남녀가 구분되지 않거나 섞이는 것으로 이해함으로써 사람들의 불안이 더 심해지기도 했다. 하지만 그런 것은 페미니즘이 추구하는 개인성이나 자유와 정반대되는 것이다.

삶에 있어서나 언어에 있어서나 평등한 권력이 없는 통합은 위계 질서 안에서의 우리의 예전 위치로 곧장 돌아가게 만든다. 그 점을 알게 되었으니 이제 우리는 분쟁에 대한 두려움 때문에 "인류 mankind"라는 말이 여성을 포함하고 있는 것처럼 통일성을 억지로 가장하는 일은 없을 것이다. 또 "여성 womankind"으로서의 거짓된 통일성을 억지로 가지려고 하지도 않을 것이다. 예를 들어 "판사들은 그들의 능력에 따라 선출될 것이다"는 아무 문제 없는 문장이다. 유일한 문제는 우리가 모두 남자 판사를 상상하는 데 익숙해져 있다는 것이다. 그러므로 성별 없는 문장은 우리의 의식을 흔드는 데 전혀 기여하지 못할 수 있다. 잠시 동안은 "판사는 그녀의 또는 그의 능력에 따라 선출될 것이다"라는 문장을 써서 우리가 여자 판사가 존재할 수 있다는 것을 깨닫도록 할 필요가 있을지도 모른다. 인종의 다양성을 가시적으로 만들기 위해서 모든 인종을 나열할 필요가 있는 것과 마찬가지다.

다른 대표적인 혼란은 남성 쇼비니스트 돼지 male chauvinist pig라는 말을 만든 것이다. 이것은 페미니즘과 좌파 수사법이 결합해서 만들어진 말인데 그 말 자체가 반 페미니즘적이다. 이 말은 적들을 인간 이하의 것으로 비하하고 있는데 그것은 적들에 대한 폭력을 정당화하는 첫 번째 단계다. (오랫동안 영계, 암캐, 젖소 등으로 불린 여자들이 복수를 하고 싶어하는 마음은 이해가 된다. 하지만 우리가 겪은 경험을 통해 우리는 인간 이하의 존재로 비하되는 것이 어떤 느낌인지 알고 있다.) 1960년대에는 경찰을 돼지들이라고 불렀다. "돼지들은 물러가라!"라고 외치기도 했다. 잠시 동안 편견 가진 남자들도 그렇게 불렀다. 다행스럽게도 지금은 그런 말을 쓰지 않는다.

사실상 남성 쇼비니스트라는 말 자체가 문제다. 쇼비니스트는 애국심이 병적일 정도로 지나친 사람을 가리키는 것이다. 그러므로 우리는 모두, 이 남자는 자기 나라에 대한 충성심에 사로잡혀 있는 사람이라고 말하고 있었던 것이다. 페미니스트들은 그 말 대신 그 문제를 좀더 정확히 표현하는 것 남성우월주의자 male supremacist라는 말을 쓰기 시작했다. 어떤 남성우월주의자들은 "나는 남성 쇼비니스트다"라고 쓴 타이와 핀을 하고 다니면서 그런 초기의 실수를 이용하기도 했다. 물론 이것은 성차별주의를 진지하게 생각하지 않는다는 것을 보여준다. 그런 남자들 중에서 "나는 반유대주의자다."라거나 "나는 인종차별주의자다."라고 그렇게 유쾌하게 선언할 사람은 없을 것이다.

'매맞는 아내'는 오랫동안 감추어져 온 광범위한 폭력에 이름을 붙인 것이었다. 그 덕분에 우리는, 거리가 아니라 자기 집에서 가장 큰 위험에 처하는 여자들의 현실에 대해 이야기할 수 있었다. 또 직장 내의 성희롱은 전체 여성 노동자의 3분의 1 가량을 괴롭히고 있는 일종의 협박을 드러내는 말이었다. 그것에 이름을 붙임으로써 여자들이 앞으로 나설 수 있었고 법적 조치도 만들어질 수 있었다. 또 포르노그라피를 비판하기 위해 그와 대조되는 것으로 에로티카라는 말을 사용했다. 포르노그라피(문자 그대로 "여성의 노예화에 대한 기록"이라는 의미이다)가 여성 혐오를 가르치고 있고, 따라서 사랑과 상호성을 담고 있는 '에로티카'와는 아주 다르다고 주장했다. 그렇게 해서 포르노그라피가 폭력과 지배를 가르치고 정당화하는 주요 수단이라는 인식이 생겨나기 시작했다. 그리고 나치즘 선전물이 유태인에게 해를 끼치고, KKK의 선전물이 흑인에게 해를 끼치는 것과 마찬가지로, 포르노그라피도 사회적인 해악을 끼친다는 사실도 인식되기 시작했다.

페미니즘에서는 매춘에 대해 여성의 성 노예화라는 표현을 썼다. (19세기에는 강제 매춘을 백인 노예제 white slavery라고 표현했다. 백인이 종속된 위치에 놓이는 노예 제도는 그것뿐이었기 때문이다.) 그런 용어와 함께 매춘의 현실도 페미니즘 물결에 의해 드러났다. 이제 우리는 많은 도시들에서 그런 현상이 만연하고 있으며 매춘과 포르노그라피가 국제적으로 이루어지는 큰 사업이라는 것을 알게 되었다.

그런 과정에서 급진주의라는 말은 더이상 지나침이나 비합리성을 의미하지 않게 되었다. 급진적 페미니즘은 성별 카스트 제도를 분석하고 여성억압이 다른 불평등의 뿌리 역할을 하고 있다는 것을 드러냈다. 그로써 급진적 페미니즘은 다양한 여성들의 공통의 대의명분을 위한 기초를 다질 수 있었다. 그리고 남성-여성, 지배-피지배의 구조가 폭력의 주요 원인이고 폭력을 정당화하는 역할을 한다고 설명했다. 따라서 급진주의는 폭력 그 자체의 근원에 도전하는 유일한 길이 되었다.

이런 인식에 기초한 여성들간의 새로운 페미니즘적 연대는 매우 약하긴 하지만 전 세계에서 이루어지고 있다. 19세기와 20세기초의 거대한 물결 동안 여성운동은 국제적인 운동이었고 민족주의에 반대하는 운동이었다. (우리가 그것을 "첫번째 물결"이라고 부를 수 있는 것은 이 곳이 역사가 아주 짧은 나라이기 때문이다. 페미니즘 혁명은 역사상 수천 년 동안 점진적으로 계속 일어났고 다른 곳으로도 전파되었다.) 지난번 물결은 세계의 많은 여성들에게 다른 사람의 소유물이 아닌 인간으로서의 법적 정체성을 가져다주었다. 이제 우리는 모든 여성이 그 단계를 완수할 수 있도록, 즉 법적 평등을 획득하도록 노력하고 있다. 그러나 남성 우월주의 문화가 종말을 고할 때까지 더 많은 페미니즘의 물결이 생겨날 것이다.

이번 물결에서 말과 의식이 새로이 만들어져 가고 있다. 현실도 그와 함께 바뀔 수 있을 것이다. 새로운 것과 낡은 것 사이의 거리를 측정하는 것은 우리 안에서 역사의 한 부분을 꺼내서 살펴보는 것이다.

—1979년, 1982년

## 후기

이 글을 쓴 지 10년쯤 지났기 때문에 지금은 "페미니즘의 새물결 이전에 당신은 어떤 사람이었는가?"라는 질문에 대답할 수 없는 독자들이 많을 것이다. 페미니즘의 두 번째 물결 후에 태어난 사람들은 어느 정도 페미니즘 의식이 자리잡은 시기에 태어났기 때문에 높은 기대 수준을 가지고 있고, 모든 것에 감사하는 불치병 따위의 문제를 가지고 있지 않다. 이들은 앞으로 긴 변화의 길에서 크게 기여할 수 있을 것이다.

점점 더 많은 여자들이 남편감에게 기대하는 능력을 스스로도 가지려고 한다. 그러나 결혼하고 싶어하는 여자와 같은 모습을 보이는 남자는 거의 없다. 그래서 여자들 대부분이 바깥일과 집안일을 모두 떠맡게 됐다. 이것은 과거에는 빈민층 여성들의 문제였는데, 이제는 중산층 여자들도 가사 노동과 임노동을 모두 해야 한다는 점에서 자유롭지 못하다. 이 말은 우리가 함께 그 문제를 해결할 수 있어야 한다는 의미이다. 많은 여자들이 딸들을 아들처럼 키웠지만, 아들을 딸처럼 키운 사람은 거의 없다. 남성이 여성과 마찬가지로 아이를 키우고 집안일을 하도록 사회화될 때까지는 이 이중 부담은 계속해서 여성을 제약할 것이다. 아이들은 아빠의 보살핌을 받지 못할 것이고, 남녀의 고정화된 성역할은 지속될 것이다.

이제 많은 영역에서 이것 아니면 저것의 이분법이 여성성과 남성성의 분리에 기초하고 있다는 인식이 확산되고 있다. 이제 이런 이분법은 위계적이지 않은 원형의 패러다임으로 대체되고 있다. '이것이자 저것' 일 수도 있다는 사고 방식이 확립되고 있는 것이다. 신물리학과 카오스 이론은 직선적이고 기계적이며 위계적인 낡은 생각을 날려 버렸다. 그 이론들 덕분에 우리는 순위 매기기가 아닌 관계 맺기를 생각할 수 있게 되었다. 페미니스트 과학자들은 우리가 현장 의존성, 즉 맥락을 벗어나서는 아무것도 연구할 수 없다는 인식을 갖게 하고 있다. 섹슈얼리티에 있어서도, 이성애자 아니면 동성애자라는 가정이 점점 느슨해지고 양성애라는 고대의 전통이 존중되기 시작했다. 옛날에는 타고난 성별은 영원히 변하지 않는 것이라 생각했지만, 이젠 스스로 트랜스젠더가 되어 성별을 넘나드는 개인들도 인정할 수 있게 되었다. 레즈비언과 게이 운동 집단은 이제 자신의 단체 이름에 양성애자와 트랜스젠더도 포함시킨다. 커플인 두 사람도 서로를 파트너 인생 동반자라고 부르는 경향이 강해지고 있다. 그것은 애인이라는 말이 담고 있는 제한적인 의미를 넘어서는 관계를 나타내기 위함이다. 이성애주의란 말은 동성애 혐오와 비슷한 의미로 쓰이고 있다. 그것은 이성애를 중심에 두거나 이성애가 아닌 모든 성행위는 주변적인 것이거나 존재하지도 않는다고 생각하는 사람을 설명하는 말이다. 그리고 성적 선호 대신 성 정체성이라는 말이 자주 쓰이게 되었다. 이것은 특정한 성적 성향을 가지고 태어난 사람과 스스로 그것을 선택한 사람을 모두 포함하기 위한 용어다.

이성애자들도 언어를 바꾸어 가고 있다. 결혼한 커플도 문화적 의미가 가려져 있는 남편과 아내라는 말 대신 상대를 파트너라고 부르기를 더 선호한다. 어떤 사람들은 성행위에서의 지배적/수동적 이미지를 바꾸기 위해 삽입 대신 흡입이라는 말을 쓰자고 제안한다. 섹스와 정복을 동일시하는 오래된 속어들만은 쓰지 말자고 주장하기도 한다.

우리는 언어가 피해자를 드러낼 수 있었지만 가해자에 대해서는 이야기하지 않았다는 것을 알고 있다. 그래서 얼마나 많은 여자들이 강간당하는가에 대한 얘기뿐 아니라 얼마나 많은 남자들이 강간하는가에 대해서도 이야기하기 시작했다. 여자들은 왜 폭력이 난무하는 집을 떠나지 않는가 또는 떠나지 못하는가만 이야기하는 것이 아니라 왜 남자들은 폭력을 휘두르는가를 이야기하기 시작했다. 그런 논의 가운데 가정 폭력이라는 어휘가 적절치 않다는 생각이 들기 시작했다. 가정 폭력이라는 어휘는 사적이고 강도가 약하다는 느낌을 준다. 사실 집안의 폭력은 대부분의 다른 폭력의 훈련장이자 근원이다. 즉 범죄 행위건 외교 정책 수행이건 모든 폭력의 근원은 가정 폭력이다. 그러므로 가정 폭력이라는 말 대신 '근원적인 폭력'이라는 말을 쓰자고 제안되기도 했다. 최근 십여 년 사이에 마침내 특정한 인종, 종교, 민족, 동성애자 등을 폭행하는 '혐오 범죄'에 여성에 대한 범죄도 포함되었다. 여타의 범주들은 남성도 포함하고 있기 때문에 과거의 여성에 대한 범죄보다 더 심각하게 여겨졌다. 이제는 낙태 시술소 폭파도 '테러리즘'의 일종으로 여겨지게 되고, 저들의 주장대로 정치적인 행동이라고 여겨지지는 않는다.

페미니스트 학자들이 페미니즘에 도입한 어떤 용어들은 다른 분야의 용어를 모방한 것이긴 하지만 반드시 필요한 것들이었다. '해체'는 어떤 것을 그 본래의 맥락과 의미로부터 분리시키는 행위를 말한다. 여성의 세력화를 대신해서 여성의 주체성 형성이란 말이 사용되고, 단순히 문제와 그 원인에 대해 이야기한다고 말하는 대신 문제화한다는 표현을 사용한다. 그리고 페미니즘적 실천이라고 쓸 수 있는 것을 페미니즘적 프랙시스라고 쓰는 경향이 있다. 이런 학술 용어와 일상 언어 사이의 거리감으로 인해 독자들은 이해하는 데 어려움을 겪는다. 그래서 통찰력과 정보를 제대로 전달받지 못할 때가 많다. 통찰력과 정보를 가장 필요로 하는 사람이 바로 그들인데도 말이다. 그러나 학계 내에서 진지한 고려의 대상이 되고 자리를 보전하려면 문제를 명명하는 학술 용어가 있어야만 한다.

한편 '정치적으로 올바른politically correct'이라는 어구는 원래 모든 집단을 포괄하려는 운동 세력의 노력을 스스로 재치있게 표현한 말이었다. 그런데 다른 집단을 배제하기를 좋아하는 집단들이 그것을 비난으로 받아들이면서 아주 심각한 말이 되었다.

여성운동에 반대하는 우익이 '독신 어머니와 자녀'라는 말 대신 '미혼모'와 '사생아'라는 말을 다시 사용하자고 주장하는 바람에, 언어의 중요성에 대한 회의가 생기려 하다가도 언어의 중요성을 새삼 느끼게 되었다. UN의 영구적인 참관국 자격을 가진 유일한 종교 대표로서 바티칸은 '생식에 관한 자유권'과 '생식 관련 건강'이라는 말을 사용하는 것을 반대했다. 분명히 우리가 무슨 말을 사용할 것인가를 정하는 것은 우리가 어떤 꿈을 표현할 수 있는가를 결정한다.

당신 자신의 언어에 어떤 변화가 일어났는지 또는 앞으로 일어날 것인지 생각해 보라. 그 변화는 현재 우리가 어디에 있는가, 그리고 어디로 가야 하는가를 보여 주는 좋은 지표이다.

—1995년

**역주**

*1) 벤자민 스포크(1903-1998): 미국 소아과 의사. 어린이 양육에 관한 그의 저서는 미국 부모들에게 매우 많은 영향을 미쳤다. 1960년대에 반전운동에 헌신했고 1972년 양심적인 징병기피자를 위한 인민당의 대통령 후보가 되었다.

# 대학 동창회

대학 졸업 25주년 동창회가 있기 몇 주 전에 워싱턴의 한 기자가 나한테 전화를 걸었다. 그 기자는 성공한 여자들 중에 스미스 여자대학 출신이 왜 그렇게 많은지에 대한 기사를 쓰고 있다고 말했다.

나는 "예를 들면요?"라고 조심스럽게 물었다. 그녀는 이렇게 말했다.

"낸시 레이건과 바바라 부시 모두 스미스 대학을 나왔죠. 미국의 정상에 있는 두 여성이 같은 대학 출신인 게 특이하지 않으세요?"

나는 '정상'이 무엇인가에 대한 그녀의 가정을 반박할 외교적인 방법을 찾느라 고심했다. 그 동안 잠시 침묵이 흘렀다. 마침내 나는 이렇게 말했다.

"음, 대처 수상 남편의 동창을 찾아가서 국가 원수와 결혼하기 위해 학교에서 어떤 교육을 받았는지 인터뷰할 기자가 있을까요? 대처 수상 남편은 영국의 정상에 오른 남자인가요?"

그 기자는 웃음을 터뜨렸다. 그녀는 그런 기사를 쓰는 것이 멍청한 짓이라는 데 동의한다고 하면서 자신도 스미스 대학을 나와서 잘 알고 있지만 편집장이 쓰라고 했기 때문에 할 수 없다고 말했다. "진 해리스도 스미스 출신이란 걸 아세요?"라고 그녀는 예리하게 말했다.

그건 모르고 있었다. 그 기자와 나는 진 해리스와 낸시 레이건, 바바라 부시 그리고 다른 유명한 동창들의 공통점이 무엇인지에 대해 같은 생각을 하고 있었다. 그것은 남편과 자기 자신을 동일시하는 전통적인 여성다움을 겨루는 경기가 있다면 올림픽 금메달감이라는 것이다.

진 해리스의 굴욕적인 연애가 언론에 공개되었을 때 많은 여자들이, 특히 나이든 여자들이 괴로움과 동정심을 동시에 느꼈다. 그것은 그들도 이 경기에 끔찍할 만큼 익숙해져 있었기 때문이었다. 그녀는 타노우어 박사에게 총을 쏜 후에 자신도 자살하려 했다고 말했다. 그녀의 오랜 연인이 자신을 버리고 젊은 여자에게 가려 했기 때문이었다. 아마 그가 죽었다면 그녀는 정말로 자살했을 것이다. 타노우어는 바로 그녀 자신과 다름없었기 때문이다.

우리는 이런 나쁜 공통점에 대해 스치듯이 이야기하고는 긍정적인 면이 무엇인지를 이야기했다. 낸시 레이건과 진 해리스가 학교를 다녔던 1940년대에도 스미스를 비롯한 여자대학들은 여자 학자들과 전문가들을 많이 배출해 내고 있었다. 특히 과학과 수학 등 '여성적이지 않은' 분야에서 많은 인재를 만들어 냈다. 하지만 스미스는 남자 교수가 여자 교수보다 훨씬 많다는 점을 자랑스러워하기도 했다. 내가 대학에 다닐 때인 1950년대까지도 대학 안내 책자에서 남자 교수가 많다는 것을 강조하고 있었다. 그 점이 스미스 대학의 진지함을 증명하는 증거였던 것이다. 1975년에 이르러서야 현재의 여자 총장이 취임했고 그 전까지 여자 총장은 한 명도 없었다. 그래도 남녀 공학에 비하면 우리는 상대적으로 많은 여자 교수와 역할 모델을 볼 수 있었다. 남자들이 대부분인 강의실에서 여학생들은 불편한 느낌을 가질 수 밖에 없지만 우리는 그럴 염려가 전혀 없었다. 잘 맞지 않는 옷을 입은 듯한 느낌은 남녀 공학의 많은 여학생들이 불가피하게 느끼는 것이며 특히 과학이나 수학 분야에서는 더욱 그렇다.

그러나 그 기자와 나는 왜 스미스대학이 자기 분야에서 업적을 쌓은 독립적인 여성들을 많이 배출할 수 있었는가에 대해 그런 흥미로운 이야기를 하고 있으면서도, 그 여성들을 모두 합쳐도 낸시 레이건 한 사람만한 뉴스거리가 되지 못한다는 것을 알고 있었다. 퍼스트레이디는 그녀가무엇을 하든 또는 무엇을 하지 않든 스스로의 힘으로 성공한 다른 어떤여성보다도 '존경받는 여성' 목록에서 높은 순위를 차지한다.

그것은 하나의 사회적 메시지이다. 특히 개인적인 성취나 능력을 추구하도록 격려받다가 어느 순간엔가 남편의 성공과 아이를 위해 순종적으로 살기를 요구받는 여성들에게 괴로움을 주는 것이다. 우리는 1950년대에 스미스대학에서 이런 이야기를 들었다.

"우리가 아이들을 잘 교육시키려면 어머니가 될 여성들을 교육시켜야한다."

모성과 다른 포부 사이의 긴장을 그런 방식으로 해결하려 하는 사례는매년 동창회보에 실리는 졸업생 소식에서도 나타난다. 졸업생 소식은 항상 이런 식이다.

"소피아 스미스 존스, 1956년 졸업, 박사 학위 취득, 사회 봉사 활동,네 명의 아이를 키우고 남편 존이 회사 중역으로 성공하도록 내조하면서몇 번 강사일을 하기도 함."

내가 동창회에 참가한 것은 이런 궁금증 때문이었다.

'우리는 대학 교육에서 그런 이중의 메시지를 전해 받은 후에 어떻게살고 있을까?'

여자대학의 동창회에서 가장 큰 관심거리는 누가 동창회에 오지 '않았나'다.

"세상에. 누가 그런 델 가고 싶어하니? 너무 짜증날 거야."

이런 반응이 많았다. 이유는 여성—우리 자신과 다른 여성들—을 비하하는 의식 때문일 때가 많았다. 몇몇은 자신이 가정 주부일 뿐이기 때문에 동창회에 가고 싶지 않다고 말했다. 어떤 친구들은 몸무게가 너무 많이 늘어서라는 이유를 댔고, 또 다른 어떤 친구들은 자신이 일에서는 성공했지만 다른 친구들이 모두 상류층 '스미스대학 출신 여자' 이미지에 걸맞게 살고 있을 것이기 때문에 사람들 앞에 나서고 싶지 않다고 했다. 우리가 아는 사람 중에 그 이미지에 맞는 사람은 별로 없었지만 그런 생각은 여전히 우리 머릿속에 남아 있었다. 우리 동창생 중에서 적극적인 페미니스트 몇몇은 동창회에서 이중 역할 문제에 대한 토론회 – "여자들에게 왜 수퍼우먼이 되라 하는가?" – 를 열자고 했지만 그럴 만한 시간적 여유는 없었다. 한 친구는 법 개정과 섹슈얼리티, 다른 논쟁적 주제를 이야기하는 것은 환영받지 못할 것이라고 생각했다. 그런데 실망스럽게도 그 친구는 나오지 않았다.

결국 1956년 졸업생 657명 중 220명이 나타났고 그 중에는 처음에 여자들의 동창회를 경멸하던 사람들도 포함되어 있었다. 그러나 그것은 남자 대학에서의 25주년 동창회에 비하면 아주 낮은 참가율이었다. 동기생 세 명이 열심히 준비한 '우리는 현재 어디에 있는가?' 라는 설문에 응답한 사람은 모두 323명이었다. 그런데 가장 저조한 참석률을 보인 그룹은 결혼한 적이 없는 5퍼센트의 사람들이었다. 결혼한 적이 없는 사람들은 설문 응답률도 낮았다. 한 번 이상 결혼한 사람들(10퍼센트의 두 번 이상 결혼한 사람들을 포함해서)의 절반 정도밖에 되지 않았다. 응답한 사람들 중 80퍼센트는 현재 결혼 생활을 하고 있다고 했고 42퍼센트만이 풀타임으로 일하고 있다고 했으며 31퍼센트는 파트 타임으로 일한다고 했다. '성공한 스미스대학 졸업생'의 이미지에 잘 맞는 사람들이 더 많이 온 것은 분명했다.

뉴잉글랜드 캠퍼스에 있는, 신기할 만큼 익숙하게 느껴지는 기숙사에 도착했을 때 남편을 데리고 온 몇 사람이 다른 사람들 사이에서 가벼운 투덜거림의 대상이 되었다. 남편이 있는 것과 남편을 데리고 오는 것은 완전히 다른 문제였다. 남자들의 동창회에서 배우자와 아이들, 애인을 동반하는 것은 자연스러운 일이지만 여자들의 동창회에서는 절대 그렇지 않다. "왜냐하면 여자들은 남자의 동창회를 진지하게 생각하지만 남자들은 그렇지 않기 때문이지."라고 한 동창생이 말했다. "게다가 남자들에게는 가족이 지지 부대와 청중이지만, 여자가 가족을 데리고 온다면 일거리만 많아질 뿐이니까."

우리는 동기생들끼리 부근의 모텔에 모여서 저녁식사를 했다. 모두 "하나도 안 변했다."고 단호하게 주장하면서 은밀한 호기심을 가지고 서로를 바라보았다. 소란스러우면서도 무언가 주저하는 듯한 자리였다.

사실 우리들 사이에 놓인 시간의 간격은 20년이었고 그것은 눈으로도 확인할 수 있었다. 한 웨이트리스는 어떤 친구들을 보고 20대 후반인 줄 알았다고 말하기도 했지만 다른 친구들은 우리의 실제 나이 마흔여섯보다 더 늙어 보이기도 했다.

진한 립스틱과 라운드 칼라, 1950년대 스타일의 머리 모양이 아니었어도 우리들 대부분은 거기 참석한 소수의 남편들보다는 훨씬 젊어 보였다. 남편들이 아버지 같은 태도를 취하고 있는 것은 심상치 않았다. 우리는 우리보다 더 나이 많고 더 현명하고 키도 더 크고 몸무게도 더 많이 나가고 돈도 더 많이 버는 남자와 결혼해야 한다는 문화적인 가르침을 들어 왔다. 동창생 설문 조사에 따르면, 남편들은 대부분 마흔여덟에서 예순두 살 사이였다.

그 날 저녁의 가장 중요한 행사에서도 나이 때문에 충격받을 일이 있었다. 우리는 이제 우리 대학의 총장과 비슷한 나이였던 것이다. 질 커콘웨이는 우리 학교 최초의 여자 총장일 뿐 아니라 1956년에 호주에서 대학을 졸업했기 때문에, 우리는 그녀를 우리 동창회의 명예회원으로 받아들이기로 했다.

그 보답으로 그녀는 우리에게 자기 이야기를 해 주었다. 그녀는 호주의 외딴 농장에서 보낸 어린 시절에 모험을 꿈꾸었고, 학생과 젊은 학자로서 훌륭한 업적을 이루기를 희망했고, 꿈을 이루는 과정에 성차별 때문에 좌절하기도 했다.[1] 교수가 된 후에는 여자 교수들과 대학 노동자들을 위한 변화를 주장했는데 그런 활동 덕분에 총장 자리에 오르게 되었다. 학자이자 역사가로서 그녀는 독신으로 지내는 것에 만족하려 했지만 지금의 남편을 만나 결혼했다. 남편은 자기 일만큼이나 그녀의 일을 높이 평가하는 사람이며 남편이자 동료로서 그만큼 훌륭한 사람을 발견했다는 것이 지금 생각해도 놀랍다고 말했다. 그녀는 아이를 갖지 못했지만 아이를 가진 대부분의 여자들은 그녀처럼 일하기가 어렵거나 불가능하다는 것을 알고 있었다.

그녀는 우리 여성들은 사회에서 좀더 여유있게 남성적이지 않은 스타일로 일하자고 호소했다. 긴 박수가 이어졌다. 그녀가 전문직 여성에 대한 조사를 했더니 1년에 평균 3천5백 달러를 가정부 등 가사 조력자에게 주고 있었다고 보고하자 청중은 신음소리를 냈다. 처음 결혼했을 때 그녀는 자신이 욕실을 청소해야 한다고 생각했다. 그런데 남편이 그녀를 말리면서, 자신은 욕실 청소를 시킬 가정부가 필요해 결혼한 것이 아니라고 말했다. 부러움의 침묵이 흘렀다.

물론 그녀는 자녀 양육, 욕실 청소 등 여성의 일에 방해가 되는 일에 대한 남자의 책임에 대해서는 전혀 이야기하지 않았다. 가정부를 부릴 만한 경제적 여유가 없는 경우에는 언제나 여성이 모든 일을 하는데도 말이다. 새벽부터 한밤중까지의 총장의 일과를 설명하는 도중에도, 그녀는 여성학에 반대하는 보수적인 스미스대학 교수들과의 지속적인 싸움이나 자기 정체성을 더 이상 숨기려 하지 않는 레즈비언 학생들에 대해 불만을 터뜨리는 동창생들과의 싸움에 대해서는 전혀 언급하지 않았다.

"그건 총장님이 사람들을 무지하게 잘 다루기 때문이에요."

나중에 만난 그 해 졸업생은 이렇게 설명했다.

"총장님은 아마 남편들을 소외시키고 싶지 않았을 거예요. 기부금이 줄어들지도 모른다고도 생각하셨겠죠. 그분은 스미스대학 역사상 기금을 가장 잘 모은 사람일 거예요."

아무튼 콘웨이 총장은 페미니스트들과 마찬가지로 개인적인 것이 정치적이라는 것을 이해하고 있었다. 그런 이해를 바탕으로 개인적인 이야기를 해 주었기 때문에 그녀의 이야기는 우리를 감동시켰다. 한 여자는 눈물을 글썽이며 이렇게 말했다.

"남편을 데려오길 정말 잘했어. 20년 동안 내가 하고 싶었던 얘기가 바로 그거였거든."

나는 남편이나 아이가 없는데다가 유명해졌다는 점 때문에 '옛날에 친구였던 여자들로부터 소외되지 않을까?' 하는 걱정을 하고 있었다. 동창회에서는 25년 전의 추억 속으로 곧장 돌아간다는 것을 잊어버리고 있었던 것이다. 잃어버린 시간을 되찾는 데 대학 기숙사에서 한 시간 머무는 것보다 좋은 것은 없다.

또 나는 나의 유명세가 친구들을 불편하게 하는 것은 아니라는 점도 깨달았다. 명성을 얻었다 해도 결혼을 못 했다면 부러움의 대상이 되지 못하기 때문이다. 기껏해야 한편으로 불쌍해하면서 축하를 할 만한 일이었다. 여자들을 가장 불편하게 만드는 것은 상대가 유명인이라는 사실이 아니라 몸매가 날씬하다는 사실이었다. 나는 사람들이 마른 사람들을 대할 때 느끼는 이런 식의 질투를 잘 이해하고 있었기에 (나는 늘 살이 찔 것을 염려하면서 나와의 싸움을 하고 있기 때문에 내가 먹는 것을 생각하지 않을 때는 하루에 몇 분밖에 안 된다.), 내가 날씬한 이유가 식탐이 없어서는 아니라는 걸 열심히 설명하려 했다. 맨정신일 때의 알콜중독자가 알콜중독이 아니라고는 할 수 없듯이 말이다.

그렇게 해도 나는 체중이라는 장애물을 넘어서 인간 관계를 맺을 수 없는 때가 많았다. 나중에 나를 나쁘게 평한 유일한 동창생은 내가 사람들을 보러 간 것이 아니라 나를 보여 주러 동창회에 간 것이라고 말하며, 내가 참여한 행사나 대화에 대해서는 전혀 언급하지 않은 채 '사이즈 6의 디자이너 청바지를 입고 자매애를 이야기하는 1970년대에서 온 시대 착오적인 인물'로 나를 낙인찍었다. 내가 동창회에 입고 갔던 청바지는 사이즈 6도 아니었고 디자이너 청바지도 아니었지만, 그녀의 말이 무슨 의미인지는 명백하다.

내가 가장 큰 교훈을 얻은 것은 참석한 동창생들 모두가 펼친 퍼레이드에서였다. 진짜 대단한 이벤트라 할 만한 그것은 동창의 날 퍼레이드를 위한 플래카드 때문에 생긴 일이었다.

전통 있는 이 행진은 생존하고 있는 졸업생 중 가장 나이가 많은 사람들부터 시작해서 기수별로 모두 차례로 캠퍼스를 가로질러 가는 것이다. 각 그룹은 흰 옷 위에 그 기의 색깔 띠를 두르고 행진하는데 자신들이 학교를 다녔던 시기의 특별한 상징을 들고 가기도 한다. 행렬의 맨뒤에는 다음 날 졸업할 젊은 여학생들이 선다. 그들이 입는 흰 드레스는 디자이너에게 맞춘 고상한 것에서부터 반항의 뜻으로 기숙사에서 훔쳐온 침대 시트에 이르기까지 다양하지만, 긴 줄기의 **빨간 장미**를 한 송이씩 들고 나오는 건 모두 같다.

그 전통이 유지되는 것은 추억에 얽힌 감상 때문이기도 하고 의상과 피켓에서 상상력을 발휘할 수 있기 때문이기도 하다. (내가 학생이었을 때 아주 나이 많은 할머니들이 맨 앞에 서서 이런 피켓을 들고 가던 것을 감사한 마음으로 기억하고 있다. '1895년의 여학생을 기억하는 남자는 아무도 살아남아 있지 않다.') 동창회의 이 행진은 사회 변화를 확인할 수 있게 하는 것이기도 하다. 1960년대 졸업생에 이르러야 다양한 인종의 사람들이 보이기 시작한다. 예를 들어 우리 동기들 중에는 흑인 학생이 한 명도 없었고 남미계도 없었고 아시아계 이민자 한 명이 있었을 뿐이다. (1학년 때 나는 교수에게 우리 고향 출신의 흑인 지원자들은 왜 아무도 합격하지 못했냐고 물어 본 적이 있다. 그의 대답은 인종 차별과 성차별이 뒤섞인 고전적인 것이었다. 흑인 여자아이들을 교육할 때는 신중해야 하는데, 왜냐하면 교육받은 흑인 남자가 많지 않기 때문이라는 것이었다.) 그와는 아주 대조적으로 그 해에 졸업하는 학생들 중 20퍼센트는 유색 인종이었다.

나는 대학 동기이자 『미즈』지의 동료인 필리스 로저 Phyllis Rosser와 함께 플래카드를 만들었는데, 우리는 선후배들과 우리들 사이의 세월의 간격을 메워줄 수 있는 문구를 쓰고 싶었다.

'페미니즘의 두 번째 물결이 첫 번째 물결에게 인사드립니다.'

'우리는 매카시 선풍도 견디고 살아남았다 — 우리는 레이건과 〈도덕적 다수〉*1)도 물리칠 수 있다.'

'1956년 졸업생들은 불법 낙태로 죽은 자매들을 기억한다. 다시는 그런 일이 벌어지지 않도록 해야 한다!'

'여자들은 나이가 들수록 더 급진화된다.'

우리는 이런 슬로건들이 우리 기 동창회가 정한 제목 "포커스 56"보다 더 정치적인 내용을 담고 있다는 것을 알고 있었다. 우리 동기들이 정한 제목은 우리가 중년에 접어들었으며 눈의 초점이 잘 맞지 않는 나이가 되었다는 것을 재미있게 표현한 것이었다. 그래서 우리는 처음부터 다른 플래카드를 만들어 가지고 갔다. 각각의 슬로건을 두 개씩 만들었는데 더 많이 만들 시간이 없었기 때문이었다. 그런데 설문 조사 결과를 보고 우리는 그 슬로건들이 사람들의 정서와 너무 동떨어져 있는 것은 아니라고 생각했다. 56년 졸업생 중 4분의 3은 레이건에게 **투표하지 않았고** 98퍼센트는 낙태가 안전하고 합법적인 선택이 되어야 한다고 생각했다.

우리가 1956년 졸업생들이 모인 풀밭 위에 여분의 플래카드를 놓아두자 여자들은 열광적으로 그것들을 집어들었다. 눈에 띄는 다른 슬로건 중에 내용 있는 것은 다시 일을 찾자는 의미인 듯한 '다시 처음부터 자유롭게 성장하자' 뿐이었다. 옆에 있는 '이제 우리는 가슴이 처지는 나이' 라는 플래카드를 본 사람들이 신음소리를 냈다.

그런데 몇몇 여자들이 우리가 쓴 플래카드를 가리키며 이야기하는 것이 보였다. 내 뱃속의 울렁거림은 무엇인가 잘못되고 있다는 것을 알려주었다. 소극적이던 1950년대의 나의 모습이 되살아난 것이라고 생각하고 무시했다. 그 당시 나는 플래카드를 들고 다녀 본 적도 없었고, 여성은 투표권을 '얻은' 것이라고 생각했다.

우리 동창회의 한 간부가 싸늘한 표정을 띤 채 다가왔다.

"이 플래카드 누구한테 허락받았어?"

가슴이 철렁 내려앉았다. 그녀는 계속해서 모든 슬로건은 몇 달 전에 미리 승인을 받아야 한다고 설명했다.

"누구한테?"

피켓을 들고 있던, 내가 모르는 한 동창생이 그렇게 물었다.

"동기생 전체가 투표하지 않은 건 다른 슬로건들도 마찬가지잖아."

그 동창회 간부는 다른 사람들과 의논하러 갔다. 그녀는 다시 돌아와선 단 한 사람이라도 우리 슬로건에 대해 반대하면 우리가 쓴 플래카드는 사용할 수 없다고 했다. (한 사람이 반대했다는 것이 아니라 누군가 반대할 수도 있기 때문에 안 된다는 것이었다.) 1950년대에 내가 가지고 있던, 분쟁에 대한 두려움이 순식간에 되살아났다. 나는 우리가 다른 사람들의 플래카드를 검열하는 것도 아니고 사람들에게 우리 것을 들고 가라고 하는 것도 아니라고 설명했다. 언론의 자유에 따라 동기생 각자가 자기 마음에 드는 플래카드를 들고 갈 수 있는 것 아닐까?

다른 간부가 타협안을 내놓았다. 우리 그룹이 우리 동기들 행렬의 맨 끝에 서서 '포커스' 피켓의 질서를 깨뜨리지 않도록 하자는 것이었다. 우리는 동의했다.

하지만 그들은 계속 의논하더니 그 타협안을 철회시켰다. 우리는 동기생들과 무관하게 보여야 하기 때문에 전체 행렬의 제일 끝에서 행진해야 한다는 것이었다. 나는 그렇게 하면 오히려 우리가 더 두드러져 보일 것이라고 말했지만 처음에 왔던 그 간부는 완강했다. 동창회에서 승인받지 않았거나 한 사람이라도 반대할지 모르는 플래카드는 들고 갈 수 없다는 것이었다. 완전히 겁먹은 나는 그 말에도 동의했다.

"자기네들 마음대로 우리가 우리 동기와 같이 행진하지 못하게 할 수는 없어."

그런데 그 때 누군지 내가 전혀 모르는 사람이 플래카드를 들고 용감하게 말했다.

"우리는 우리 마음대로 어디에서든 행진할 수 있다구."

다른 사람들도 맞장구를 쳤다. 이제 플래카드를 들고 온 것과 굴복한 것에 대해 모두 죄책감을 느끼게 된 나는 우리 동기들이 퍼레이드를 시작할 때 그 반항적인 그룹과 함께 있었다. *

동창회에서는 젊은 학생을 보내 우리에게 사이드라인 뒤로 물러나라고 전했다. 그 학생은 상냥하게 이렇게 말했다.

"제 생각에 이건 바보 같은 짓이지만, 선배님들은 행렬 끝부분이 올 때까지 여기서 기다리셔야 한대요."

그래서 우리가 뒤로 물러나서 사이드 라인 위에서 기다리고 있을 때 66년 졸업생들이 지나갔다. 우리가 처한 곤경에 대한 소식이 행렬을 통해 퍼져 나가 그들에게도 알려져 있었다. 우리보다 10년 젊은 이 여자들은 우리를 그들 행렬에 초대하기로 결정하고 우리를 위한 자리까지 만들어 둔 상태였다. 우리가 그들 줄 안으로 들어가자 우리의 파란 어깨띠는 그들의 빨간 어깨띠 속에서 매우 두드러져 보였다. 66년 졸업생 중 한 명이 "만나서 정말 반갑습니다."라고 말하고 이렇게 덧붙였다.

"우리 동기 중 한 명도 돌팔이한테 낙태 수술을 받다 죽었어요. 쉬쉬했지만 다들 알고 있었죠."

우리가 천천히 캠퍼스를 가로질러갈 때 구경꾼들이 우리의 플래카드를 보고 함성과 박수를 보냈다. 관중석은 웅성거리기 시작했다.

"옳소!"

"이제 시간 문제다!"

"타도하자!"

어떤 나이든 여성은 군중 속에서 달려나와서 우리에게 "이 빌어먹을 행렬 전체에서 유일하게 의미 있는 슬로건."이라고 말해 주었다. 우리가 마지막으로 총장실 앞을 지나갈 때 거기엔 그 해 졸업생들이 우리를 기다리고 있었다. 그들은 우리를 특별한 환호성으로 맞아 주었고 젊은 흑인 졸업생들은 주먹을 치켜올려 인사했다. 재학생과 가족들도 큰 박수갈채를 보냈다. 우리가 목적지인 나무 그늘이 드리운 아름다운 광장에 도착할 즈음에는 분쟁의 느낌은 사라져 버렸다. 우리 플래카드를 들고 행진한 사람들도 대부분 눈물을 글썽거렸다.

"이 플래카드를 내 아들의 예일 졸업식에도 가지고 가야겠다."고 한 여성이 말했다.

"얼마나 다양한 사람들이 호응하는지 정말 재미있었어."

"조용히 있던 사람은 우리에게 찬성하지 않는 것이었겠지만 대부분은 정말 좋아하는 것 같았어."

"난 우리 동기들이 자랑스러워요."라고 66년 졸업생 한 명이 말했다.

"선배님 동기들이 선배님들을 쫓아냈다고 해서 모두들 분개했어요."

하지만 우리는 모두 한 목소리로 56년 동기생들을 변호했다.

"대부분은 우리 말에 동의했을 거야. 아무도 안 물어봐서 그렇지."

내쫓긴 것이 아무리 화가 나고 당혹스러웠다 해도 아무도 이 축하의 순간을 분열의 시간으로 바꾸고 싶어하지는 않았다.

이 사건이 신호가 되어 그 주말의 남은 시간 동안 파문이 일 듯 반응이 돌아왔다.

그 해에 졸업한 학생들이 우리를 찾아왔다. 졸업식 전날 밤 그들은 '미국은 엘살바도르에서 물러나라'라고 쓴 현수막을 졸업식장 뒤쪽에 내걸 것인가를 결정하기 위해 회의를 했다고 했다. 그들은 의견 일치를 보지 못했다. 몇몇은 다수결 원칙이 아니라 만장일치로 결정해야 한다고 생각했는데, 어떤 슬로건도 전원의 합의를 얻지는 못했다.

"선배님들은 항상 만장일치로 결정하세요?"

나는 이렇게 대답했다.

"그렇지는 않아. 그건 분란을 피하는 방법이기도 하지만 아무 행동도 할 수 없게 만드는 길이기도 하지."

그들은 침대 시트로 만든 엘살바도르 현수막과 'HLA를 중단하라'라는 문구를 내걸기로 결정했다. HLA는 이른바 인간생명 수정 헌법안으로 낙태를 불법화하기 위한 것이었다. 우리의 플래카드에서 영향을 받아서 뒤늦게 추가한 것이었다. 스미스는 변화했지만, 아직 학생들은 남자들이 심각한 문제라고 주장하는 것을 더 중요한 문제로 생각하고 있었다. 여성 문제는 그만큼 심각하게 생각하지 않았다.

그 날 밤에는 여대생 페미니스트 그룹도 우리를 찾아왔다.

"저희한테 미리 알려 주셨으면 좋았을 텐데요. 그랬으면 저희가 인원을 천 명 이상 모을 수 있었거든요."

한 젊은 활동가가 자랑스럽게 말했다.

"동창생들이 뭔가를 할 거라고는 상상도 못 했어요."

일요일 고별 점심식사 자리에서 우리 플래카드에 가장 심하게 반대했던 동창회 임원은 이렇게 말했다.

"우리 대부분이 그런 주장에 동의하지 않는다는 건 아니야. 단지 미리 결정되었어야 한다는 것뿐이지."

우리는 이해한다고 말했고 다정하게 헤어졌다. 6개월 전에 미리 동기생들에게 여론조사를 했다면 어떻게 되었을까? 모르겠다. 분쟁에 대한 두려움이 25년이 지난 후에도 여전히 내 안에 강하게 자리잡고 있다는 것이 드러났다. 그래서 나는 이 숙녀다움의 문제를 극복할 기회를 어느 때보다도 더 많이 가질 수 있었다. 미리 여론조사를 했다면 동의하지 않는 사람이 한 사람만 있었어도 아마 감당하지 못했을 것이다.

이른바 '여성적인' 교육은 생각과 행동을 연결하지 못하게 하는가? 생각과 말도 일치되지 못하게 하는가? 흑인 대학들은 민권운동의 두뇌 역할을 해 왔다. 거기서는 흑인 관련 과목이 가장 인기 없었을 때에도 흑인의 역사와 흑인의 자부심을 가르쳤다. 그러나 여자대학은 우리 자신을 위해 또는 다른 여성을 위해 싸우라고 가르친 적이 없었다. 여성사 과목과 페미니스트 교수들이 그런 것을 변화시키려 하기 시작했지만, 많은 여자들은 여전히 전통적인 여성 교육의 '강점'이라는 것을 극복하기 위해 애쓰고 있다.

대학동창회가 열리기 바로 직전에 내가 10대 시절 대부분을 보낸 톨레도에 가 보았다. 고등학교 졸업 이후로 한 번도 못 봤던 여자들을 만났다. 내가 벗어나려고 그토록 애쓰던 동네에 살던 공장 노동자 집안의 여자들이었다. 대부분은 대학을 나오지 않았고 시간제 노동을 하며 아주 어렵게 살고 있었다. 대부분 자기 자신과 가족의 생활비를 벌기 위해 힘겹게 일하고 있었다.

그런 여자들은 생기와 분노, 에너지와 자신감으로 가득 차 있었다. 어떤 여자들은 그 지역 공장들의 차별에 대해 소송을 내기도 했다. 그것은 페미니즘이 중산층 여자들과 함께 의식화 그룹을 만들기 몇 해 전의 일이었다. 다른 여자들은 최근 톨레도의 낙태 금지법에 반대하는 운동을 성공적으로 벌여 내기도 했다. 어떤 이들은 이제 대학에 가서 학교에서 만난 젊은 학생들이나 특권층 여자들에게 급진적인 의식을 심어 주기까지 한다고 했다. 그들 모두는 교육이 행동으로 이어져야 한다고 생각하고 있었다.

스미스대학에서 사교적인 분위기를 만들어 냈던 잘 사는 여자들은 실업자들의 게토에 사는 십대 청소년들과 공통점을 가지고 있다. 두 집단 모두 자기 스스로 생계를 책임질 수 있다는 것을 알 때 생기는 자신감을 가질 수 없다.

그러나 그런 여자들이 받은 교육은 자신이 특별하고 특권을 가지고 있다고 느끼게 만들었다. 계급에 의해서(더 정확히 말하면 그들 남편의 계급에 의해서) 세상의 많은 부분으로부터 분리되어, 그들은 좋은 일자리와 아내를 부양할 능력을 가진 남자들과 결혼한다. 그러나 사회는 자녀를 키우고 복잡한 집안일을 관리해야 하는 그들의 일이 경제적으로 가치 있는 것이라고 인정해 주지 않는다.

우리는 세상에 우리를 맞춰 살라는 교육을 받았다. 또 세상을 우리에게 맞도록 바꾸려고 할 때 부딪치게 되는 분쟁을 두려워하도록 훈련받았다. 그럼에도 불구하고 1950년대의 많은 '스미스 여대생'들이 독립적인 여성으로 살아가고 있다는 것에 대해 우리는 자랑스러워할 만하다고 생각한다.

이렇게 여러 해가 지난 후에야 내 자신이 그런 교육의 희생자가 되지 않고 살아남을 수 있었던 것이 톨레도의 이웃 사람들 덕분일지도 모른다는 생각이 들었다. 그것이 내가 그토록 벗어나고 싶어하던 그 곳 사람들 덕분이었다니 얼마나 기묘한가.

　—1981년

**각주**

1) 그녀는 나중에 그 여정을 자신의 자서전에서 자세히 이야기했다. *The Road form Coorain* (New York: Knopf, 1989).

**역주**

*1) 낙태 금지 등을 주장하는 종교적 근본주의자들의 운동 단체

# 여성의 시간

　어떤 사람이 미래를 위한 계획을 세울 수 있는지 아닌지를 보면 그가 어느 계급에 속하는지 알 수 있다. 부유층과 중간 계급은 다음 세대를 위한 계획을 세우지만 하루 벌어 하루 먹고 사는 사람들은 몇주 또는 며칠 후를 내다보기도 버겁다.

　예전에 어떤 사회학 책에서 이 차분한 통찰을 보고 정말 맞는 말이라고 무릎을 쳤던 기억이 난다. 그렇다. 우리의 시간 개념은 우리가 가진 권력에 따라 달라진다. 그 글을 쓴 사람은 경제적인 측면을 염두에 두고 있었는데 경제적인 의미에서도 그 말은 사실이다. 내가 다니던 고등학교의 한 남자아이가 씁쓸하게 이런 말을 했던 기억이 난다.

　"공장 사장들은 자기 아들과 증손자에게 공장을 물려줄 생각을 하지만, 이 동네에서는 기껏해야 토요일 밤에 뭘 할까 하는 계획밖엔 세울 수 없어."

　그런데 앞으로의 계획을 세울 수 없는 것은 나를 포함한 대부분의 여자들에게도 똑같이 적용되는 것 같았다. 그들이 어떤 계급에 속해 있는가와 무관하게 말이다. 나는 이웃사람들이 대부분 공장 노동자인 고향을 떠나 대학에 갔고 저널리스트가 되었고 중간 계급이 되었지만, 미리 계획을 세운다는 건 여전히 불가능해 보였다. 나는 언제라도 다른 조건에 적응할 수 있도록 늘 유동적인 상황을 준비하고 있어야 했다. 우선 언제라도 사건이 터지면 재빨리 비행기를 타고 가서 무슨 기사든 쓸 수 있어야 하기 때문이었다(내가 아는 남자 저술가들은 책이나 다른 장기 프로젝트를 계획했지만.). 또 나중엔 남편과 아이가 생길 테니 집안일과 일을 병행하기 위해서는 유연성을 가져야 한다고 생각했기 때문이었다(남편이나 아이가 없이도 보람 있는 삶을 잘 살고 있었는데도 말이다.). 이러한 불확실성의 결과로 나타나는 상태는, 경력을 쌓는 것에 대해 놀라울 만큼 무계획적이라는 것 그리고 저축도 하지 않고 보험도 들지 않는 것, 아파트에 기본적인 가구도 갖춰져 있지 않는 것 등이다.

한편, 내 친구들 중에는 자기 일과 남편의 계획이 들어맞지 않아서 결혼한 후엔 결국 집에서 남편과 아이들을 보살피는 일만 하고 있는 경우도 있었다. 내 남자 동료 중 한 명은 사회적 약자로서의 이런 느낌을 경험했고 그것을 아주 잘 이해하고 있었다. 그는 성공한 흑인 저널리스트였으며 문학 평론가이기도 했다. 글 쓰는 일을 시작한지 20년이 지난 후에도 그는 한 번에 하나의 기사에 대한 계획밖에 세울 수 없으며 자신의 성공은 백인 편집자들에게 인정받는 것에 달려있다는 것을 잊을 수가 없다고 말했다.

분명히 이런 미래에 대한 공포는 일반적으로 설명되듯 계급의 차이 때문만은 아니다. 성과 인종에 따른 카스트 제도도 그 원인이 된다. 성차별, 인종차별 제도가 만들어 낸 문화적 금지로 인해 여성과 유색인은 자기 삶을 통제할 힘조차 행사하지 못하는 것이다.

단기적인 시간 개념과 무계획성이 차별로 인해 야기된 특성이라는 것이 아직 자세히 연구된 바는 없다. 하지만 그 점을 의식하고 있든 아니든 이미 우리는 그 문제때문에 고투하고 있다. 미래를 생각할 여유가 없는 것은 여성운동도 마찬가지였다. 여성운동은 보수파의 반발을 너무나 많이 만나면서 하나의 긴급한 사안이 끝나면 그 다음의 시급한 문제를 해결하는 데에만 급급했다. 이제 우리는 주도권을 가지고 계획을 세우면서

운동을 벌이지 못해 왔다는 것을 뼈아프게 깨닫기 시작했다. 반면 우익은 확고하고 일관된 주장을 내세웠다. 그래서 많은 경우, 계획성 있게 운동을 벌이지 못한 우리가, 우리보다 훨씬 작은 세력인 우익에게 패배했던 것이다.

현재에만 살고 미래에 대해서는 생각하지 못하는 문화적 습관은 매우 뿌리 깊은 것이다. 그리고 자기 삶을 스스로 통제하려 하는 '거세고' '이기적인' 여자들과 '건방진' 소수 집단 남자들에게는 문화적 처벌이 가해진다. 그러나 우리는 이제 그런 습관을 극복하고 문화적 처벌에 도전하기 시작했다.

그런데 페미니스트 작가들과 이론가들은 미래에 대한 이야기는 별로 하지 않고 현재 무엇이 잘못되었는가에 대한 분석, 역사 다시 쓰기, 과거의 유명한 남성 사상가들에 대한 비판에만 집중하는 경향이 있다. 페미니즘의 두 번째 물결 동안 나온 독창적이고 걸출한 책들은 미래를 위한 처방을 내리기보다 과거와 현재를 진단하는 것들이었다. 우리에게는 현실적인 계획가도 필요하고 미래에 대한 몽상가도 필요하다. 그런데 우리는 페미니즘 시각에서 5개년 계획이라도 생각해낼 수 있는가? 가장 먼저 떠오르는 것은 아마 미래 사회를 상상한 글이나 페미니스트 공상과학소설일 것이다. 하지만 그런 것들은 어떻게 그런 목표에 도달할 수 있는지 실제적인 단계와 방법을 제시하고 있지 않다.

많은 여성들이 시간 개념을 확장할 필요가 있다는 것은 확실하다. 미래를 위한 계획을 세울 용기를 갖기 위해서는 그렇게 할 필요가 있다. 비록 우리 대부분이 현재의 물살에 휩쓸리지 않으려고 머리를 쳐들고 고투 중이지만 말이다. 그렇다고 해서 미래에 대한 계획을 세우고 그것을 밀고나가기 위해 현재의 즐거움을 단념해야 한다는 것은 아니다. 미래만 그리는 남성적인 습관을 그대로 흉내낼 필요는 없다. 또 현재의 즉각적인 행동이나 비판적인 인식을 희생시켜야 한다는 것도 아니다. 미래를 빌미로 현재의 희생을 강요하는 것 중에는 이런 것들이 있다. 직업 세계에 아주 조금 끼어들기 위해서는 수년간의 직업 교육을 받아야 한다는 주장, 지금 일해야 은퇴 후에 잘 살 수 있다는 회사의 주장, 지금 순종해서 사후에 보상을 받을 수 있다는 가부장적 종교의 주장 등.

사실상 현재를 살 수 있는 능력, 불확실성을 견디는 능력, 자발적이고 열린 마음으로 유연한 자세를 갖는 능력은 모두 남자들에게는 금지되어온 것이며 문화적으로 여성적인 특성이라고 여겨지는 것이다. 언제나 그렇지만 남성적인 것과 여성적인 것으로 극단적으로 분리된 반쪽은 서로를 배울 필요가 있다. 예를 들어 남자들이 어린아이를 키우는 데 더 많은 시간을 할애한다면 인내심과 유연한 마음을 좀더 많이 가질 수 밖에 없을 것이다. 여자들이 자연 자원을 활용할 계획을 세우거나 다른 장기적인 일을 진행시키는 데 있어 더 많은 권력을 갖게 된다면, 또는 우리 자신의 일이나 출산과 관련된 것만이라도 계획할 수 있는 힘을 가진다면 여자들은 미래를 통제한다는 일에 대해 더 많이 알게 될 것이다.

현재에만 즉각적으로 반응하는 여성적인 방식이나, 미래를 통제하고 미래에 사는 남성적인 방식은 둘 다 시간을 낭비하는 길이다.

가진 것은 시간밖에 없는데 말이다.

—1980년

# 음식의 정치학

음식은 많은 여성들에게 여성의 열등성을 나타내는 일차적인 표시로 작용한다. 가족들이 여자는 중요한 사람이 아니라고 생각하고 있음을 알게 해 주는 것이기도 하다.

여러 후진국에서는 어머니가 아들에게는 2년 이상 젖을 먹이는 경우가 많은데, 식량이 부족할 때는 젖을 그보다 오래 먹인다. 그런데 딸들이 젖을 먹는 기간은 보통 그 반에도 미치지 못한다.

자기 어머니의 몸으로부터 거부당한 여자아이들은 어떤 감정을 느낄까? 또 그렇지 않은 남자형제들은 무슨 생각을 하게 될까?

다른 가난한 나라들과 마찬가지로 인도에서도 가난한 사람들은 고통스러운 선택을 해야만 한다. 인도에서는 여자아이가 태어나면 음식을 먹이지 않거나 병들어도 치료하지 않아서 죽게 내버려 두는 경우가 많다. 그런 식의 여아 살해는 아주 흔한 일이어서 인도 어떤 지역의 성별 인구는 남자 100명당 여자가 80명밖에 되지 않는다.

경제학에서는 희소성이 가치를 높인다고 하지만 여성이 상품이 될 때는 그 규칙이 지켜지지 않는 듯하다. 딸만 낳은 여자들은 건강이 아무리 나빠도 아들을 낳을 때까지 계속 아이를 가져야 한다고 생각한다. 결혼을 할 때면 신랑 가족들이 노골적으로 신부 친정에 지참금을 요구하고, 이웃 동네에서 신부를 납치해 오기도 한다. 남편의 형제들에게 아내가 없는 경우에는 여성의 출산 부담이 더 커질 수 있다. 희소성에 대한 대가를 여성에게 치르게 하는 것이다.

여성은 가치가 없다는 문화적인 믿음은 매우 뿌리깊어서 많은 여성이 그것을 받아들이고 지속시킨다. 인도인들의 영양 섭취에 대한 1974년의 연구에서는 다음과 같은 결과가 나왔다.

"가정에서의 음식 분배는 여성이 자기 몫을 적게 할당하는 것에서 시작한다. 여성들은 돈을 버는 가족 구성원(그리고 장차 돈 버는 사람이 될 남자 식구들)이 가사 노동과 자녀 양육을 책임지고 있는 자신보다 더 중요한 사람들이라고 생각하기 때문이다. 그들은 스스로 여자의 일은 경제적 가치가 없다고 생각한다."

자기 스스로 음식을 적게 먹을 뿐 아니라 딸들에게도 음식을 풍족하게 나누어 주지 않는 여자들은 어떤 생각을 하게 될까?

좀더 부유하고 운이 좋은 나라인 미국에서도 이와 같은 예는 비일비재하다. 예전에 여자 흑인 노예들과 식민지 시대의 백인 여성 계약노동자들을 팔 때는, 일하는 것 외에도 그녀들이 아이를 낳을 수 있다는 것을 강조해서 광고했다. 그 뿐 아니라 남자보다 적게 먹기 때문에 비용이 적게 드는 재산이라는 점도 강조했다. 국경 지역 농장의 여자 노예들은 일을 아주 많이 해야 했지만 음식을 먹을 때는 항상 남편과 아들 몫부터 챙겼다. 그러다 고된 노동과 계속되는 출산으로 인해 일찍 죽는 경우가 많았다. 그래서 남자는 보통 결혼을 두 번 했다. 우리 기억 속에도 아버지와 남자 형제들에게 먼저 음식을 담아 주는 이민자 가족의 딸들과 아내가 있다. 때때로 그들은 남자들이 먹고 남긴 것만 먹기도 했다. 지금도 어떤 가정 주부들은 '집안의 가장'이나 '성장기의 아들'을 위해 가장 실한 고깃조각을 남겨 두고 한창 자라는 딸들에게는 주지 않는다. 자기가 그걸 먹을 리가 없다는 것은 말할 필요도 없다. 생활보호 대상자인 수백만의 여자들이 영양가 없는 식사를 하고 있다. 그로 인해 태아에게 영구적인 손상을 가져다 줄 가능성도 크다. 그런데도 임신 때문에 뚱뚱해진 몸을 보고 사람들은 흔히들 그녀들이 마음껏 먹고 있는 것이라고 생각한다. 잘사는 여자들도 남자에게 더 많은 단백질이 필요하고 남자가 더 힘이 세야 한다는 생각을 받아들인다. 그들은 가족에게는 좋은 음식을 만들어 주면서도 자신은 당분만 많이 섭취한다. 그래서 뚱뚱해지거나 다이어트를 하느라 건강을 잃는다. 여자들이 손님을 대접할 때, 그 손님이 남자든 여자든 상관 없이 똑같은 음식을 준비하는가? 자기 자신이 먹기 위해서 음식을 준비할 때는 어떠한가? 음식은 우리가 서로를, 그리고 우리의 몸을 존중한다는 일차적인 표시다. 그리고 존중의 결여를 표시할 수도 있다.

물론 여자들은 언제나 저항해 왔다. 우리 자신을 보면 그 점을 짐작할 수 있다. 또한 여성의 저항을 벌하기 위해 만들어진 정교한 처벌 체계를 보아도 그것을 짐작할 수 있다.

아프리카와 아시아의 여러 지역에서는 엄격한 금기를 정해 가장 소중한 에너지원이나 영양분을 남자들만의 것으로 확보해 둔다. 여자들은 쇠고기나 양고기, 생선, 닭고기, 달걀, 우유, 특정한 종류의 과일과 채소 등을 전혀 먹을 수 없게 금지해 놓은 나라도 있다. 이런 금기는 완곡하게 표현될 수도 있고(쇠고기를 먹으면 여자가 '남자처럼' 된다.), 여자들의 뿌리깊은 두려움을 조장하여 강제될 수도 있다(우유를 마시면 임신 능력이 없어져서 여자로서의 가치를 잃게 된다.). 아무튼 이런 문화적 금지 조항들이 매우 깊이 뿌리박혀 있다는 것은 분명하다. 아프리카에서 온 어떤 여학생들은 유럽이나 미국에 산 지 여러 해가 지난 후에도 그런 관습을 지킨다. 어떤 여자들은 억지로 달걀이나 오렌지를 먹어 보려 해도 불안과 혐오를 느끼게 된다고 말한다.

금기가 있건 없건 음식은 그 자체로 처벌이나 보상의 수단으로 이용될 수 있다. 남편이나 아버지가 곳간 열쇠를 쥐고 음식을 조금씩 꺼내 배급하는 관습이 여러 문화권에 정착되어 있다. 아내는 자신이 먹을 음식뿐만 아니라 아이들, 객식구, 하인들이 먹을 것도 책임져야 한다. 부유한 사회에서도 아내들은 '외식'을 한턱 얻어먹는 상을 받거나, 부족한 식비로 가계를 꾸려가야 하는 벌을 받을 수 있다. 인플레 시기에는 천재성을 발휘해 부족한 식비로 가족들의 식사를 준비할 수 있어야 한다. 영국 가족에 대한 한 연구에 따르면 1970년대에 전 세계의 식품 가격이 엄청나게 치솟았을 때 75%의 남편들이 아내에게 주는 생활비를 전혀 올려 주지 않았다. 그러니 음식이 여성의 자기 정체성을 보여주는 일차적인 근원이 되어 왔다는 것이 전혀 놀랍지 않다.

어떤 문화권은 외적인 강제보다 더 강력한 장치를 가지고 있다. 이디오피아의 부족 사회에서 소녀가 여자가 되고 결혼할 자격이 있다는 것은 중요한 치아 몇 개를 뽑는 것으로 표시된다. 치아를 뽑는 의식은 아름다움을 위한 것이라는 미명 아래 이루어지는데, 사실상 그 의식이 여자들에게 가져다 주는 것은 고통과 음식물을 씹을 때 발생하는 불편함뿐이다. 특히 모두 먹고 싶어하는 고기를 영원히 먹기 힘들게 한다. 그 곳에서는 미소를 지을 때 벌어진 이가 보이는 것을 여성적인 매력으로 간주한다. 사춘기 여자아이들이 발목에 감고 있는 무거운 발찌도 여성적인 아름다움을 위해 필요한 것이다. (중국 상류층 여자들의 전족도 마찬가지였다.) 같은 부족 남자들의 장식은 몸에 그림을 그리거나 진흙과 끈으로 머리를 엉키게 하는 것뿐이다. 남자들의 장식은 활동과 식사, 자유를 전혀 제한하지 않는다.

여성에게 영양분을 동등하게 나눠 주지 않음으로써 남성의 음식물 섭취는 증가하고 아내와 딸들은 저항할 에너지를 잃는다. 그러나 모든 억압이 그렇듯이 그것 또한 장기적으로는 모든 사람에게 위험한 결과를 가져온다.

영양분이 부족한 여자들은 건강하지 못한 아이를 낳을 가능성이 있다.

딸뿐만 아니라 아들을 낳을 때도 그렇다. 임신한 여자만큼은 잘 먹이는 문화라 할지라도 이미 그 전부터 여성에게 가해져 온 손상이 완전히 회복되기는 어렵다. 극단적인 경우에는 높은 영아 사망률, 불충분한 뇌 발달, 단백질 부족으로 인한 질병 등이 임신부 영양실조의 결과로 나타난다. 이런 것은 모두 남녀 어느 쪽에도 유리하지 않다.

높은 영아 사망률, 단백질 부족 등을 살펴보기 위해 멀리 외국의 예를 들 필요는 없다. 그런 것들에 관해서라면 미국은 다른 어떤 선진국보다 높은 수치를 보여주고 있으니까. 미국에서 현재 극빈층 세대가 만들어지고 있다. 그런데 식량 배급표 발급, 생활보조금 지급에 대한 정치권의 반대는 점점 더 거세지고 있다. 심지어 임신한 여성이나 수유중인 여성과 아이들에게만이라도 음식을 배급하려는 계획도 반대에 부딪치고 있다. 직업훈련 프로그램 활용, 어린이집 운영, 직장 내 성차별 처벌에 대한 반대도 강해지고 있다. 여성들이 자신과 아이들을 더 잘 먹일 수 있도록 하기 위한 조치들이 모두 반대에 부딪치고 있는 것이다.

위의 경우들에서 반대 이유로 내세워지는 것은 한결같이 예산 절감이라는 단기적인 목표뿐이다. 그러나 군비로 쓰이는 수십억 달러에 대해 이야기할 때 예산 절감이라는 목표는 전혀 언급되지 않는다. 지금 당장 인재를 잃어버리는 것보다 혹시 미래에 군사적 우위를 상실하게 될지도 모른다는 것이 훨씬 더 중요한 문제라고 생각하는 것이다.

그렇다면 다음과 같은 의문을 제기할 수 있을 것이다. 우리의 '가족 수호' 정치가들은 의식적으로든 무의식적으로든 여성의 독립을 두려워한 나머지 국가의 장기적인 이익보다 여성의 종속을 선택한다는 말인가? 그들은 가난한 여자들을 본보기 삼아 여성의 저항을 막으려 한다는 말인가? 남자의 선의와 보호 없이는 생존할 수 없는 모든 여자들을 본보기로 삼아 우리가 저항을 시도하지도 못하게 하려는 것인가?

물론 국가의 진정한 이익이 무언지 생각해 보라고 설득하는 것만으로는 부족하다. 때로는 저항만이 유일한 방법일 때도 있다.

**잘못된 믿음**: 남성은 일을 더 많이 하기 때문에 더 좋은 음식을 더 많이 먹어야 한다.

**사실**: UN에 따르면 여성의 노동은 전 세계 지불 노동의 3분의 1을 차지하고 있고, 지불 노동과 부불 노동을 모두 합하면 전체 노동의 3분의 2를 차지한다. 미국같은 선진국들에서는 가정 주부가 다른 어떤 계급의 노동자보다도 일을 많이 한다. 주부의 1주일 평균 노동 시간은 99.6시간이나 된다. 남미에서는 농업 노동력의 50% 이상을 여성이 차지하고 있으며 아프리카와 아시아에서는 90%에 이른다. 미국 등 많은 사회에서 남자들은 하나의 직업만 갖고 있는 데 반해 여자들은 대부분 두 개의 직업을 갖고 있다. 집안일과 바깥일을 모두 해야 하는 것이다.

**잘못된 믿음**: 세계 인구 중 많은 사람들이 기아와 영양 부족으로 고통받고 있다는 점을 감안하면 음식이 어떻게 분배되는가에 초점을 맞추는 것은 문제의 본질을 흐리는 것이 된다. 제일 중요한 문제이자 유일한 문제는 어떻게 식량을 더 많이 생산하는가이다.

**사실**: 지구는 이미 지구상의 모든 사람들을 먹여살리기에 충분한 식량을 생산해 내고 있다. 분배의 정치학이 바로 배고픔과 굶주림의 주요 원인이다. 수년 전 스웨덴 영양재단과 다른 국제 연구 집단이 내린 결론에 따르면, 식량과 기아를 정치적 무기로 이용하는 것은 세균전이나 다른 무기보다 훨씬 더 파괴적인 결과를 낳는다. 다른 무기들은 모든 사람에게 똑같은 영향력을 미치지만 식량을 무기화하는 것은 임신한 여성, 젖먹이는 여성 그리고 아이들에게 우선적으로 해를 입히기 때문이다.

**잘못된 믿음**: 여성의 아름다움은 문화에 따라 다르다. 어떤 문화에서

는 살찐 여성을 좋아하고 어떤 문화에서는 마른 여성을 좋아한다. 그것은 모두 개인적 선호와 취향의 문제다.

사실: 보기 드문 것과 힘있는 자들만 갖고 있는 것이 부러움의 대상이 된다. 그러므로 식량이 부족한 가난한 사회에서는 풍만함이 여성적 아름다움의 이상이 된다. 그것은 부유한 사람만이 이룰 수 있는 것이기 때문이다. 아프리카 부족의 족장 파샤와 19세기 말 미국의 벼락부자들은 자기 여자들에게 음식을 강제로 먹이는 방법 등으로 그녀들을 살찌웠다. 자신의 부를 입증하기 위해서였다. 잘사는 나라에서는 여자들이 녹말과 당분만 많이 섭취해서 살찐 경우가 많으므로 마른 몸매와 연약함이 희귀한 것, 부러움의 대상이 된다. 그렇지만 지역과 문화권을 막론하고 이상적 여성상의 공통된 특성은 연약함, 수동성, 무력함이다. 가난한 곳이든 잘 사는 곳이든 여성적 아름다움은 남성에게 순종하는 것에서 비롯된다. 육체 노동을 해야 하고, 따라서 어느 정도의 근력을 발달시켜야 하는 하층 계급 여성들은 이런 연약함을 부러워하게 된다. 중동의 농민 여성들은 베일로 상징되는 보호와 구속을 부러워해서 베일 쓰는 것을 흉내내기도 했다. 처음 베일을 쓰기 시작한 사람은 상층 계급 남성의 소유물이었던 여자들이었다. 농장이나 공장에서 일하는 미국 여자들은 부유층 여자들의 날씬함과 세련됨을 부러워하기도 한다. 생계를 위한 일과 자녀 양육의 이중고에 시달리는 이들에게는 부유한 남자의 아이를 낳는 역할만 하고 안주인 노릇을 하는 삶이 더 바람직해 보일 수도 있다.


자유로움에 대한 꿈은 상상에 그칠 수도 있다.

그러나 페미니즘이 전파된 덕분에 상상력이 힘을 발휘하고 있다.

가난한 여성들은 자신의 건강을 위협하는 계속되는 출산을 통제할 실질적인 수단을 요구하고 있다. 그리고 그렇게 해서 적은 수의 아이들을 낳고 그 아이들이 건강하게 자랄 수 있도록 임신부와 영아의 영양 상태를 개선시켜 줄 것을 요구하고 있다. 가난한 농업 국가 여성들의 주요 목표인 이것은 미국 같은 부유한 선진국의 가난한 사람들에게도 중요한 문제다. 미국의 빈민 여성 대부분이 여전히 적절한 피임 수단을 갖고 있지 않고 안전한 낙태를 하지 못한다는 사실은 많은 사람이 알고 있을지도 모르겠다. 그러나 미국 대도시 중심부에 사는 빈민들 중 단백결핍성 소아영양실조증에 걸린 사람이 많다는 사실은 알고 있는가? 그 사실은 미국에서 교육받은 아프리카 출신 의사들에 의해 밝혀졌다. 피부가 노래지고 배가 부풀어 오르는 단백결핍성 소아영양실조증은 기아 때문에 발생하는 병으로, 한때 아프리카에 만연했었다.

중산층 여성들은 건강을 증진시키고 힘을 키우기 시작하고 있다. 보디빌딩하는 여성, 매일 조깅하는 여성, 테니스 대회 우승자, 올림픽 선수 등은 아름다움과 연약함을 동일시하는 시각에 도전하기 시작했다. 이제 상류층 여성들도 남성에게 보호받고 있음을 증명하는 온실 속 화초 같은 연약함을 내세우는 경향이 적어졌다.

우리가 세상을 변화시키려면 모든 여성이 힘―건강과 근력, 지구력―을 가져야 한다.

아름다움을 상상할 때 우리는 어떤 것을 떠올리는가? 튼튼한 몸과 힘? 아니면 영양가 없는 음식? 음식의 정치학을 어린이와 어린 자매들에게 물려주려는가?

세상에서 가장 긴 혁명을 일으키려면 많은 영양분이 필요하다.

―1980년

# 트랜스젠더:
## 신발이 맞지 않으면 발을 바꿔라?

> 고등학교 때 나는 농구를 하면서 남자애들처럼 행동하려고 했어요. ……
> 끔찍했죠. …… 3년 전에 저는 드디어 여자가 됐어요. 인생이 더할 나위
> 없이 만족스러워요.
>
> —어느 트랜스젠더 여성의 말

> 아주 어릴 때부터 남자가 되고 싶다는 생각을 했어요. …… 그 수술은 정
> 말 기적 같았어요. …… 새로 사귄 여자친구는 제가 참 듬직하다고 해요.
>
> —어느 트랜스젠더 남성의 말

테니스 선수로도 유명한 안과의사 리처드 라스킨드가 생식기 수술과
호르몬 요법 그리고 의상의 변화를 통해 레니 리처즈가 된 이래, 트랜스
젠더는 뭇사람들의 의식 속에 '실재하는 하나의 사실'로 자리잡았다.

1950년대에 크리스틴 조르겐슨이 성전환 수술을 받고 그 경험을 책으
로 드러낸 바 있지만, 레니 리처즈는 페미니즘 운동이 전국적으로 활발
하게 진행되고 있을 때 등장해서 더 크게 주목받았다. 페미니즘은 성역
할의 불평등성을 비판했고 성역할이 신체적 조건에 기초한 것이라는 생
각을 공격하고 있었다. 따라서 리처즈는 조르겐슨과는 달리 단지 기묘한
예외나 개인적 선택이 아니라 성역할 전환의 본보기로 취급되었다. 그래
서 일각에서는 페미니즘이 낳을 수 있는 끔찍한 결과의 한 예라고 주장

되기도 했다. 또 다른 한편에서는 페미니즘이 필요없다는 산 증거로 취급되었다. 말하자면 여자가 되기를 그렇게 간절하게 바라는 남자도 있는데, 생물학적 여성들이 자신의 상태에 만족하지 못할 이유가 어디 있나 하는 이야기였다.

무엇보다도 리처즈는 대중매체로부터 대단한 환영과 주목을 받았다. 그녀는 사람들의 관심과 조롱 때문에 괴로웠겠지만, 하여튼 이 트랜스젠더 여성을 옹호하는 사람들은 그 수도 많았고 다양하기도 했다.

그때까지 테니스계에서 남녀평등이 이뤄지는 걸 반대했던(특히 남녀가 같은 액수의 상금을 받는 것을 반대했던) 테니스 선수들과 스포츠 기자들은 일제히 리처즈가 여자 선수들의 토너먼트에 참여할 권리가 있다고 주장하기 시작했다. 그들은 이에 반대하는 여자 선수들을 기본 인권에 반대하는 사람이나 겁쟁이라고 비난했다. 아직도 이름 앞에 미즈 Ms 를 붙여 달라는 여성들의 요청을 거부하는 「뉴욕 타임스」는 이번에는 흔쾌하게 레니 리처즈(와 다른 트랜스젠더)의 이름을 바꾸었을 뿐 아니라, 대명사를 모두 여성형으로 바꾸는 수고도 마다하지 않았다. 텔레비전을 비롯해 모든 매스컴이 열광적으로 트랜스젠더에 관한 보도를 내보냈다. 반면 그보다 앞서 전통적인 남성 성역할에 도전했던 남자들 즉 베트남 참전을 거부한 젊은이들을 리처즈의 경우처럼 호의적이거나 사실적으로 보도하는 데는 몇 개월 또는 몇 년이나 걸렸다.

나는 바로 이런 언론의 열광이 의심스러웠다. 아무리 생각해도 이 경우는 수많은 사람들이 겪는 성 불평등이라는 문제의 본질을 흐리는 데 이용되는 것 같았다. 사실 자신을 다른 성이라고 생각하는 약 만 명의 미국인과 실제로 트랜스젠더 수술을 단행한 약 삼천 명의 미국인들의 문제는, 봉급 없이 집에서 일하는 수백만의 여성들과 불평등한 저임금을 받고 일하는 여성 노동자들 그리고 정부보조로 살아가는 많은 여성들에 비하면 그다지 중요한 문제가 아닌 것이다. 물론 나는 레니 리처즈에게 자신의 성을 바꿀 권리가 있다는 걸 인정하지만, 그녀의 문제는 여성들이 겪고 있는 고통과는 별 관계가 없는 예외라는 점을 다시 한 번 강조하고 싶다.

하지만 나는 이 문제에 대해 생각하면 할수록 무언가 다른 중요한 요소가 있는 것 같았다. 첫째로, 남성에서 여성이 된 트랜스젠더들만 유명해졌다는 점이다. 여성 중에도 남성이 되기 위해 엄청난 수술을 받고 호르몬 요법을 병행하는 사람이 있었다. 그들도 트랜스젠더 사실을 밝혔음에도 불구하고 그들 이름은 그렇게 유명해지지 않았다. 조르겐슨과 리처즈는 세계적으로 유명해졌고, 전직 영국군 장교였던 제임스 험프리 모리스가 잰 모리스가 된 것은 영국에서 가장 잘 알려진 트랜스젠더 사례가 되었다. 둘째로, 테니스 시합에 대해 사람들이 지나치게 흥분하면서 통쾌해했다는 점이다. 사람들은 리처즈가 트랜스젠더를 한 목적이 어떤 남자라도 ─ 지금은 남자가 아닐지라도 ─ 여자를 이길 수 있다는 것을 증명하기 위한 것인양 흥분했다.

나는 이 문제를 좀더 생각해보고 나서, 남성에서 여성으로의 트랜스젠더는 전통적인 여성 역할이 나쁘지 않다는 산 증거로 손쉽게 이용된 사실을 깨달았다. 그뿐 아니라, 그것은 많은 취재진들이 상상하고 수용할 수 있는 유일한 종류의 성변화였다. 남성이 자신의 우월한 역할을 포기하고 여성이 되는 것은 쉬운 일이다. 놀랍긴 하지만 도전적인 행동은 아니다. 하지만 여성이 자신의 열등성을 버리고 남성성을 획득한다는 것은 상상할 수도 없는 불가능한 일이다. 너무 어마어마한 일인 것이다. 남자들은 이전에 여자였던 남자를 자신과 동등하다고 생각하지 않으려 하면서도, 여자들은 이전에 남자였던 여자를 받아들이고 존경할 것을 기대했다.

하지만 여자 테니스 선수들은 다른 논리를 전개했다. 40년 동안 신체적으로나 문화적으로 남성으로서 훈련받은 사람과 여성이 맞대결하는 것이 공정할까? 마치 백인이 일시적으로 피부를 염색했다고 해서 흑인이 아닌 것처럼, 남성으로 살아온 일생의 경험이 법정의 판결로 뒤바뀔 수는 없다. 그렇게 되면 여자 테니스라는 진지한 경기가 한 명의 트랜스젠더 여성 때문에 웃음거리 서커스가 되고 말 거라는 것이 그들의 논리였다. 그리고 마침내 어느 여자 테니스 선수가 다음과 같이 말했다.

"만약 그녀가 여자 선수로 뛰지 못한다면 남자들과 경기를 할 수 밖에 없겠죠. 그렇게 해서 그가 이기면 한 여자가 – 성전환으로 여자가 된 여자이긴 하지만 – 남자들을 이기는 셈이 되는 거죠."

하지만 가장 놀라운 이야기는 성전환자들의 가슴 찢어지는 증언이었다. 내가 의학 문헌과 기사들을 살피다 보니 하나의 중요한 주제가 떠올랐다. 트랜스젠더들의 배경이나 성격, 또는 남성에서 여성이 되었든 아니면 그 반대든지에 상관 없이, 그들은 태어날 때부터 자기에게 지워진 성역할 때문에 자신의 진정한 인격이 부정되거나 제한되었다고 확신하고 있었다.

"나는 내가 남자라고 생각했지요."

어느 생물학적 여성의 말이다.

"나는 내가 여자라고 느꼈어요."

어느 생물학적 남성의 말이다. 보스톤 대학에 있는 의료윤리 전문가, 잰 레이몬드는 자신의 박사 논문에서 성전환자들과의 심층면접을 분석했는데, 그들의 이야기에서 이런 주제가 반복적으로 나타났다. 그들이 가장 많이 토로한 것은 남성의 육체 속에 여성의 두뇌를 가지고 있다는 느낌 또는 여성의 몸에 남성의 마음이 있다는 느낌을 가졌다는 거였다. 하지만 레이몬드가 지적하듯이, "남성의 육체 속에 있는 여성의 정신이라는 개념은, 여성의 몸과는 다른 남성의 몸이 있고 남성의 마음과는 다른 여성의 마음이 있다고 여기는 사회에서만 성립할 수 있는 것이다."

다시 말해 트랜스젠더들은 성역할의 힘이 얼마나 강한지를 보여주고 있는 셈이다. 그들은 자신의 진정한 인격을 해방시키기 위하여 자신의 육체를 외과적으로 변형시킨다. 그들은 호르몬과 성기라는 조그만 차이가 생활 전체와 인격까지 지배하는 사회에서 자신이 원하는 대로 살 권리를 찾기 위해 그런 모험을 단행하는 것이다.

레이몬드는 트랜스젠더들이 그런 고통스러운 선택을 할 수 밖에 없었다는 것도 이해하지만 이렇게 남녀의 역할이 정형화된 사회에 대해 그들이 비판하고 저항할 수도 있었을 것이라고 아쉬워한다. 다시 말해 그들이 자신의 신체를 변형시킴으로써 '남성의 육체 속에 여성의 정신' 이라는 생각을 수용하는 대신, 확실하게 구분되는 여성의 정신이나 남성의 정신이 있다는 고정관념을 비판할 수도 있었을 것이다. 성 sex은 단지 각각의 독특한 개인을 구성하는 여러 요소들 중 하나일 뿐이라는 점을 실증하는 존재가 될 수도 있었다는 것이다.

바로 그런 이유로 그녀는 트랜스젠더 수술과 장기적인 호르몬 투여를 받으려는 사람들의 욕구, (그리고 엄청난) 비용 때문에 큰 이익을 얻고 있는 의료계에 대해서도 비판적이다. 어떤 의사들은 돈은 적게 벌리지만 더 많은 생명을 구할 수 있는 치료를 행하기보다는, 자신의 외과 수술 기술과 호르몬 요법 기술로 그저 불공평한 사회에 절망적으로 적응하려고 애쓰는 개인들을 수술하는 데 열중한다. 그녀는 1979년에 출간된 『트랜스젠더 제국』에서 트랜스젠더 수술을 주로 하는 성공한 외과 의사들의 집단을 '트랜스젠더 제국' 이라 불렀다.

물론 모든 성기 수술이나 호르몬 요법이 그런 용도로 이용되지는 않는다. 구분이 모호한 성기를 타고난 아기들 역시 이런 기술을 이용한 수술을 받는다. 그렇게 하여 그 아기들의 신체를 내부적인 염색체 구조나 생식 능력 등에 맞게 변형시킨다. 또 성기 이상으로 임신 등의 신체적 기능을 수행하지 못하는 성인들을 위해서도 그런 수술이 실시된다.

한편으로 보면, 트랜스젠더자들이 염색체가 전부가 아니라는 걸 증명합으로써 긍정적인 기여를 하고 있는 게 사실이다. 그들은 변할 수 없는 염색체를 무시하고 외적 신체와 사회화에 초점을 맞춤으로써 모든 사람이 다른 성의 특성을 가질 수 있으며 따라서 남녀 모두 인간이 가진 모든 특성을 가질 수 있음을 보여줄 수 있다. 불행하게도 대중매체는 이런 점을 지적하지 않았다. 대중매체는 오히려 트랜스젠더를 사회가 대체로 지시하는 성역할의 중요성을 증명하는 사례로 이용했고, 육체 이미지, 성기, '남성적 행동'과 '여성적 행동' 등에 강박적으로 집착하는 것을 당연시했다.

그러나 여기에서 중요한 문제는 주위의 편견 때문에 자기 몸을 손상시킬 수 밖에 없었던 것이 아닌가, 또 다른 성을 갖고자 하는 사람들이 감수한 고통이 오히려 그런 편견이 옳다는 걸 증명하는 데 이용되고 있는 것이 아닌가 하는 것이다.

페미니스트들은 누구든 성전환을 할 수 있어야 한다고 생각하며, 사회가 트랜스젠더 사례를 이용하는 것에 대해 불편한 감정을 느낀다. 하지만 인간에게 자신의 성을 선택할 수 있는 권리가 있음을 인정한다 해도, 그것이 페미니즘의 궁극적인 목표는 될 수 없음을 분명히 밝혀야 한다. 여성운동의 핵심은 여성도 농구를 할 수 있고, 남성이라고 해서 꼭 듬직할 필요는 없는 사회를 만드는 것이다. 분노를 안으로 향하게 해서 우리 몸을 훼손할 것이 아니라 바깥쪽으로 향하게 해서 세계를 변화시켜야 한다는 말이다.

그리고 소수의 트랜스젠더들에 대한 언론의 수다에 놀랄 필요도 없다. 전통적인 성역할을 고수하려는 자들은 새로운 소재가 나타나기만 하면 자기들 입맛에 맞추려고만 들기 때문이다.

어쨌든 마지막으로 던지고 싶은 질문은 이것이다. 신발이 맞지 않으면 발을 바꿔야 할까?

—1977년

# 왜 젊은 여성이 더 보수적인가

　10년 전만 해도 나는 대학 캠퍼스야말로 페미니스트나 급진주의자들을 만나기에 가장 좋은 곳이라고 생각했다. 또한 나는 학생 또래의 여성은 남학생과 마찬가지로 부모 세대에 비해 훨씬 사회 변화에 우호적이고 활동가가 될 가능성도 클 것이라고 생각했다. 사실 교회와 대학의 분리를 제안했던 중세 프랑스의 이단 학생들부터 영국 식민지 인도의 반식민 학생폭동에 이르기까지, 또 중국의 문화혁명을 주도했던 학생들부터 이란의 샤 왕에 저항했던 캠퍼스 시위에 이르기까지 대학생의 저항의 역사는 길고 그 전통도 잘 알려져 있다. 학생들의 행동주의 전통이 약한 이 나라에서도 베트남전 반대 운동이 학생운동에 기초하고 있었으며, 그것이 '서른 넘은 사람은 아무도 믿지 말라' 는 말로 상징되지 않았던가.

　하지만 수년 동안 페미니스트 강연자이자 조직가로 여기저기를 여행한 결과, 나는 내 생각이 틀렸다는 걸 알게 되었다. 적어도 자신들을 대변하는 운동에 있어서 여대생들은 급진적이지 않았다. 나는 다른 많은 사안들에서와 마찬가지로 행동주의의 경우에도 남성들의 문화적 유형이 자연스러운 것이거나 유일한 것이라고 가정하도록 교육받았다. 만약 남성에게 있어 학생시절이 반항과 변화에 대한 추구가 최고조에 이르는 시기라면 여성의 경우도 마찬가지일 거라고 나는 생각했던 것이다. 하지만 지난 십여 년 동안 (사무실 노동자들이 조직한 점심시간의 짧은 강연, 여대생들과의 밤샘 토론, 주부 모임, 대학 내 집회 등) 모든 종류의 여성 집단과 만나본 결과, 오히려 그 반대라는 걸 알 수 있었다. 여성은 나이가 들면서 더 급진적인 사람이 되는 것이다. 물론 젊은 페미니스트들의 경우는 이 법칙에서 예외가 되겠지만, 여성 전체를 보면 대체로 나이가 든 후에야 자기 삶의 문제에 도전하기 시작한다.

내 지난 날들을 돌아보니 나 역시 그랬던 것 같다. 나의 대학시절은 불안과 보수주의로 가득 차 있었다. 날 부양해줄 수 있는 부잣집 남자를 찾으려 할 때도 그랬고 급진적인 남자에게 내가 경제적인 지원을 해 줄 때도 그랬다. 남자들에게 인정받으려 하고 어른답게 그리고 동시에 여자답게 행동해야 한다고 생각했기 때문에 늘 갈팡질팡했다. 그럼에도 불구하고 나는 젊은 시절에는 용감하고 늙으면 겁 많은 보수주의자가 된다고 믿었고, 나만이 별종이라고 생각했다.

모든 것을 여성의 사회화 결과라고 일반화하는 것에는 항상 예외가 많이 있고 그것을 핑계나 근거로 삼아서도 안 된다. 하지만 여자들 대부분에게 대학 시기는 비현실적이고 조심스러운 때라는 것을 이해하게 된다면, 그리고 여자들은 나이가 들어갈수록 더 변화를 추구하게 된다는 것을 알게 되면, 우리 자신과 다른 여대생들에게 좀 더 관대해질 수 있을 것이다. 그리고 대학 내에 급진적 페미니스트들이 없다고 해서 페미니즘의 몰락을 선언하는 기자들은 잘못 짚고 있는 것이라고 알려줄 수도 있다. 여대생이 급진적이기 어려운 이유를 생각해보자.

학생 시절, 우리는 그 어느 때보다도 평등한 대우를 받는다. 그 이유는 학생이 소비자이기 때문이다. 우리가 지불하는 수업료와 우리 덕분에 나오는 정부보조금이 학교를 먹여 살린다. 인구증가율이 점점 낮아짐에 따라 학교는 돈이 더욱 절실해진다. 하지만 대학생은 하나의 집단으로서 힘을 갖기에는 너무 일시적인 소비자들이다. 또 부모가 등록금을 지불하는 경우에는 더욱 약한 존재들일 수 밖에 없다.

어쨌든 학생이건 아니건 젊은 여성들은 이 남성지배 사회에서 보낼 일생 중 가장 좋은 대우를 받는 시기에 있다. 노동자, 아내, 섹스 파트너, 자녀 양육자로서 가장 높은 가치를 가진 시기이기 때문이다.

그것은 여성들을 급진화시키는 인생의 쓴맛을 아직 경험하지 못했다는 뜻이기도 하다. 즉 임노동자가 되어 여성이 어떻게 대우받는지를 알고, 결혼이 평등한 관계가 아니라는 걸 깨닫고, 아이들을 키우며 혼자서 책임을 도맡고, 아직은 남성보다 여성에게 더욱 큰 짐으로 다가오는 노년의 세월을 겪어보지 못한 것이다.

페미니즘의 부활로 인해 젊은 여성들이 야망을 가지게 되었다는 것도 여대생의 급진성을 가로막는 요소로 작용한다.

야망을 가진 여대생들은 전형적인 이민자 집단과 비슷하게 행동한다. 즉 자기 능력을 증명해 보이고 좋은 학업 성적을 받고 재미있고도 성공적인 사회 생활을 준비하겠다는 각오를 단단히 하고 있는 것이다. 그래서 여대생들은 자기 능력을 증명하기 위해 엄청나게 부지런히 공부한다. 여자가 좋은 직장을 구하기 위해서는 남자보다 더 좋은 성적과 더 많은 자격증이 필요하기 때문에 열심히 공부해야 한다. 그러다 보니 여성운동에 참여할 시간이 없는 것이다. 사실 여성운동이 필요하다는 것을 아직 모르기 때문이기도 하다.

이전까지 남성들만의 직업이었던 영역에 여성이 진출하는 것은 여성에게는 혁명적인 일이다. 그런데 외부의 비판가들은 여대생들이 사회진출 준비에 열중하는 것을 보수주의와 체제순응주의라고 해석하기도 한다. 남성중심의 급진주의를 기준으로 삼아서, 취업에 대한 관심은 모두 "대학생들의 보수주의"의 증거라고 주장하는 것이다. 그러나 남자들에게는 체제 밖으로 나가는 것이 급진적인 일이 되지만 여자들은 체제 안으로 진출하는 것이 급진적인 일이다. 예전과 다른 방향으로 가는 것이 진보인 것이다.

대부분의 이민자들과 마찬가지로 여성은 여전히 교육과 학위에 대한 믿음을 가지고 있다. 남성의 대학 입학율은 떨어지고 있는데 여성의 대학 입학율은 꾸준히 증가하고 있는 것만 봐도 알 수 있다. 1978년에는 입학생 수에서 최초로 여성이 남성을 앞질렀다.[1] 이렇게 기존의 게임에서 좋은 성적을 내고 싶어하는 것은 아마 규칙을 준수하는 '착한 소녀'로 길들여져 온 탓도 있을 것이다.

젊은 여성들은 기존 게임의 현실에 대해서 제대로 모르고 있어서, 기존 게임에 참여하기보다 새로운 규칙의 새로운 게임이 필요하다는 사실을 절실히 깨닫지 못하고 있는 듯하다. 여성 박사들은 높은 실업률을 기록하고 있고, 여성 대졸자는 남성 고졸자보다 낮은 임금을 받고 있다. 여자들은 이른바 '유리 천장'에 부딪쳐서 중간 관리직 이상으로 승진하지 못하므로 MBA 출신 남자 신입사원이 5년이나 10년간 근무한 여사원보다 높은 자리를 차지한다. 비전통적 분야에서 일하는 용감한 여자들은 불황 때마다 첫 번째 감원 대상이 된다. 불행하게도 우리가 현실을 깨닫기 위해서는 이런 경험을 직접 해봐야 하는지도 모르겠다. 차별의 현실을 직접 경험한다면, 뛰어난 실력이나 새로운 학위만으로는 무엇도 바꿀 수 없고 법적 소송, 정치적 행동, 집단 압력 행사 등이 함께 이루어져야 한다는 사실을 인정하게 될 것이다.

그리고 또 하나, 모든 것을 자기 탓으로 돌리는 여자들의 고질병도 젊은 여자들의 급진주의를 방해하는 이유 중 하나이다. 여자들은 계획대로 되지 않으면 그것이 자신의 무능력 때문이라고 생각한다. 교육을 받지 못한 것은 '아무 노력도 하지 않은' 자기 잘못이라고 어머니들은 자기 자신을 탓했다. 아직도 여자는 남자보다 더 뛰어나야 같은 기회를 얻을 수 있기 때문에 아주 열심히 공부해야 하는데도, 목표를 이루지 못하면 자기 능력이 부족하기 때문이라고 생각한다. 또 여자들에게는 남자와의 관계가 더 중요하기 때문에 애정과 성에 관련된 생활도 동시에 잘 해야 한다고 생각하고 만약 그렇게 못한다면 자신이 능력이 없다고 생각한다. 사실은 문화 전반의 문제인 것을 자기한테 문제가 있기 때문이라고 생각한다.

어느 대학에 가나 여대생들 대부분이 결혼, 양육과 직업을 병행하는 데 대해 걱정하고 있었다. 남학생들이 그런 것에 대해 걱정하는 것은 본 적이 없다. 하지만 남성이 자녀양육이나 집안일 같은 '여자일'을 하게 되는 그 날까지는 여전히 여성들은 이중역할 문제로 고생할 것이다. 그 때까지는, 그리고 평등한 부모 역할이 가능하도록 직장의 문화와 제도가 달라지기 전까지는, 아이들은 여자만 아이를 돌볼 수 있고 남자는 집 밖에서 지적인 일을 해야 한다고 믿으며 자랄 것이다. 그리고 인류의 절반은 계속해서 자기 능력을 발휘하지 못하고 살 것이다.

마지막으로 십대 후반과 이십대 초반 여자들에게 주입되는 정치적 메시지 또한 젊은 여성 보수화의 요인이다. 여자들은 여전히 수많은 방식으로 세뇌되어 직장에서나 사생활에 있어서나 여자 팔자는 남자에 의해 결정된다고 믿게 되는 것이다. 그런 메시지에 세뇌되지 않았다 해도 실생활에서 여성이 온전한 인간이 아니라고 생각하게 만드는 것은 무수히 많다. 여자가 남자에게 법적으로 종속되는 결혼제도에 들어가게 되거나, 남자 수입의 59퍼센트만 받으며 일하거나2), 주로 보조요원이나 조수로 일하면서 잘 해야 조감독이나 부사장 자리에 오르는 게 최고라면, 여성이 혼자서는 온전한 인간으로 대우받지 못한다는 것을 알게 될 수 밖에 없다.

여성 스스로 자신이 반쪽 인간이라고 생각하고 자신은 다른 사람의 시중을 드는 존재라고 생각하게 만들기 위해, 즉 젊은 여성을 "남자 중독자"로 만들기 위해 사회는 무던히도 노력한다. 남자의 인정과 남자의 존재에 중독된 사람으로 만들려 한다는 것이다. 직장에서나 사생활에 있어서나 여자는 자기 옆에 남자가 서 있어야 한다고 생각한다. 직장에서도,

토요일 밤 파티에서도, 일생을 통틀어 언제나, 실제로 또는 상징적으로 옆에 있어 줄 남자가 필요하다. (어떤 남자가 서 있는가는 전혀 중요하지 않다는 점에서 이런 중독은 남자 또한 비인격화하는 것이다.) 옆에 있는 남성에 의해 여성의 가치가 결정된다고 하는 이런 정치적 메시지를 젊은 여성이 내면화하기를 거부하고 그런 중독에서 벗어나려 한다면, 그 여성은 부모나 동료 등 모든 사람들에게 이상하고 위험한 존재로 여겨진다. (다른 여성이 그런 중독에서 벗어날 수 있게 돕기까지 한다면 더욱 그럴 것이다.) 이는 그것이 남성 지배 체제에 가져다주는 위험을 생각하면 당연한 일이다.

그런 문화적 압력을 받는 데다가 아직 현실에서 경험해보지 않았기 때문에 당연히 젊은 여성들은 여성들끼리 서로 지지하는 자매애를 갖기 어렵다. 개인적으로는 페미니즘의 목표에 찬성하는 젊은 여성들도 자기 자신이 '페미니스트'라고 말하는 것은 꺼리는 경우가 많다. 자기가 남성과 동등한 임금을 받는 것(작은 개량 조치)은 괜찮지만 여성 전체가 집단으로서 동일 임금을 요구하는 것(경제적 혁명)은 원하지 않는 것이다. 어떤 이들은 개인적인 출세에 집착하면서, 자신이 여성이라는 사실을 회피하려 한다. 어떤 이들은 "나는 페미니스트는 아니지만……"이라고 말하는 안전한 중간지대에 숨는다. 어떤 이들은 운동에 열심히 참여하지만 남자 동료들이 심각한 문제라고 생각하는 사안에 대해서만 활동한다.

젊은 여성의 보수주의에서 얻을 수 있는 교훈, 즉 여성은 나이가 들수록 점점 더 급진적인 사람이 된다는 것은 페미니즘의 역사에서도 볼 수 있다. 젊은이들은 자연적으로 자유와 저항을 추구한다는 남성 중심적인 고정관념을 내가 받아들이지 않았기 때문에, 과거의 여성운동을 돌아봄으로써 여성의 혁명성에 대해 더 잘 알 수 있었다. 사실상 젊은 시절에 누구나 저항적일 수 있는 것은 그 후의 권력과 안정이 보장되어 있기 때문에 가능한 일이었다.

19세기 미국의 페미니즘의 물결을 시작한 사람들은 나이든 여성들이었다. 그들은 결혼 후 남편의 동산動産이라는 지위를 가지게 되는 경험을 통해 급진적인 사고를 가지게 된 사람들이었다. 또는 결혼하지 않았다고 해서 어린아이로 취급되는 경험도 급진적인 사고를 갖게 하기에 충분한 것이었다. 또한 그들 대부분은 노예해방 운동에서도 열심히 일했고, 그런 경험을 통해 인종차별과 성차별의 유사성을 발견했다. 다른 나라들에서도 참정권 운동을 주도한 여성들은 주로 노처녀들이었다.

여성운동의 두 번째 물결의 초기를 살펴보더라도 사정은 비슷하다. 1960년대의 초기 여성단체와 의식화 집단을 조직한 사람들은 민권운동 경험이 있는 나이든 여성이거나 전업주부의 삶을 경험한 여성이었다.

1960년대 말, 대부분의 대학에서 어느어느 여대생이 낙태를 했다더라고 소문만 무성하게 퍼지고 있을 때, 나이든 여성들은 기자회견을 열어 낙태의 현실을 알리는 연설을 했다(불법행위를 시인하는 위험을 무릅쓰고 자신의 낙태 경험을 말하기도 했다). 그리고 낙태를 금지하는 법률의 개정과 폐지를 요구했다.

그 동안 캠퍼스에서는 강간사건이 수도 없이 일어났으나, 젊은 여성 피해자들은 발설하기를 두려워했고, 대학측은 수업료를 지불하는 부모들을 안심시키기 위해 침묵을 조장했다. 대부분의 학생단체가 대학측과 경찰에 좀더 나은 강간예방 조치를 요구하기 전에 이미 나이든 여성들은 강간사건 관련법률과 경찰 조사 절차에 항의하는 시위를 시작했고, 강간이 만연한 현실을 알리는 연설을 했으며, 주 법정에서 증언하기도 했다.

사실상 '데이트 강간' – 젊은 여성이 잘 아는 남자에게 강간당하는 경우로 대학에서 자주 일어나는 범죄이다. 동아리 모임방에서 여러 명에게 윤간 당하는 경우도 있다 – 문제는 이제서야 공개되고 있다. 더욱 어려운 법적 문제인 부부 강간은 몇년 전부터 제기되고 있다. 매맞는 여성이라는 문제를 보면, 통계적으로 남편이나 연인이 거리의 건달보다도 더 위험하다. 이 문제 역시 이제까지 주로 대학 밖에서만 다루어져 왔다. 하지만 내가 대학에서 연설하면서 물어보면 어디에서나 질투심에 불탄 남자가 여자 애인을 구타하거나 살해한 사건을 최소한 한 건씩은 누구나 기억하고 있었다.

젊은 여성의 보수주의를 감안할 때 나이든 여성들이 점점 더 많이 대학으로 돌아가는 현상은 대단히 중요한 의미가 있다. 그들은 자신의 딸 정도인 젊은 여성들을 급진화시키는 살아있는 모델이자 실천적인 활동가이다. 나이든 여성들이 대학으로 많이 돌아갔기 때문에 여대생들의 평균연령은 27세가 되었다. 덕분에 이제 캠퍼스는 세대간 연결이 가장 잘 이루어지는 장소가 되었다.

그렇다고 해서 대학의 젊은 여성들이 기울여 온 용감한 노력과 그들이 선도한 수많은 변화들의 중요성을 간과해서는 안 된다. 그들은 보수주의의 압력에 굴하지 않고 그들이 아직 완전히 경험하지도 못한 사회문제들을 인식했으며, 지속성이 없는 학생 집단 속에서 성공적인 조직을 일구어냈다. 여대생들은 여성사 강의, 성폭력 상담전화, 캠퍼스 신문을 만들었고 학생들의 압력으로 페미니스트 교수를 임용하게 했고 대학 행정을 담당하는 남자들의 의식을 변화시켰고 카운셀러가 더 이상 남녀에 따라 다른 조언을 하지 않도록 했고 불평등한 체육기금이나 대학원 입학요건들에 저항하는 법정투쟁을 벌였다. 젊은 여성이 여성운동에 관심을 갖지 않는 일반적인 경향을 감안하면 이 모든 성과는 더욱 대단한 것이다.

마지막으로 페미니즘 혁명은 남성적인 방식의 혁명과 전혀 비슷하지 않다는 점을 지적해야겠다. 남성이 나이든 아버지에 대해 가장 급진적인 행동을 하는 것은 부자간의 인연을 끊고 정체성을 분리하거나 아버지의 권력을 쟁탈하는 것이지만, 여성이 어머니에게 급진적인 행위를 할 때 그것은 여성으로서의 연대를 확인하고 서로를 도와 어떤 힘을 쟁취하는 것이다. 남성과 여성의 혁명은 이런 차이와 마찬가지로 서로 다르다.

혁명에 대한 전통적인 정의는 바로 이 같은 부자간의 갈등이 세대간에 전국적인 수준으로 일어나는 것이었다. 하지만 지난 몇 세기 동안 그런 혁명은 세계의 절반인 여성의 역할을 근본적으로는 바꾸지 않았다. 또한 사회 내의 폭력을 줄이지도 못했다. 아버지나 아들 모두가 남성성의 정의 내에 이미 어느 정도의 공격성과 여성에 대한 우월감을 공유하고 있었기 때문이다.

게다가 요즘 지도자들과 이론가들이 보통 혁명이라고 정의하는 것은 군대를 장악하고 방송국을 접수하는 것 이상이 아니다. 하지만 여성들은 그보다 더 많은 것을 염두에 두고 있다. 우리는 가장 광범위한 권력구조인 성별 카스트 제도를 뿌리뽑아야 한다. 그러기 위해서는 그 제도를 운영하는 자들의 가부장적 가치관을 바꿔놓아야 한다. 그들이 좌익인지 우익인지, 아버지인지 아들인지는 상관 없다. 이런 문화적인 변화는 매우 심층적인 것이어서 종종 개인적인 문제로 보이거나 너무 위협적인 것이라 생각된다. 그래서 성차별이 심각한 문제가 아니라고 여겨지거나 성평등을 이루기란 불가능하다고 여겨진다. 오직 남성들 사이의 갈등만이 심각한 문제이고, 오직 기존제도들을 넘겨받는 것만이 가능한 일이라고 생각하기 때문이다.

그래서 다른 곳과 마찬가지로 대학에서도 '정치적'인 것의 의미가 기껏 누가 대통령으로 출마하는가, 기업이 남아프리카에 투자하는 데 반대하는 사람이 누구인가, 수천 마일이나 떨어진 곳에서 일어난 전통적인 의미의 혁명에서 정당한 쪽이 누구인가 등으로 제한된다.

젊은이들이 그런 종류의 정치적인 문제를 이야기하는 것은 그런 일들이 중요하기 때문이기도 하지만 한편으로 그들에게는 그것이 더 편하기 때문이다. 왜냐하면 그런 일들은 일상의 권력구조에 분란을 일으키지 않고도 자신의 도덕성을 과시할 수 있는 주제들이기 때문이다. 그리하여 페미니즘 관련 사안들이 대학 내에서 지속적으로 제기되고 있을 때조차도, 그런 이슈들은 비정치적이거나 눈에 잘 안 띄는 것으로 취급되었다. "요즘 대학에서는 어떤 일이 있어요?"라고 대학생에게 물으면 "반핵 시위"라고 대답할 것이다. 강간 방지 학내 순찰대가 이년 전부터 매일 밤 캠퍼스를 순시하고 있고, 여성학 연구 덕분에 수업 교재가 바뀌기 시작하고 있다 해도, 겨우 두 시간 동안 진행된 시위가 더 중요한 것으로 여겨지는 것이다.

대학에서 혁명적인 기운을 찾는 기자들이나 사회학자들이 실제로 일어나는 페미니즘으로 인한 변화와 여성운동의 효과를 알아차리지 못하는 것이 놀랄 일은 아니다. 여대생 스스로가 그런 것들을 비정치적이고 심각하지 않은 일로 보고 있으니까 말이다. 분명 페미니즘 운동은 건물을 폭파한다든지 징집영장을 불태운다든지 하는 남성적인 방식으로 이루어지지는 않는다. 하지만 페미니즘은 징집영장이나 군비지출 같은 일시적인 증상을 해결하려는 것이 아니라 근본적인 원인에 도전한다. 한 집단이 다른 집단을 지배할 권리를 가지고 있다는 패러다임 자체를 비판한다. 그것이 병의 원인이기 때문이다.

젊은 여성들은 외부의 압력에 저항하고 기존의 정의定義에 도전해야 하는 막중한 책무를 지고 있다. 그들은 선견지명과 용기로 기적적인 성공을 이룩했으며, 우리 모두를 자랑스럽게 했다. 그런데 그들도 나이가 들면 더욱 급진적으로 변한다는 사실을 알아야 한다.

그리하여 어느 날 백발의 여인네들이 지구를 조용히 장악하는 날이 올지도 모른다.

—1979년

## 후기

이 글을 쓴 후 15년이 지나는 동안 젊은 여성이 더 보수적인 이유가 두 가지 더 밝혀졌다. 첫째, 최근 연구들이 보여준 바에 따르면 교육의 형식과 내용 자체가 젊은 여성의 자존감을 감소시킨다. 가장 큰 권위를 가지는 교과서에서 여성이 존경받는 존재로 묘사되어 있지 않다. 그리고 대학에서는 강의실이나 행정 당국에서 여성이 권위 있는 자리를 차지하는 경우가 드물다. 그래서 젊은 여자들은 남들이 생각했던 것을 외워서 좋은 성적을 받을 수는 있지만 자기 자신의 지식을 만들어 내거나 학문적 성과를 이룰 수는 없다고 믿게 된다.

둘째, 최근 아동 학대 특히 성적 학대의 경험이 미치는 영향에 대해 더 많이 이해할 수 있게 되었다. 아동학대의 피해자 중 3분의 2가 여성이고 학대하는 어른의 10분의9는 남성이다. 무기력함, 죄의식, 수치심, 주눅 듦, 성적인 면 외에는 자신은 아무 가치가 없다고 느끼는 것. 학대받은 경험의 결과인 이 모든 증상은 십대가 되어 성에 대해 알게 되면서 더욱 심해진다. 그러나 젊은 여성이 더 이상 가족에게 의존하지 않게 되기 전까지는 학대 경험에 똑바로 맞서고 그 부작용을 치유하는 일을 시작하지 못한다. 학대가 심각한 것이었다면 여러 해 동안 가족으로부터 거리를 유지하고 안전하다는 느낌을 갖도록 해야 한다. 부모 등 자신을 학대하던 사람이 죽은 후에야 치유가 시작될 수 있는 경우도 있다.

이 두 가지 이유 때문에 여자들은 자기 자신을 위한 운동에 참여하기까지 오랜 시간이 걸린다. 그러나 그 기다리는 시간을 줄일 수도 있다는 다른 새로운 견해가 있다. 캐롤 길리건의 연구는 여성적 역할이 강조되지 않는 열한 살, 열두 살 즈음에는 강한 자아감각을 갖고 있는 경우가 많다는 것을 증명했다. 그때의 자아 감각이 지지되고 강화된다면 성별에 따른 제한을 받는 세월이 줄어들 수도 있다고 한다.

—1995년

**각주**

1) 나이든 남자에 비해 나이든 여자들이 더 많이 다시 대학으로 돌아가고 있었기 때문이었는데 이 경향은 계속되었다. 교육통계 국립센터에 따르면 1990년에 이르면 고등교육 기관에 등록한 모든 여성 중 삼분의 일이 30세 이상이었다. 이것은 여성운동의 영향을 받기 전인 1970년에 비해 두 배로 늘어난 수치이다.

2) 노동 통계국에서 나온 자료 중 가장 최근 수치를 보면 1992년, 여성의 평균 임금은 75%까지 상승했다.

# 히틀러가 살아 있다면
## 낙태를 찬성했을까

.

육백만이란 숫자는 히틀러 치하에서 사망한 유태인 수만을 가리키는 것은 아니다. 같은 수의 아기들이 대법원의 낙태 허용 판결 아래 사망했다.
　　　－ 1979년 5월 13일, 전국가톨릭유권자연맹에서 패트릭 릴리가 한 말.

아우슈비츠, 다카우, 마거릿 생어(1879~1966. 산아제한운동을 제창한 미국의 사회운동가.): 같은 종류
　　　　　　　　　－ 1979년, 태아 생명권을 위한 집회의 슬로건

유태인들이 하등 인간으로 묘사되었던 것처럼, 태어나지 않은 아기들은 인간이 아닌 것으로 취급되고 있다.
　　　－ 레이몬드 J. 애더멕, 『휴먼 라이프 리뷰』, 1977년 가을.

발언자 중 많은 이들은 현 상황을 나치 치하 독일에 비유했다. 로버트 K. 도넌 의원은 다음과 같이 말했다. "우리는 이 나라에서 무슨 일이 벌어지고 있는지 알고 있습니다. 그런데 어떤 독일인들은 자신들은 잘 몰랐다고 변명했습니다."
　　　　　　　　　　　　　－ 『워싱턴 포스트』, 1977년 1월 23일.

지금은 '과격한 표현을 자제할' 때가 아니다... 우리는 지금 '아우슈비츠로 가고' 있거나 '대학살로 향하고' 있는 것이 아니다. 여기가 바로 아우슈비츠이며 대학살이 현재 진행중이다. '미국낙태금지동맹'은 생명을 옹

호하는 공동체의 양심에 호소한다. 학살의 현장을 봉쇄하라. 점거농성을
전개하라. 대법원의 법보다 하느님의 법이 우위에 있음을 모든 국민들에
게 알려라.

－『어볼리셔니스트』(피츠버그에서 발행되는 반낙태 신문)

(전국 생명권 집회장에서) 윌리엄 G. 브레넌 교수는 낙태에 사용되는 도구
와 약을 생산하는 회사들은 유태인 대량학살에 사용한 화학물질을 생산한
독일 회사 I.G. 파르벤과 다를 바 없다고 말했다.

－『가톨릭 뉴스』 1979년 7월 5일


I

만약 독자 여러분이 최근 낙태반대운동 집회에 참석해보지 않았거나,
헌법에 낙태금지 조항을 삽입하기 위한 우익의 노력을 목격하지 못했다
면, 위의 문장들은 아주 이상하게 보일 것이다.

이런 과격한 주장을 하는 집단들은 주요 언론매체도 불신한다(예를 들
어 위에서 언급한 브레넌 교수는 미국의 언론이 '사실을 숨기고 있다'고
하면서 미국 언론을 나치 독일의 언론에 비유하고 있다). 그래서 그들은
교회와 지방 조직들을 통해, 또는 컴퓨터에 저장된 주소록을 통해 (그들
말에 따르면) 천만 명에 달하는 사람들에게 배포되는 우익 신문, 팜플렛,
소책자들을 발간하면서 독자적인 매체를 구축하고 있는 것이다. 게다가
매주 1천 4백만 가정에서 시청하는 텔레비전 프로들도 제작하고 있다.[1]

그런데 생식에 관한 자유 문제를 다루는 여성운동가들이나, 극우파의
활동을 조사한 몇몇 기자들에 따르면, 1973년 대법원의 낙태 허용 판결
이후 이들의 공세는 더욱 지독해지고 있다. 예를 들어 1974년, 『하퍼즈』
의 저명한 기자 매리언 K. 샌더즈는 다음과 같이 쓰고 있다.

"낙태 합법화를 히틀러의 학살에 비유하는 것은 매우 효과적인 선전

방법임이 입증되었다. 그런 선전은 낙태의 합법화가 '바람직하지 못한 집단'의 낙태를 장려하는 것, 예를 들자면 흑인들에 대한 인종학살의 첫 걸음임을 암시하고 있다."

하지만 흑인 사회는 이런 식의 인종학살 주장을 받아들이지 않았다. 그 이유는 무엇보다도 그런 주장을 하는 측이 주로 이제까지 인종분리 철폐와 민권운동을 반대해왔던 백인우파 단체들이기 때문이다. 낙태반대 단체들은 일부 흑인 여성들이 낙태를 매우 많이 하고 있다는 것을 '인종학살'의 증거로 제시했지만, 그것은 흑인 여성들의 피임율이 낮기 때문이다. 사실 피임과 낙태가 합법화된 이후 흑인 여성 뿐 아니라 백인 여성의 출산률도 점점 낮아지고 있으며, 현재 백인의 출산률이 더 낮다. 더 중요한 사실은 합법적이고 안전한 낙태를 통해 건강을 잃고 목숨을 건진 여성들 중에는 흑인 여성이 훨씬 많다는 점이다(예를 들어 뉴욕시의 할렘병원만 해도 뉴욕주의 낙태법 통과 후 첫 해 동안, 여성 스스로 유산을 시도하거나 불법 낙태 시술을 받은 것 때문에 입원하게 된 여성이 750명이나 줄었다). 마지막으로 지적하고 싶은 사실은 위생적인 의료시설에서 합법적으로 낙태를 할 수 있게 된 덕분에 흑인이나 다른 소수집단의 여성들이 인종차별적인 '값싼 흥정'을 수락하지 않아도 된다는 점이다. (그 전에는 안전한 낙태를 받는 대가로 불임수술에 동의하라고 하는 경우도 있었다.)

게다가 많은 낙태반대 단체들은 빈민이나 소수집단의 출산 관련 자기결정권을 보호하려는 것이 아니라, 미국역사상 최저치를 기록한 백인출산률을 걱정하는 것으로 보인다. (출산률 저하로 '입양가능한' 유아의 수도 수요에 비해 턱없이 적어졌다. 사실 어떤 주에서는 낙태반대운동 지도자들과 의원들이, 세 명 이상의 자녀를 둔 여성들이 불임수술에 찬성하지 않는 경우 생활보호 혜택을 박탈하는 방안에 찬성하고 있다). '낙태 합법화 반대' 단체들은 자신들의 운동을 노예제 반대운동과 유사한 것으로 묘사한다. 그래서 그들은 드레드 스콧 판결*1)과 1973년 대법원의 판결을 동일시하는데, 이는 노예의 법적 권리를 부정하는 것과 태아의 권리를 부정하는 것이 똑같다고 이야기하기 위한 것이다. 그러나 실제로 우파가 쓴 글들을 보면 흑인들의 권리에는 별 관심을 보이지 않는다. 그들은 오히려 변화를 가장 두려워하는 세력에 초점을 맞추고 있다. 즉 백인 중산층, 나이든 종교 광신자들, 자신의 권력과 생활 방식이 위협받는다고 느끼는 사람들을 대상으로 하는 것이다.

그들은 낙태가 어떤 가공할 한 미래에 대한 상징적인 전조라도 되는 것처럼 이야기한다. 낙태 합법화로 인해 섹스의 유일한 목표이자 신의 뜻인 출산이 줄어들고, 그로 인해 결국 결혼과 도덕이 파괴될 것이라고 주장한다. 또 그들과 닮은 미래의 인류를 감소시켜서 결국 다수 백인들의 미래를 위협할 것이라고 한다. 낙태 합법화는 안락사를 쉽사리 인정하게 하는 상황을 만들어서 노인과 장애인의 삶을 위협할 것이고, 여성들이 남성화될 것이라고 주장한다. 여기서 한 걸음 더 나아가 낙태 합법화가 살인을 합법화하는 결과를 낳을 것이라고까지 말한다.

이러한 공포의 성격은 다양할 수 있으나 그에 대한 은유는 매번 비슷하다. 바로, 지상의 지옥에 가장 가까운 기억인 히틀러와 강제수용소에 비유하는 것이다. J.C. 윌케 박사 부부는 그들의 저서 『낙태 핸드북』에서 이렇게 말한다.

"소위 지배 인종(양질의 민족)의 개념과 현재 낙태 옹호론자들이 말하는 '삶의 질'이라는 개념 사이에 과연 많은 차이가 있을까?"

보급판으로 널리 배포된 이 책(표지에는 백인 십대 소녀가 백인 남성 의사의 말을 주의깊게 듣고 있는 사진이 실려 있다.)은 절대 그렇지 않다고 주장한다. 윌케 부부는 계속해서 이렇게 말한다.

"1920년대와 1930년대 독일에서는 낙태가 합법화되지 않았지만 사실상 그것은 미혼모 문제를 해결하는 공인된 방식이었다. 그렇게 사회적으로 부담이 되는 집단(태아)을 학살하는 데 익숙한 의사들은 그런 논리를 따라 또다른 집단을 쉽게 학살할 수 있었던 것이다."

저자들은 의사들에만 초점을 맞추고 있으며 또 환자들의 필요와 권리는 무시하고 있다. 그렇게 함으로써 그들은 상반된 두 가지 행위를 동일시하고 있다. 즉 자유롭게 선택한 여성(자신의 육체를 이용하여 임신을 지속시킬지 여부를 결정할 권리가 있는 여성)의 요청에 따른 낙태와, 죽음을 요청하지 않았던 자율적인 인간의 죽음을 등치시키고 있는 것이다. 낙태와 죽음의 수용소가 서로 닮았다는 그들의 주장에는 정작 누가 결정하는가, 그리고 결정권이 어디에 있는가라는 핵심적인 문제가 빠져있다. 출산에 관한 자기결정권은 정부의 간섭을 받지 않고 개인이 스스로 결정할 권리를 가져야 한다는 것이고, 나치의 권위주의는 개인의 인권이라는 개념 자체에 반대하는 것이었다. 그런데 그들은 이 두 가지를 동일시하고 있다.

히틀러는 『나의 투쟁』에서 이렇게 썼다.

"진정한 이상은 다름아니라 개인의 이익과 삶을 완전히 공동체에 귀속시키는 것이다. …… 종족 보존을 위해서 개인적 존재의 희생은 필수적이다."

어디서 많이 듣던 소리 같지 않은가? 당연히 그럴 것이다. 낙태반대론자들은 출산선택의 자유와 나치즘을 등치하고 있지만, 실은 히틀러와 나치는 개인의 낙태권도 부정했다. 사실 히틀러의 국가사회주의 운동은 피임과 동성애에도 반대했고, 모성을 중요하게 생각하지 않는 여성과 자식을 많이 가지지 않으려는 남성, 즉 독일민족과 독일국가를 보존하고 확장하는 데 도움이 되지 않는 모든 사람들을 거부하고 처벌했다.

『나의 투쟁』에서 히틀러는 "또한 우리는 육체의 사용이 개인적인 일이라는 생각을 근절해야 한다."고 썼다.

이런 노선은 이혼과 피임, 낙태 등을 지지하는 강력한 세력이었던 19

세기말과 20세기초의 독일여성운동에 직접적인 타격을 가했다. 다시 말해 여성이 자기 육체를 소유하고 관리할 수 있는 권리가 더욱 침해받기 시작한 것이다.

독일 여성운동가들은 그런 목표를 추구했다는 점에서는 다른 나라의 경우와 다를 바 없었지만, 몇 가지 보기 드문 성과를 거둔 바 있었다. 그들은 1918년 제 1차 세계대전이 끝나고 바이마르 헌법이 만들어지면서 여성의 투표권을 쟁취했고, 1926년에는 의회에 여성대표를 32명이나 진출시켰다. 비록 짧은 기간이었지만 이 시기는 독일 민주주의가 빛나던 때였다. 당시 독일의 위대한 소설가들, 바우하우스, 문학 예술의 융성 등이 이 시기의 영광을 웅변하고 있다. (당시 영국 의회에는 여성의원이 15명 있었고, 미국에는 3명 뿐이었다.)

또한 독일의 급진적인 여성운동가들은 여성의 취업을 제한하는 보호법안 반대를 위해 운동을 벌였고 다른 나라 여성들과 연대하여 군비 축소와 평화를 위해 노력했다. 독일 가정은 점점 핵가족화되어 갔고, 기혼여성이건 미혼 여성이건 취업률이 기록적으로 상승했다.

그런 변화들은 또한 일상생활을 심대하게 변화시켰기 때문에 종종 남성우월주의자들의 분노를 야기했다. 실업과 인플레가 심해지자 마르크스주의자, 유태인과 더불어 직장여성들과 여성운동가들이 희생양으로 내몰렸다. 인종과 계급 그리고 성의 분리에 기초한 권력에 도전하는 모든 집단이 박해를 받기 시작한 것이다.

결국 바이마르 공화국은 우익의 압력 때문에 기혼여성이 공무원 시험에 지원하는 것을 금지하기에 이르렀다. 또한 그런 정치적 압력과 출산률의 저하 때문에 공화국은 피임약이나 피임도구에 대한 접근을 더욱 어렵게 만들었다. 하지만 나치당은 그보다 더 확실한 방법, 그보다 더 악질적인 것을 약속했다.

다시 한 번 히틀러의 『나의 투쟁』으로 돌아가자.

"개인의 자유는 종족 보존의 의무에 우선하지 못한다."

나치 지도자들은 여성의 투표권을 박탈하지는 않겠다고 했지만, 여성운동가들과 자유주의자들, 사회주의자들이 여성을 남성과 똑같이 다루어서 여성들을 남성화시키고 있다고 비웃었다.

가족으로의 복귀가 강력하게 추진되었다. 즉 어머니로서의 여성상 구축, 독신자에 대한 세금 불이익, 젊은 부부를 위한 융자와 양육보조금 지급, 매춘과 동성애를 금지하고 피임과 낙태를 막는 것 등이 그 내용이었다. 이 모든 정책은 가톨릭 교회, 가톨릭 정당, 나치 당이 모두 합의할 수있는 것이었다. 그들은 교회와 국가 중 어느 쪽이 우위를 차지해야 하는가라는 문제에 대해서는 격렬하게 대립했지만, 여성의 지위 문제와 권위주의적인 가족으로의 복귀에 대해서는 공통된 이해를 가지고 있었고, 이는 서로 연합할 충분한 이유가 되었다.

영국의 역사가 팀 메이슨의 말을 들어보자.

"서로 상이한 이해관계를 가진 정치 분파와 엘리트 집단들 사이에 나타난 이런 유형의 부분적이거나 명백한 합의는 나치 통치의 가장 중요한 기초 중 하나였다. …… 나치즘에서 반여성주의는 부차적이거나 우연적인 요소가 아니라 핵심적인 부분이었다."

그리하여 여성운동에 대한 가부장주의의 반격 속에서 히틀러가 권력을 잡게 되었다. 그는 남성우월주의를 복원하겠다는 약속을 즉각 실천에 옮겼다. 온건한 단체건 급진적 단체건 모든 여성운동 조직은 해체되었다. 여성운동 출판물들은 검열을 받거나 폐간되었다. 이와 동시에 복음여성협회나 독일가정주부협회 등 전통적인 여성단체들이 확대되었으며 나중에는 나치의 여성연합인 〈여성전선〉으로 통합되었다. 1933년에는 여성운동가들이 교직이나 공무원 자격을 박탈당했다. 더불어 비非아리안들도 그런 자리에서 쫓겨났다. 여성운동가가 아니더라도 모든 여성들이 의회, 법원 등 결정권을 가진 자리에 앉지 못하게 되었다.

노동력 수요가 허락하는 한 기혼 여성들은 강제나 설득을 통해 남성들에게 자리를 물려주고 집으로 돌아가야 했다. 나치들은 이상적인 여성은 화장하지 않은 건강한 금발이라고 선전했다. 여성은 미혼일 때는 정숙하고 성실한 노동자로 일하고, 결혼하면 헌신적인 아내이자 어머니가 되어야 했다. 예전에 잡지에서 흔히 볼 수 있었던 피임약 광고는 음란물이란 이유로 불법화되었다(요즘도 여러 우익 단체들이 피임약이 음란하다는 주장을 한다). 산아제한과 낙태 시술도 금지되었다(요즘의 낙태반대 단체들의 요구도 바로 이것이다).

히틀러 치하에서 낙태는 반민족적인 행위로 간주되었다. 낙태를 한 여성은 투옥되고 강제노동을 해야 했으며, 낙태 시술을 해준 사람은 사형까지도 받을 수 있었다. 낙태는 국가에 반역하는 개인적인 행위였다. 이정도까지는 아니지만 최근에도 근본주의 종교인들은 여성이 예수와 교회를 위해 아이를 가져야 한다고 주장하고 있다. 또한 대법원은 저소득 여성이 낙태 수술을 받을 때 의료보장 혜택을 받을 수 없다는 판결을 내렸다. 판결 이유는 '국익을 위하여'였다. 이 모든 것은, 정도는 덜하지만 본질은 같다.

히틀러는 "민족에게 건강한 자녀를 제공하는 것을 기피하는 행위는 비난받아 마땅하다"고 썼다. 여기서 핵심 단어는 물론 '건강한'이다. 비아리안계는 '인종적으로 불순'하고 따라서 건강하지 않기 때문에 유태인, 집시, 폴란드인 그리고 장애인과 병자들(하지만 히틀러 자신도 매독 환자였다)의 출산을 금지하거나 출산을 하기 어렵게 했다. 그 방법은 성별 분리 수용, 위협, 강제노동, 강제 낙태나 불임 시술, 투옥, 강제수용소에서의 사형에 이르기까지 아주 다양했다. 어떤 방법을 선택하는가는 대체로 '불건강한' 자들의 노동력이 얼마나 필요한가에 달려 있었다. 또 편의에 따라 달라지기도 했다. 임신한 노동자는 낙태시키는 것보다 가스실에서 죽이는 게 더 편리했던 것이다.

그럼에도 최근 우익의 글들은 끊임없이 낙태시술소와 강제수용소를 비교하고 있다. 이런 극단적 주장들은 의식적이건 아니건 여러 가지 폭력 행위를 부추기고 있다. 예를 들면 낙태시술소에 폭탄을 던지거나, 환자와 의사들에게 죽이겠다고 협박하거나, 낙태시술소에 집단 난입하거나, 전화나 통신 수단을 못 쓰게 하거나, 낙태옹호 의원들을 '유아살해자'라고 욕하는 등이다. 이런 유감스러운 행위들은 점점 늘어가는 실정이다.

낙태반대론자들 중에도 이런 결과를 걱정하는 사람들이 있다. 예전에는 낙태시술을 했으나 나중에 입장을 바꿔서 『미국의 유산遺産』이라는 책을 공동 집필하기도 한 버나드 네이선든 박사는 다음과 같이 말하고 있다.

"나는 유태인으로서 나치 이데올로기를 그런 식으로 교묘하게 사용하는 데는 반대한다. 물론 나도 일부 낙태반대 유태인들조차 그런 논리를 이용한다는 사실을 알고 있다. 하지만 그런 논리가 옳다면 어째서 대부분의 유태인들이 낙태에 대해 관용적인 태도를 취하고 있겠는가?"

대부분의 가톨릭 신자들도 그런 잘못된 비유를 비판하고 있고, 자유주의적인 가톨릭 간행물들도 그에 대해 경종을 울리고 있다. 그들은 특히 가톨릭계로 널리 알려진 낙태반대단체들에서 그런 이야기가 나오는 것에 비판적 태도를 취하고 있다. 『전국가톨릭기자』지의 사설을 보자.

"운동이 잘못되고 있다. 최근의 낙태반대 슬로건은 효과적이긴 하지만, 인간의 발생 중 최초 단계에서 생명을 인정하는 것은 문제가 있다."

하지만 낙태반대론자들은 이런 반박을 할 때조차 '과장'이라는 용어를 사용하고 있다. 마치 낙태는 (나치의 학살과) 정도는 다르지만 본질은 같다고 암시하는 듯 하다.

무엇이 권위주의인지 아닌지 확인하려면 권력이 어디에 있는가를 보면 된다. 히틀러는 (낙태를 비롯한 여러 가지 문제에 있어서) 개인의 선택권과 국가의 강제권을 확실하게 구분한 바 있지만, 오늘날의 극우파 종교인들은 그럴 듯 한 말로써 그 구분을 불분명하게 한다.

세인트루이스에서 열린 태아의 생명권 집회에서 한 학생의 다음과 같은 말이 보도되었다. "만약 태아의 생명권을 옹호하면서 사형제도나 군비 경쟁에 찬성한다면 그것은 모순이다. 하지만 이제까지 낙태반대 운동가들은 아직 태어나지 않은 태아의 생명은 '완전한' 생명이지만 이미 태어난 여성의 생명은 '불완전한' 생명이라는 식으로 그런 논리를 반박해 왔다."

사실 낙태반대론자들과 사형제도, 군비증강에 찬성하는 사람들 간에는 아주 높은 상관관계가 나타난다. '무고하지' 않은 사람들을 죽이는 것은 상관없다는 이야기다. 또 그들의 논리에 따르면 누가 '무고하지 않은지' 결정하는 것은 정부가 된다.

이글 포럼의 출판물인 『필리스 쉴라플리 보고서』에서도 권리를 보호받아야 할 사람은 '무고한' 사람으로 한정된다. 거기서는 "모든 무고한 사람들이 수태에서 자연적 사망에 이르기까지 생명을 누릴 권리"를 가진다고 주장한다. 이렇게 한정해 둠으로써 그들은 '죄있는' 사람들을 사형제도를 통해 그리고 군사적 행위를 통해 죽이는 것을 지지한다. 흥미롭게도 히틀러 역시 '범죄 억제 효과를 이유로' 사형제도에 찬성했다.

권위주의자들 사이의 논쟁은 어떤 종류의 가부장적 권력이 어느 정도의 우위를 점할 것인가(국가 권력인가 국제적 권력인가, 세속적 권력인가 종교적 권력인가)를 따지는 것뿐이다. 가부장적 가족이 모든 권위주의의 기초이자 훈련장이라는 점에는 모두 동의하고 있다. 가족은 독일의 국가사회주의를 실현하기 위한 국가의 기본세포였다. 이글 포럼이 내세우는 복잡한 철학에서 가족은 '사회의 기본단위'이다. 종교적 성향이 강한 '미국생활로비' 같은 단체들에게 가부장적 가족이란 '가족, 국가, 신의 율법'을 향해 가는 권위주의적 3단계의 첫걸음이다.

이렇게 그들은 서로 다른 생각을 가지고 있지만, 가족 내 여성의 자율성에 반대한다는 점에서는 모두 일치한다. 이런 점에서는 국가에 대한 개인의 인권을 중요하게 생각하는 일부 시민운동가들도 마찬가지다. 그들도 국가나 가족 내에서 여성의 개인적 권리와 평등권을 보장하려 하지 않는다. 그들은 개인이란 남성만을 가리키는 것이고, 가족은 국가가 침해할 수 없는 안전의 기본 단위라고 생각한다. 따라서 여성이 설 자리는 아무 데도 없다. 여성과 가족을 지배하는 것이 마치 남성들의 기본권인 것처럼 간주되고 있는 것이다.

최근에 인기 있는 낙태반대 주장은 가난한 대가족의 문제도 포괄하고 있다. 일전에 어떤 강연에서 식구가 너무 많고 가난한 가족일 경우에는 낙태를 할 수 있어야 한다는 데 청중이 동의하자, 연사는 이렇게 말했다. "축하합니다. 여러분은 방금 바하를 죽이셨습니다. 바하의 어머니가 다섯 번째나 여섯 번째 아니 심지어 열두 번째 아이를 낳고 난 후 '애는 이 정도면 충분해'라고 했다면 우리는 바하의 작품을 들을 수 없었을 것입니다."

이 문장은 하인리히 히믈러의 말을 인용한 것이다. 히믈러는 SS 친위대의 창설자였고, 모든 강제수용소의 책임자였으며, 아리안계 미혼모들이 불법적으로 낙태하는 것을 방지하기 위한 수용시설을 만든 사람이었다. 나치들은 미혼모가 수용시설에서 낳은 아이들을 국가가 키울 것인지 아니면 신중하게 고른 훌륭한 아리안계 가족에게 입양시킬 것인지를 결정했다. 그들은 가부장적 국가를 보전하기 위한 재생산수단 즉 여성의 몸을 완전히 장악했던 것이다.

1970년대 이후 미국에서는 나치 독일 시대의 메아리가 울려퍼지고 있었다. 유색인과 여성의 인권 신장이 이루어지는가 했더니 우익의 반동이 시작된 것이다. 경제적 어려움과 실업, 전쟁 패배에 따른 국제 사회에서의 지위 추락도 공통된 현상이다. 오늘날 우리는 여성운동가와 낙태옹호론자를 나치라고 비난하는 낙태반대 집단 덕분에 다시 한 번 역사를 되돌아보는 기회를 갖게 되었다.


II

제1차 세계대전 이전 독일, 히틀러가 아직 어렸을 때 19세기 여성운동은 이미 상당한 성과를 거두고 있었다. 공장, 사무실 등에서 일하는 여성들은 더이상 특이한 존재가 아니었다. 정치인과 언론은 점점 여성운동의 목표에 공감하고 있었다.

다른 대부분의 서구 국가들과 달리, 독일의 이런 상황은 급진적 여성운동가들로 하여금 성적 경제적 평등을 요구하도록 고무했다. 그리하여 그들은 기혼 부모 사이에서 태어나지 않은 '사생아'에게도 똑같은 권리를 주어야 한다고 주장했고, 여성 또는 결혼의 목적이 오직 자녀 양육이라는 생각을 공격했으며, 결혼 여부와 무관하게 모든 남녀에게 똑같은 권리와 배려를 제공하는 '새로운 도덕'을 제창했다.

게다가 대부분의 여성운동가들은 투표권을 획득하는 것보다 긴급한 문제들의 해결에 집중했다. 정치적 변화를 통한 하향식 변화는 항상 요원해 보이기 마련이다. 그리고 1차대전 이전 독일의 의회민주주의는 아직 새로운 것이었고 가능성도 적어 보였다. 그래서 독일 여성운동가들은 매춘을 합법화하기 위한 강력한 운동을 펼쳐서 대중의 지지를 획득했다(오늘날과 마찬가지로 매춘의 불법화는 경찰이 매춘 지역을 보호하거나 직접 운영하는 결과를 낳았다). 그뿐 아니라 그들은 신중한 로비를 통해 낙태를 완전히 합법화하는 데도 거의 성공했다. 그들은 "현대 국가의 권력은 …… 자기 몸에 대한 개인의 자유를 제한할 수 없다."는 주장을 펼쳤던 것이다.

성별 카스트제도에 대한 이같은 도전에 종교인, 군부 등 독일 사회내의 보수파들은 강력하게 반발했다. 그뿐만 아니라 개량주의 여성들은 전국조직 내의 급진적 여성운동가들을 제거하고 그 자리를 다른 지도자들로 메꾸려고 했다. 개량주의자들의 주장은 모성과 '우월한 도덕성'을 내세우면 여성들이 좀더 많은 (그러나 동등하지는 않은) 권리를 가질 수 있다는 것이었다. 당시 독일 사회는 출산률 저하를 걱정하고 있었고, 우수한 유전자를 가진 아이가 많이 태어나도록 해야 한다는 신다윈주의의 주장이 먹혀 들어가고 있었다. 이에 따라 비여성주의적인 개량주의자들은 건강한 독일의 모성이 여성의 교육 및 기타 권리를 주장하는 근거가 되어야 한다고 선전하기 시작했다.

그럼에도 불구하고 1900년대 초 여성운동가들은 대중의 의식을 변화시켰고 그들의 운동에 대한 대중의 적대감을 상당히 누그러뜨리는 데 성공했다. 그러나 1912년에는 군인, 보수적 정치인, 인종차별주의 유전학자, 여자들이 경쟁 상대가 되는 데 대해 분개한 학자 등으로 구성된 '여성해방저지동맹'이라는 단체가 결성되기까지 했다.

사상 최초로 조직적인 반여성단체가 반평등선전을 전개하기 시작한 것이다. 이는 독일의 보수주의와 여성운동의 성공을 동시에 상징하는 사건이었다. 이 동맹은 반여성 선언문을 공포했다. 이 단체 최초의 모임에서 한 극우파 귀족정치가가 행한 연설이 신문에 실렸다. "독일 제국은 피와 강철로 창조되었다. 그것은 남자들의 노고로 이룩한 것이었다. 만약 여자들의 도움이 있었다면 남자들이 전장에 나간 동안 집을 지키고 남자들이 가능한 많은 적을 죽일 수 있도록 격려한 정도일 뿐이다(열광적인 박수)."

1913년에 이르자 이 동맹은 유태인, 하위계급, 여성들의 유입으로 자신들의 일자리를 뺏기고 있다고 생각하는 화이트칼라 노동조합의 지지를 얻었다. 노동조합 지도자들은 여성운동가들을 '남자 같은 여자,' '타락한 여자,' '변태' 라고 비난했다.

1914년 이 동맹은 영국의 여성참정권 반대운동의 지도자인 (그 당시의 필리스 쉴라플리라 할 수 있는) 그리셀다 치프 여사를 수입하여, 베를린을 비롯한 독일 전역에서 순회 강연회를 개최했다. 여성운동가들은 이같은 도전을 심각하게 받아들일 것인가 아니면 무시해버릴 것인가에 대해 의견이 갈라졌지만(어떤 이들은 그들의 행동이 너무 우스꽝스러워서 오히려 여성운동에 도움이 된다고 생각했다), 그들이 전개한 여성에 대한 공격은 가부장적 사회에서 많은 지지를 얻었다. 그들의 동맹이 많은 회원을 확보한 적은 없었다(1970년대에 미국에 나타난 '이글 포럼' 이나 '도덕적 다수' 같은 단체들의 회원 수가 적은 것과 마찬가지다). 하지만 그들은 현대사회의 변화와 문제거리가 모두 여성운동가와 활동적인 여성들의 잘못 탓이라고 대중에게 선전했다. 군부와 교회 그리고 여타 전통주의자들은 다른 것에는 절대 합의하지 못하지만 이 부분에서만큼은 완전히 의견이 일치했다.

여성사를 진지하게 연구하는 몇 안 되는 남성학자 중 하나인 리처드 에반스는 『독일의 여성운동 1894-1933』에서 다음과 같이 말하고 있다.

"(반여성주의 주장들은) 독일이 국가 내부의 세력들에 의해 위협받고 있다는 믿음에 기초하고 있다. …… 여성운동은 가족을 파괴하고, 기혼여성에게 직장 생활을 권하고, 미혼모를 지원하고, 여성들을 독립적인 인간으로 변모시킴으로써 독일 내부의 분열을 만들어가고 있었다. 여성운동은 결혼을 장려하지 않음으로써(또한 가족계획을 장려하여 출산률을 감소시킴으로써) 독일의 잠재적인 군사력을 약화시키고 있었다. 제도적인 남녀평등 보장을 추구하고 여성에게 적합치 못한 일을 하도록 부추기는 일은 국가 질서를 어지럽히는 짓이었다. 그리고 여성운동가들의 국제적인 사고는 애국적인 것이 아니었다."

다시 말해 1차대전 이후 여성운동이 반독일적이고 전복적이라고(게다가 공산주의자 유태인들의 음모라고) 비난하는 것은 히틀러나 국가사회주의가 처음 생각해낸 것이 아니었다. 20세기초부터 여성운동에 대한 그런 식의 비판이 존재하고 있었던 것이다. 여성을 '아이, 요리, 교회'로 되돌려보내고 권위주의적 국가 모델로서 남성우위의 가족을 복원하겠다는 히틀러의 약속은 20세기초부터 존재했던 종교계와 극우파의 불만에 호소한 것이었다. 그들의 불만은 독일이 1차대전에서 치욕적으로 패함으로써 더욱 깊어진 것이 사실이지만, 남성우위와 '아버지 나라'의 복원에 대한 집착은 이미 존재하고 있던 것이었다. 그리고 국가 지도자인 히틀러가 그것을 받아들여 나치당의 강령에 포함시키고 그 욕망을 더욱 부채질한 것이었다.

1972년 일단의 미국 역사가들은 그 당시 미국과 히틀러가 집권하기 직전인 바이마르 공화국 시대 독일의 상황이 뚜렷한 유사성을 가지고 있다고 보고 이 주제에 관한 학술회의를 개최했다.[2] 전통적 권력에 대한 소수인종과 여성의 도전, 국제사회에서 영향력 감소, 베트남 문제를 둘러싼 분열, 실업과 인플레, 선거로 선출된 지도자에 대한 불만 증대 등 당시 독일과 비슷한 상황이 전개되고 있었다. 그러므로 미국도 그와 유사하게 권위주의 체제로 나아갈 것인가?

그들의 결론은 '아니다'였다. 미국은 1차대전 직후의 독일보다는 민주주의의 전통이 깊고 다양성에 대한 관용이 풍부하다. 놀랍도록 유사한 성격의 현상이 벌어지고 있기는 하지만 그 정도에 있어서는 매우 큰 차이가 있다는 것이 그들의 생각이었다.

그 후 몇 년이 지나고 미국은 전쟁에서 최초의 치욕적인 패배를 경험했다. 머나먼 베트남에서 5만 7천 명의 병사들이 숨진 것은, 2백만 명을 잃고 자기 땅이 폐허로 변한 독일과는 비교도 안 된다. 게다가 베트남에서의 패배가 부당하거나 우리가 약했기 때문이라고 생각하는 국민들도 별로 없다. 베트남에서 철수하기 몇 년 전에 실시된 여론 조사에서 국민의 70%가 베트남에서 철수해야 한다고 응답했다. 그럼에도 불구하고 여전히 일부 권력층은 베트남 참전을 정당화하고 있다. 예를 들어 1980년 대통령선거전 중 로널드 레이건은 베트남전이 '진리와 고귀한 명분을 가진' 전쟁이라고 말했고 해외전쟁 참전용사회는 기립박수를 보냈다. 그들은 80년 동안이나 지켜온 정치 불개입의 전통을 깨뜨리고 레이건 지지를 공식 선언했다. 그리고 현직의원들이나 일단의 수정주의 이론가들은 우리가 전력을 기울이지 않고 철수한 것이 베트남전의 유일한 비극이라고까지 주장하고 있다.

게다가 에너지 위기라는 국제적인 압력 때문에 우리가 처음으로 (비서구인이자 비기독교인인) '외국인'들에게 종속되는 상황이 벌어졌다. 미국의 공업과 무역우위 역시 하락세를 면치 못하고 있었다. 인플레와 실업이 사람들의 관심사가 되었으며, 소수인종 집단과 여성의 도전은 계속되고 있으며, 정치가에 대한 신뢰는 떨어지고, 우파지도자들은 이제 '기본으로 돌아가자' 식의 군사적, 종교적 애국주의를 내세우고 있다.

1976년 갤럽 조사에서 미국인들은 "의회나 대법원의 눈치를 보지 않고 문제를 직접 해결하려 하는 진정으로 강력한 지도력을 원하는가?"라는 물음에 대해 49%가 '그렇다'고 응답했다. 1979년에는 뉴욕타임즈와 CBS가 공동으로 마련한 여론조사에서 66%의 응답자들이 "일을 제대로 하기 위해서라면 월권 행위를 하거나 원칙을 어길 수도 있는 인물"에게 투표하겠다고 응답했다.

국가 상황에 대한 이런 불만은 우파의 주장처럼 "전국민이 우익을 향해 가고 있기 때문"이 아니다. 사실은, 부의 재분배, 인종과 성의 평등, 환경보전에 도움이 된다면 생활수준이 좀 떨어져도 상관없다는 인식 등이 확산되고 있고 대부분의 사회정의 문제가 광범한 지지를 얻고 있다. 최근의 전국적 여론조사들에서는 이런 지지자가 더욱 늘어나고 있다. 만약 이런 다수의 견해를 대변하지 않는 우파 후보들이 당선된다면, 그것은 너무나 많은 미국인들이 환멸을 느껴서 투표를 포기했기 때문일 것이다.

그런데 강력한 지도력에 대한 용납 또는 열망도 국가사회주의가 성장하던 바이마르 공화국 시대의 특징이었다. 그리고 그런 열망은 단지 전통적 우익에게만 해당하는 현상도 아니었다.

히틀러는 권세 있는 유태인들의 '국제적 음모'에 맞서고 부와 권력을 상속하는 자들에 대항하는 하층 계급의 대변자로 자신을 내세웠다(그래서 그는 국가 '사회주의'라는 용어를 택한 것이다). 노동 계급 출신이었던 히틀러는 상류 계급의 우월성을 인종의 우월성으로 바꿔치기하여 자신이 정상에 이르는 것을 정당화했다. 『나치 입문』 같은 기초적인 텍스트들은 진짜 독일인, 즉 아리안계 독일인은 유능하고 부지런하므로 열심히 노력하면 누구나 성공할 수 있다고 하면서 아리안의 우월성을 강조하고 있다(그래서 '국가'(민족)사회주의가 된 것이다). 히틀러가 뮌헨 폭동을 일으켰을 당시, 그는 뮌헨의 타락상에 충격받은 금욕적인 건축학도 지망생이었고, 아름다운 독일 소녀들이 유태인에게 성폭행당하는 상상에 사로잡혀 있었고(『나의 투쟁』에 쓴 바와 같이 히틀러는 "검은 머리의 유태인 젊은이들이 숨어 기다리고 있다가" 독일 소녀를 폭행하는 상상을 했다), 술, 담배를 전혀 못하는 채식주의자였다. 부자와 권력자들에게 착취당하고 있다고 생각하던 이름 없는 분노한 노동자였던 그는 뮌헨의 맥주홀과 노동자 클럽에서 폭동을 일으키며 타고난 연설 솜씨로 복수의 꿈을 세상에 풀어놓았다.

악이란 지나고 나야 명확히 보이는 법이다. 당시에 히틀러는 부자와 귀족들에 대항하는 모든 이들의 영웅이었고 연약하면서도 매력적인 존재로 보였다는 점을 기억해야 한다. 1936년 『파리 스와르』지의 여기자는 이렇게 썼다.

"총통은 손을 뻗어 나를 맞이했다. 나는 그의 눈이 푸른 색인 걸 보고 놀랐다. 사진에서 볼 때는 갈색인 줄 알았기 때문이다. 물론 실물 쪽이 훨씬 나았다. 그가 연설할 때면 얼굴에는 지성과 에너지 그리고 빛이 흘러 넘쳤다. 그 순간 나는 어떤 마술적인 힘을 느꼈다. 그 힘이 청중을 감싸안고 있었다."

히틀러는 이 여기자에게 여성이 이류계급이라는 것을 듣기 좋은 말로 포장해서 설명한다. 그것은 나치가 비아리안계에 대해 설명할 때 쓰는 표현으로 "우수성은 차이가 없으나 종류가 다르다"는 것이다. 히틀러의 말을 직접 인용해 보자.

"나는 여성에게 남성과 똑같은 권리를 부여한다. 하지만 나는 남녀가 똑같다고 생각하지는 않는다. 여성은 남성의 동반자이다. 여성은 남성이 해야 하는 힘든 일을 떠맡아서는 안 된다. 여성이 전투에 참가하는 것은 상상도 할 수 없다. …… 여성은 사회사업 같은 일을 하는 게 적합하다."

아무리 미사여구로 포장하고 모호하게 표현해도, 모든 형태의 권위주의가 특정 집단이 권력을 더 많이 가져야 한다는 믿음에서 출발한다는 것은 분명하다. 성, 인종, 계급, 종교, 무엇이든 권위주의를 정당화하는 데 악용될 수 있다. 그리고 권위주의는 언제나 가족 내의 불평등과 고정된 성역할에 의존할 수 밖에 없다.

· "남성의 세계가 국가라면 …… 여성의 세계는 남편과 가족 그리고 가정이다. …… 여성이 자녀를 출산하는 일은 하나의 전투이다. 민족을 존속시키기 위한 전투인 것이다. 남녀가 서로의 활동을 공유할 때 서로에 대한 존경심이 생기는 것이 아니다. 존경심이란 한 성이 다른 성의 영역을 침범하지 않을 때 발생하는 것이다."
   - 1934년 9월 국가사회주의 여성조직에서 히틀러가 한 연설

· "가족에 대한 공격은 문명 자체에 대한 공격이다. …… 남성은 본능

적으로 활동적이고 공격적인 반면, 여성은 본능적으로 안정과 지속, 미래를 추구한다. …… 복지제도, 탁아소, 특혜조치, 여성고용 확대 등은 생계부양자로서의 남성의 역할을 축소할 것이다. …… 그리하여 결국 사회의 해체를 촉진할 것이다."

－1975년 3월 캘리포니아의 크리스천 반공십자군이 발행한 팜플렛 『공산주의 가족 그리고 남녀평등 헌법수정조항』 중에서

· "가족 이론에서는 다음과 같은 세 가지 점이 가장 강조되었다. 출산, 성차, 가정생활의 강화가 그것이다."

－1937년 미국의 사회학자 클리포드 커크패트릭이 나치 독일에 대해 쓴 글 중에서

· "자녀 문제의 90%는 어머니가 1)남편을 사랑하고 순종하는 법을 배우지 못했거나, 2)집에 있지 않고 밖으로 돌아다녔거나 3)자녀를 훈육하는 남편을 방해하기 때문에 발생한다."

－1981년 백악관에서 개최된 가족을 주제로 한 회의에서 '가족사수 연대회의'가 배포한 소책자에서

· "아동권리 선언. 아동은, 여성은 아내이자 어머니 역할을 하고 남성은 생계부양자이자 보호자 역할을 하는 전통적 가족이 사회의 기본 단위라는 교육을 받을 권리가 있다."

－필리스 쉴라플리의 〈이글 포럼〉이 발행한 책자

· "성별 역할 분리를 부정하거나 축소하는 경향이 있는 교육 내용이나 그런 주제와 관련된 연구에 정부보조금이 사용되는 일이 절대 없도록 할 것이다."

－ 폭 랙살트 상원의원이 제안한 연방법률안 가족보호법 중에서 (이 법은 또한 아동학대 금지법의 폐지를 포함하고 있고, 매맞는 아내를 위한 쉼터, 낙태권, 학교에서의 인종분리 금지, 동성애자들의 권리 등을 위한 연방 정부의 지원을 금지하고 있다.)

　만약 우리가 경험하는 최초의 가장 친근한 공동체인 가족 성원들 간의 불평등에 무감각해진다면, 그 후에 만나는 다른 사회적 위계를 용인하기는 훨씬 쉬워진다. 만약 한 성이 날 때부터 많은 권력을 지니고 있다면, 한 인종이 더 많은 권력을 가지는 것도 당연히 여기지 않겠는가? 여성이 자기 뜻대로 남성을 선택하고 아이를 가질 수 있다면 인종과 계급의 '순수성'이 지켜질 수 있겠는가? 만약 남성이 아내와 자녀를 자기 밑에 두고 지배할 수 없다면 남성 자신이 사회에서 받아들여야 하는 지배를 어떻게 견디겠는가?

· 1934년 히틀러는 여성들을 상대로 한 연설에서 이렇게 말했다. "여성해방이란 슬로건은 유태인 지식인들이 만들어낸 것이다. …… 우리 국가사회주의 여성운동은 단 하나의 핵심을 중시한다. 그것은 자녀이다." 히틀러는 독일에 있는 모든 아리안계 신혼부부에게 『나의 투쟁』을 한 권씩 보냈는데 그 책에는 이런 구절이 있다. "유태인들은 여성을 망칠 뿐 아니라 …… 라인란트에 검둥이들을 불러들이고 있다. …… 그들은 백인종을 오염시켜 결국에는 자신들이 지배자로 군림할 꿈을 꾸고 있다."

· 스스로 백인우월주의 단체라고 주장하는 민족 주권당 National States Rights party의 간행물 『썬더볼트』는 이렇게 말하고 있다. "러시아에 남녀평등법이 생기자 인구증가율이 0%로 떨어졌다. …… 이제 가

족과 모성을 방어하기 위해 행동해야 할 때가 왔다. …… (남녀평등법은) 남녀를 한 감방에 수용토록 할 것이다. 이미 차타누가의 어떤 검둥이 판사가 이 법에 근거하여 백인 여성을 흑인 남성들이 있는 감방에 수용하라는 판결을 내렸고, 결국 강간 사건이 일어났다."

· 낙태반대 운동의 두뇌 역할을 하는 미네소타의 〈휴먼라이프 센터〉 소장, 폴 막스 신부는 낙태와 피임을 반대하는 캠페인의 일환으로 30개국 이상을 순회했다. 미네아폴리스의 『스타』에 인용된 그의 말을 들어보자.

"백인의 서구 세계가 낙태와 피임을 허용한다는 것은 자살을 기도하는 것과 다름없다. 미국에는 이미 약 이십오만 명의 베트남인들이 거주하고 있고, 그들은 모두 대가족이다. 게다가 한국인, 필리핀인들도 있고……. 정말 심각한 문제는 아시아인들이 줄기차게 아이를 낳는다는 사실이다. 매일 밤, 몰래 국경을 넘어 미국으로 들어오는 멕시코인들의 수가 얼마나 되는지는 아무도 모른다. …… 우리는 앞으로도 러시아와 싸워야 할 텐데 이 사람들이 목숨을 걸고 싸우려 하겠는가?"

극단적인 말들만 고른 것이라고? 그럴지도 모른다. 하지만 인종과 계급의 분리를 지키기 위해, 국가를 위해 노동자와 병사를 공급하기 위해, 자기 아이를 소유하기 위해, 남자가 여자를 통제해야 한다는 믿음이야말로 모든 악의 근원이다.

70여 년 전 독일의 한 여성운동가는 여성의 자유를 탄원하면서 다음과 같이 말했다.

"여성은 너무나 자주 애 낳는 기계로 비하되고, 아이들은 자궁에 있을 때부터 국가의 소유물로 간주된다."

다른 여성운동가는 이렇게 말했다.

"만약 우리 여성들이 출산은 '생명을 낳는' 가장 중요한 일이라고 주장하지 않는다면, 다시 말해 단순히 총알받이를 생산하는 타율적인 기계로 간주되는 것에 저항하지 않는다면, 여성은 경멸받아도 마땅하다고 나는 생각한다."

히틀러 치하의 독일에서 많은 여성들은 명백한 불의로 여겨졌던 반유태주의 뿐 아니라 성별 카스트제도에도 저항했다. 독일에서 가장 큰 여성운동조직의 지도자는 다음과 같이 말했다.

"국가사회주의는 유태인과 여성을 적으로 하는 싸움을 통해 성장했다. 오늘 나는 투쟁을 선언한다."

많은 사람들이 히틀러의 가족계획 시술소 폐쇄에 항의하여 시위를 벌였다. 현재 미국에 살고 있는 당시의 한 여성운동가에 따르면, 그 조치는 히틀러가 "집권하자마자 가장 먼저 한 일"이었다. 낙태권은 철저히 제한되어 자연유산을 한 여성도 자신이 낙태를 시도하지 않았다는 것을 증명하지 못하면 범죄자로 기소되었다.

다른 여성운동가들은 조금 덜 "정치적"인 방법을 택했다. 나치의 비방이 사실을 왜곡한 것임을 밝히기도 했고, 히틀러의 인종차별주의를 이용해서 아리아계 여성을 영향력 있는 자리에 앉히려고 시도하기도 했다. 아리아인 여성이 중요한 자리를 차지하면 내부로부터의 개혁이 가능하리라 생각했던 것이다. 이렇게 해서라도 그들 단체를 살리려 했지만 그런 시도는 성공하지 못했다.

독일 내의 유태인 여성들은 중요한 자리에서 쫓겨났을 뿐 아니라 비유태인인 남편이나 친구들에게도 버림받았다. 그들은 결혼할 수도 없었고, 아기를 가질 수도 없었으며, 결국은 강제노동을 하거나 수용소로 보내졌다(여성전용 수용소 중의 하나인 라벤스브뤼흐는 나치가 자행한 생체 실험 대부분이 이루어진 곳이기도 하다. 유태인 남성들도 다른 곳에서 그와 비슷한 일을 당했지만, 아리안계 남자 의사들은 자신과 다른 신체를 실험하는 쪽이 좀더 맘 편했던 모양이다).

한편 히틀러는 여성들이 자신의 군인 이미지에 끌린다고 생각했다. 그래서 그는 여성 추종자들의 로맨틱한 환상과 헌신을 지속시키기 위해 계속 독신으로 지냈다. (비공식석상에서 그는 여성의 산물이기도 한 아이가 자신만큼 위대할 수는 없을 것 같아서 아이를 갖지 못하겠다고 말했다 한다.) 일부 국가사회주의자들이 "히틀러가 승리할 수 있었던 이유는 여성 유권자들의 표 덕택"이라고 주장했지만, 그 이야기는 사실이 아니다. 그 말은 미국의 여성 유권자들이 반대 표를 던져 남녀평등 수정헌법안이 부결되었다고 하는 것과 마찬가지다. 1925년부터 1934년까지 독일의 대통령을 역임했던 힌덴부르크는 1932년 선거에서 득표율이나 득표수에서 히틀러보다 많은 여성 표를 얻었다.

물론 국가사회주의에 표를 던진 여성들도 있었다. 대부분은 과거의 여성운동에 대해 무지한 아주 젊은 여성들이었다. 그 중 일부는 히틀러가 선전한 독일 여신의 이미지에 열광하는 여성들이었고, 또 일부는 저임 노동자이자 가정 주부로 살아가는 고된 생활보다는 전업 주부로서 집에 있고 싶어하는 여성들이었다. 또 모든 젊은 여성들에게 신랑감을 마련해 주겠다는 히틀러의 공약에 혹한 여성들도 있었다. 하지만 제1차 세계대전으로 남자들의 수가 격감한 때였으므로 그것은 실현가능성이 없는 공약이었다.

역설적이게도, 전통적으로 독일에서는 여성이 많은 일을 책임져 왔고 국가사회주의자든 누구든 남성이 도움을 준다는 데 대해 회의적이었기 때문에 많은 여성들이 나치 활동에 참여하지 않았다. 역사가 질 스티븐슨은 이렇게 말한다. "독일의 여성 대중은 조직화되기를 바라지 않았다. 나치는 '여성들의 국가 사업'에 주부들을 끌어들이려 했지만 주부들은 수동적인 저항으로 반응하여 결국 나치 여성조직의 세력은 미약한 상태에 그쳤다."

만약 당시의 여성운동가들이 교회 같은 지역 활동 중심지나 노동조합 같은 노동공동체를 가지고 있었다면, 또는 국제적인 연결망을 마련해놓은 상태였다면 더 효과적으로 히틀러에게 저항할 수 있었을 것이다.

그들은 공공 장소에서 공식적 통신 수단을 가지고 활동할 수 밖에 없었다. 그래서 경찰의 습격을 받기가 쉬웠고 불법으로 규정되기도 쉬웠다. 그리고 그들이 채택한 다양한 접근법은 히틀러의 전략에 상대가 되지 않았다. 히틀러의 전략은 단순하게 감정에 호소하는 것이었다. 팀 메이슨의 말을 들어보자. "서로 상이한 부분적 목표들과 정치적 전망을 지니고 있는 다양한 소규모의 집단들이 여성해방이라는 대의를 중심으로 모인 반면, 남성우월주의의 회복이라는 명분은 상대적으로 단순한 하나의 이슈로 보였고 비교할 수 없이 강력한 힘을 가진 정치운동에 포함될 수도 있었다."

그 결과는 여성뿐 아니라 남성에게도 불행한 것이었다. 또한 독일뿐 아니라 독일 점령 지역 전체의 불행이었다. 사실상 여성운동가들만이 홀로 권위주의 국가의 기본단위인 가부장적 가족에 도전했고, 개인 인권의 우위성을 내세워 민주적 가족을 주장하기 위해 투쟁했다. 여러 강력한 종교 단체들이 가족과 여성에 대한 히틀러의 견해를 지지했고, 바로 그것이 초기 국가사회주의의 성장을 도왔다. 물론 그 단체들은 국가가 교회보다 우위에 서는 것은 반대했으나 – '아이, 요리, 교회'라는 구호 이후에 – 이미 때가 늦었던 것이다. 자유주의자, 급진파, 노동조합들은 시장과 투표소에서의 여성의 권리를 지지했지만, 가족 내에서의 여성의 권리에 대해서는 지지하지 않았다.

최근 미국의 우파와 반평등주의자들이 목표로 하는 것은 바로 남성중심적 위계로 구성된 가족을 복원하고 보호하는 것이다. 그리하여 그들은 여성이나 아이들의 권리를 보장하는 것은 모두 '반가족적'이라고 비난한다. 따라서 그들은 남녀평등 수정헌법조항도 반가족적이라고 반대하며, 아동학대 금지법과 매맞는 아내의 쉼터를 위한 자금 지원도 역시 반가족적이라는 이유로 공격한다. 또한 그들에 따르면 이성애든 동성애든 가족의 범위를 벗어난 모든 성적 표현은 반가족적이고, 낙태와 피임 등 성과 출산을 분리하는 수단도 모두 반가족적인 것이다.

이런 권위주의적 사고방식은 우파의 조세정책, 검열 문제, 학교교육 개입 문제 등에서 더욱 뚜렷하게 나타난다. 어린이가 가족의 소유라고 생각하는 그들은 공립학교에서 아이들이 전통적인 가족의 가치를 배울 수 있도록 해야 한다고 주장한다. 낙태를 반국가 범죄이자 살인행위라고 생각하는 우파는 수정란에 법적인 인격을 부여하는 새로운 헌법수정조항 삽입을 추진하고 있다. 어쨌거나 그들에게는 가족이 기본 단위이며, 개인은 다만 그 구성원에 지나지 않는다. 물론 여성은 가족 내의 종속적인 존재로 간주된다.

많은 미국인들은 우익집단들이 가족과 출산의 문제에 집중하고 있다는 사실에 놀란다. 유능하고 민주적인 정치가도 이러한 문제는 생소하거나 사소한 일이라고 생각하여 잘 다루지 않는 경향이 있으니 말이다.

하지만 많은 유럽인들은 우리가 놀라고 있다는 사실에 대해 놀라움을 감추지 못한다. 그들은 말한다. 도대체 당신들은 과거에 어디에 있었는가? 권위주의가 어디서 시작되는지 모르는가? 파시즘이 어디서 시작하는지 보지 못했단 말인가?

그들은 이미 예전에 모든 것을 경험한 것이다.

과거와 현재 간의 불길한 유사점은 또 있다. 예를 들어 최근 우익이 전개하고 있는 학교도서관 검열 운동은 반가족적인 책을 없애자는 데서 시작됐는데, 그 반가족적인 책들이란 것이 대개 가족계획 전문가, 여성운동가, 흑인이 쓴 책인 경우가 많았다. 이는 가족계획 운동가, 유태인, 여성운동가들이 쓴 반가족적이고 반독일적인 책들을 불태워버렸던 나치의 행태와 다르지 않다. 일부 정치인들은 다른 사안에 있어 조금 양보해줌으로써 우익을 달래려 하고 있는데, 그것은 예전에 바이마르 공화국이 여성의 노동 등의 사안에서 양보를 한 것과 같은, 치명적인 실수가 될 지도 모른다.

하지만 다행스럽게도 내용뿐 아니라 정도에서 볼 때도 당시와는 많은 차이가 있다. 우리의 국가주의는 대내외적으로 반유태주의를 이용하고 있지 않다. 하지만 우리는 '반미'로 보이는 것에 대해서는 과대망상에 가까울 만큼 지나치게 경계하는 경향이 있어서 내부의 비판자들을 악한 미국인으로 몰아붙이곤 한다. 아직은 여성과 소수집단의 인권에 대한 적대감이 그다지 크지 않아서 우리가 직장을 지킬 수 있다. 하지만 이 사회는 이혼과 청소년 비행, 범죄와 실업 등 모든 문제를 여성과 소수 집단 탓으로 돌리며 희생양으로 삼으려는 경향이 커지고 있다. 경제적으로 잘 사는 백인 남성은 공공의 이익에 도움이 되는 고용 창출자로 간주되지만, 잘 사는 여성과 소수집단은 이기적이거나 '나만 아는 세대'로 취급되기 일쑤다.

게다가 여성운동은 가족문제나 인권문제에 있어서 우익에 대적할 거의 유일한 세력으로 보인다. 반평등세력은 이런 사실을 누구보다 잘 알고 있다. 낙태 허용을 강력하게 반대하는 계간지인 『휴먼라이프 리뷰』를 보자.

"정통 페미니즘은 특히 개인의 '필요'야말로 무엇보다도 중요한 것이며 어떤 개인이나 제도도 개인의 필요를 침해할 수 없다는 사회철학이 공격적으로 표명된 것이다."

가족과 교회 또는 국가를 숭배하는 자들에게 이것은 대단히 이단적인 생각이다. 독일의 경우와 마찬가지로, 오늘날 전통적 가족을 강화하려드는 자들과 군비 지출을 증대시키고 다른 나라들에 대해 적대적인 태도를 취하는 자들 사이에는 불길한 유사점이 있다. 더욱 불길한 점은 고위층에서 그런 유사점이 발견된다는 사실이다. 로널드 레이건을 그린 정치만화를 보면 그는 카우보이 모자를 쓰고 다음과 같이 말하고 있다.

"모든 총주머니에 총이 있고, 모든 가정에 임신한 여성이 있다면, 우리는 미국을 다시 한번 강한 남자로 만들 수 있다!"

이 말은 반여성주의와 군국주의의 연관성을 아주 잘 요약하고 있다. 그 둘의 연관성은 역사적 경험에서 익히 보아온 것이다.

어쩌면 이 모든 이야기들은 여러분이 다들 아는 사실일 수도 있다. 여기서 중요한 것은, 여성운동의 역사는 중요한 교훈을 남겼으며 그 역사의 교훈을 되살리는 것이 민주주의의 기반이 된다는 점을 다시 한 번 인식하는 것이다.

—1980년

각주
1) 1980년대와 90년대에는 라디오 토크쇼와 인터넷으로 인해 그 수가 서너 배 더 늘었다.
2) 이 회의의 내용은 『사회조사 Social Research』 1972년 여름호에 실려 있다.

역주
*1) 1857년, 미국의 모든 준주準州에서 노예제도를 합법화한 미국 연방대법원의 판결.

# 어느 시청자의 심각한 질문

어렸을 적엔 라디오 앞에 앉아 연속극을 듣고, 커서는 여기저기 모텔을 옮겨다니며 매일같이 비슷한 TV 프로그램들을 시청하다 보니, 나는 드디어 왜 연속극이 가정 주부들에게 그렇게 인기 있을 수 밖에 없는지를 깨닫게 되었다. 연속극이야말로 성인 여성들이 하루 종일 씨름해야 하는 모든 문제들을 성인 남성들이 진지하게 받아들이는 유일한 곳이기 때문이다. 연속극에서 다루어지는 가족의 병, 아이들 문제, 이웃과의 갈등, 성적 질투, 이혼 걱정, 남편 실직 걱정 등에서 침대와 부엌, 병실에서 일어나는 일 등은 모두 여자들의 삶의 문제들이다. 매일 몇 시간 동안 이 가상의 세계에서만큼은 남자들도 그 일들을 진지하게 생각하는 것이다.

1920년대와 1930년대에는 흑인관객들을 위한 소위 인종 영화들이 만들어졌다. 다수의 흑인 배우들과 소수의 위축된 백인 배우들이 등장하여 화려하고 서스펜스 가득한 이야기가 벌어지는 이런 영화들은 은연 중에 인종분리를 정당화하고 찬양했다. 오늘날의 연속극 역시 이와 마찬가지로 남녀분리를 정당화하고 있다. 여성들은 힘없는 자신들의 이야기가 나오니까 그저 좋아서 뚫어지게 화면만 바라보고 있다.

저녁 황금시간대에 방영되는 〈달라스〉 같은 드라마도 마찬가지일까?

아니다. 저녁 시간의 프로그램들은 남자들의 관심을 끌기 위해서 사업, 범죄, 폭력, 강한 아버지의 위업을 이어받기 위해 다투는 아들들의 경쟁 등 성인들의 관심사와 관련된 갈등을 다룬다. 속썩이는 자녀, 배우자의 부정, 알콜중독, 질병 등 낮 시간 동안 화면을 장식했던 문제들은 부차적인 소재로 삽입될 뿐이다.

주간 프로그램과 야간 프로그램이 각각 남녀의 관심사에 따라 달라지는 반면, 인종과 계급은 프로그램에 별 영향을 미치지 않는다. 낮이건 저녁이건 TV 프로그램에 진짜 찢어지게 가난한 사람이나 가족이 등장하는 일은 거의 없지만 코미디에는 주로 노동계급의 가족(때때로 흑인가족)이 등장하는 반면, 멜로드라마는 주로 부유하고 권세있는 집안(항상 백인가족)을 무대로 한다. 나는 이 문제를 주제로 박사논문을 써봐도 좋을 거라고 생각한다. 개인적으로 나는 이것이 사회 질서를 보존하려는 반半의식적인 음모의 결과라고 생각한다. 즉 가난한 생활 혹은 게토에서의 생활은 재미있으며, 부자가 된다는 건 감당하기 어려움 짐이라는 메시지가 은연 중에 깔려 있는 것이다.

마거릿 미드가 가부장제 사회에서 유일하게 권위를 인정받는 여성은 과부라고 말한 적이 있다. TV를 보고 있으면 그 말이 맞다는 걸 알 수 있다. 일단 여자로 태어나면 신문발행인, 상원의원, 대주주 등 무조건 권세있는 남자와 결혼하여 아내이자 어머니 그리고 안주인으로서 착실한 삶을 살아야 한다. 그러다 남편이 죽고 나면 그 자리를 차지할 수 있게 된다. 최근까지도 미국에서 여자가 의회에 진출하는 주된 방법은 유명한 남자의 미망인이 되는 것이었다. TV를 보면 권세있는 여자들은 보통 남자들에게 권력을 물려받은 이들이다.

하여튼 텔레비전에서건 현실에서건 여자는 과부가 되어서야 권력을 가질 수 있는 상황에 대해 다시 한 번 생각해보아야 할 것이다.

II

지난 1972년부터 ERA 쟁취 운동이 오래도록 지속되고 있다. 하지만 내가 아는 바로는 ERA가 담은 실제적인 내용이 무엇인지에 대해 독립적으로 조사, 보도한 주요 신문사나 방송국은 하나도 없었다.

주요 매체들은 간간이 인터뷰를 싣고 논쟁을 소개하는 데 그쳤다. ERA에 찬성하는 기자도 있고 반대하는 기자도 있어서 일관성 없는 기사들을 내보내기도 했다.

이를테면 ERA가 통과되어 법원이 결혼을 동등한 동반자 관계로 규정하게 되면 모든 여성들, 그 중에서도 특히 주부들의 법적 권익이 강화될 것이라고 한 전문가의 말을 인용해 놓고는, 그 옆에 나란히 ERA가 통과되면 아내들도 직업을 얻어야 하고 이혼시 부양비를 못 받게 될 것이라는 기사를 싣는 식이었다.

어떤 정치가는 ERA가 차별적인 법들로부터 남성과 여성 모두를 보호할 수 있다고 말하고, 또 다른 정치가는 ERA가 개인의 권리를 축소하려는 연방정부의 음모라고 주장하는 것이 연달아 방송된다. 어떤 활동가는 ERA가 예전에 백인 자산가 계급이 작성했던 인권헌장을 더욱 보편적으로 확대하는 민주주의적 조치라고 주장하고, 그 다음에 등장한 사람은 ERA가 가족을 파괴하고 동성애를 증가시키며 남녀가 같은 화장실을 쓰도록 할 것이라 말한다.

이러니 시청자들이 혼란스러워하는 게 당연하다. 우리는 하늘이 파란색이라는 사실을 잘 알고 있다. 하지만 TV가 하늘이 파란색이라고 말하는 사람과 녹색이라고 말하는 사람에게 50 대 50, 똑같은 시간을 배당하고 각자의 주장을 펼치게 한다면, 마침내 우리의 감각도 혼란스러워질 게 틀림없다. 사실 남성과 여성 대다수가 ERA를 지지해왔다 (이는 보수적인 레이건 정권이 등장하고 나서도 꾸준히 이어진 현상이다). 하지만 언론은 이런 사실에는 별로 관심이 없는 것 같다. 언론은 소위 객관적 보도라는 허울좋은 말로 ERA에 찬성하는 다수의 수가 더 늘어나는 것을 방해해왔다.

예를 들어, 언론에서는 ERA의 실제 내용이 무엇인지 거의 보도하지 않고 있다. ERA의 정신은 "미합중국이나 그에 속하는 어떤 주도 성을 이유로 법 앞에서의 권리의 평등을 부정하거나 제한할 수 없다."는 것이며, ERA의 스물네 개 단어가 무엇인지 알게 하는 것은 그것을 지지하게 하는 가장 확실한 방법이다. 실제로 그것을 읽어본 사람들은 그 속에 유니섹스나 낙태 혹은 투쟁 등의 단어가 없다는 것을 알고 놀라움을 금치 못한다. ERA에 반대하는 사람들이 이같은 혼동을 만들어낸 것이다.

그럼에도 불구하고 ERA 관련 보도들은 여전히 실제의 문구를 인용하지 않고 있다. 그런데 기자들과 언론사 간부들은 자신들이 정당하다고 생각한다. 그들은 소위 공정보도의 원칙을 지킬 뿐이라고 생각한다. '찬성'과 '반대'에 같은 시간과 지면을 할당함으로써 '쌍방의 견해'를 공정하게 다룬다는 생각이다. ERA 찬성이 대다수를 차지해서 '반대' 입장을 찾기 어려울 때조차 이같은 공정보도가 계속되었다. 내게 인터뷰를 요청하는 사람들은 자주 "반대파도 한 명 데리고 나와 주시면 안 될까요?" 하고 부탁을 했다.

이처럼 무조건 찬반 양론을 나란히 제시해야 한다는 원칙을 지키는 저널리즘이 탄생시킨 결과 중 하나가 바로 필리스 쉴라플리이다.[1] 그녀는 ERA 문제가 등장하기 전만 해도 전국적으로 유명한 사람이 아니었지만 지금은 ERA를 반대하는 여성의 대표로 미국인의 머릿속에 자리잡았다. 그녀는 소위 공정보도 원칙이 만들어낸 산물이다. 또 하나의 결과는 ERA가 통과되지 않은 것이 여자들이 ERA에 반대했기 때문이라고 생각하게 만든 것이다. ERA 통과를 저지한 것은 이십 여 명의 나이 든 백인 남자 주 의원들이었고 거기에 경제적, 종교적 이해관계가 얽혀 있었기 때문이었다. 세 번째 결과는 흑인들이 ERA를 지지하지 않는다고 생각하게 만든 것이다. 하지만 실제로는 흑인 주 의원들은 대부분 찬성표를 던졌다. 만약 실제 흑인 인구에 비례해서 흑인 의원들이 선출되었다면 아마 ERA는 오래 전에 통과되었을 것이다.

민권운동 초기에도 역시 대부분의 언론이 '공정보도' 원칙을 따랐다. 예를 들어 그들은 남부의 흑인 유권자등록을 보도하면서 구치소에서 구타당했다고 주장하는 민권운동가들의 말을 그대로 보도하는 동시에 그들이 서로 싸움질을 하고 경찰관을 폭행했다고 주장하는 지역 보안관의 말도 똑같이 보도했다. 독자들은 혼란스러울 수 밖에 없었다. 그렇지 않으면 독자들은 원래 가지고 있던 편견에 따라 판단해 버렸다. 하지만 책임감있는 언론들은 독자적으로 진실을 파헤치기 시작했고 결국 사실 그대로를 보도할 수 있었다.

불행히도 ERA의 경우에는 사정이 달랐다. ERA에 대해 독자적으로 조사하고 보도하는 것은 그리 어려운 일이 아닌데도 말이다. 50년간의 미국 법제사를 살펴보면 그 사실을 쉽게 알 수 있다. 『예일법학저널』이나 여타의 권위 있는 책들을 보면 ERA에 대한 학문적인 설명이 상세히 되어 있는데도 그런 설명은 전혀 보도되지 않았다. 또한 몇몇 주에서는 연방 수정헌법안과 똑같거나 비슷한 내용의 남녀평등 수정조항을 이미 채택하고 있었다. 예를 들어 펜실바니아 주는 10여 년 전에 이미 그런 조항을 주 헌법에 삽입했던 것이다. 물론 남녀공용 화장실 따위는 생기지 않았고, 그 조항이 낙태나 동성애권에 영향을 미치지도 않았다. 하지만 여성의 경제권이 강화되었고 교육과 고용, 보험 혜택에서 남성과 여성이 평등한 권리를 누리게 되었다. 그리고 성을 이유로 남성들을 차별하는 법률도 폐지되었다.

그렇다면 이런 사실에 대해 독자적인 심층보도가 없었던 이유는 무엇일까? 신문이 역사적인 이슈를 진지하게 다루지 않는 이유는 뭘까? 주의회 의원들은 여론조사에서 나타난 선거구민들의 다수 견해에 반하여 투표를 했지만, 의원 자신의 이해관계 때문에 반대표를 던졌다는 사실이 언론에 폭로될지도 모른다는 염려는 전혀 하지 않았다. 어떻게 해서 의원들이 언론을 전혀 두려워하지 않고 반대표를 던질 수 있게 되었을까? 우리는 이 문제를 깊이 생각해야 한다. 지금 ERA가 기로에 서 있다. 또 언론이 진정으로 시민들의 의견을 대변하는 공기公器인가의 문제도 기로에 서 있다.

III

도스토예프스키의 소설에서 라스베가스에 관한 TV 프로그램에 이르기까지 항상 남자들만이 도박에 열중하는 것으로 나온다. 그래서 그런지 일전에 어떤 친구가 내게 왜 여자들은 남자들만큼 도박을 좋아하지 않느냐고 물은 적이 있다. 나는 여자들은 돈이 없기 때문이라고 상식적인 대답을 했다. 그것도 사실이긴 하지만 그 이유 때문만은 아닐 것이다. 여자들의 경우 도박에 대한 욕구는 결혼에 의해 모두 만족된다. 여자들에게 결혼이야말로 엄청난 도박이 아닌가?

만약 결혼이라는 도박에 걸린 판돈이 그리 크지 않다고 생각하는 남자들이 있다면, 이렇게 생각해 보라. 관습 때문이든 다른 경제적 대안이 없기 때문이든 평생 동안 당신의 정체성을 결정하며 밥줄을 제공할 사람을 선택한다고 생각해 보라. 당신의 안전과 행복을 위해서 변호사나 정치가를 택해야겠다고 생각한다면 결혼 상대가 그런 직업을 가질 수 있을지 판단하는 것은 정말 쉽지 않은 일 아니겠는가?

1950년대 내가 대학에 다니던 시절, 내 친구들은 약혼자의 시나 설계도, 논문 등을 들고 교수에게 찾아가 "이 친구가 정말 쓸만한가요?"라고 묻곤 했다. 물론 최근에 와서는 여성이 경제력을 가지는 경우가 많아졌기 때문에 이런 도박은 많이 줄어들었다. 하지만 여성의 급료와 정치적 힘이 남성과 동등해지기까지는, 그리고 여성이 남성의 이름과 사회적 정체성을 나누어 가지지 않게 되기 전까지는, 이 도박은 끝나지 않을 것이다. 소설에서는 이렇게 돈이나 권력을 보고 결혼하는 여성을 '나쁜 여자'로 묘사한다. 하지만 그런 소설은 사정을 잘 모르는 작가들의 이야기이다.

IV

최근 게이 탤리즈는 광범한 종류의 애정 없는 섹스를 늘어놓은 『네 이웃의 아내』라는 책을 내놓았다. 그런 제목을 붙인 데 대해 저자에게 감사해야 할 듯 하다. 여성에게는 아내가 없으므로 우리는 이 책을 사지 않아도 된다고 이야기해주고 있는 셈이니 말이다. 또 이 제목은 이웃집 여성을 이웃 남성의 소유물로 생각하지 않는 남성들 역시 이 책을 사지 않게 만든다. 하지만 여성과 일부 남성을 제외한 소수의 독자들은 열광적인 반응을 보여서 그들이 이 책을 베스트셀러로 만들어놓은 것 같다.

또 다른 간교한 베스트셀러로, 영화로도 만들어진 『소피의 선택』이 있다. 윌리엄 스타이런은 (그는 책의 저자이자 소설 속의 화자이고 주인공의 한 사람이기도 한데) 제목에 여자 주인공의 이름을 넣어서 남성인 자신이 여성에게 감정이입해서 여성에 관한 소설을 쓸 수 있다고 암시하고 있다. 그의 마지막 소설 『냇 터너의 고백』도 자신은 백인이면서 흑인의 입장을 대변하고 있다는 투로 쓰여졌다. 그 때 비평가들은 그가 용감한 노예반란의 지도자를 백인의 환상으로 대체했다고 비판했다. 그 소설에서 주인공은 어떤 젊은 백인여성에게 성적으로 집착하다가 결국 그녀를 살해한다. 하지만 냇 터너가 실제로 그랬다는 역사적 증거는 전혀 없다.

실존인물인 냇 터너에 대해서는 노예 기록이 약간이라도 남아 있지만 불행하게도 소피에 대해서는 자료가 전혀 없다. (소피가 실존인물이라

해도) 그런 것이 남아 있지 않았겠지만, 소피는 냇 터너와 마찬가지로 스타이런의 고정관념에 갇혀 있는 인물이다. 여성이나 흑인에 대한 스타이런의 틀에 박힌 생각은 우리의 분노를 일으키기에 충분하다. 터너와 마찬가지로 소피도 행동의 동기는 섹스뿐인 듯 설명되고 그들에게 중요한 것은 사회 변혁이나 역사적인 의미가 아니라 성 심리학인 것이다. 「어둠 속에 눕다」 이후 스타이런 작품의 다른 여자 주인공들과 마찬가지로 소피도 마조히스트이며, 결국 자살로 생을 마감한다.

소설의 **뼈대**가 되는 사건들이 실화라는 주장을 받아들인다면 그녀가 그런 사람이라고 믿기는 더더욱 어렵다. 소피는 두 아이를 잃는 슬픔을 극복했고, 나치의 강제수용소에서 온갖 고난을 이기고 살아남았다. 또 그녀는 자신이 증오하던 자치 지휘관보다 오래 살아남아서 그를 이기겠다고 결심한 인물이다. 그런 그녀가 뉴욕에 와서는 성적인 파시스트를 사랑하게 되었다는 것은 믿기 어렵다. 약물중독자이자 정신병자에 가까운 그는 영양실조에 걸린 그녀를 구해주긴 했지만, 나중엔 그녀를 폭행하고 그녀가 예전에 수용소에서 살아남기 위해 남자에게 몸을 바쳤을지도 모른다는 생각 때문에 질투에 사로잡혀 화를 낸다. (그녀가 진짜로 그랬다 한들 무슨 상관인가? 화자인 '나'는 여성에게 가장 중요한 건 성적인 행실이라는 이 미친 연인의 생각을 수용하고 있는 듯 보인다. 사실 작가는 그의 새디스트적이고 지배적인 행동을 정상적인 남성의 연애 스타일이라고 간주하고 있다.)

비록 소피에게 그가 아닌 다른 선택이 없었음에도 불구하고 그녀는 그가 일시적으로 떠나갔을 때 안도감을 느낀다. (하지만 작가/화자는 그런 그녀를 비난한다[2]).

소설의 화자인 소설가는 소피 연인의 남동생이 소피에게 진실을 밝히려 하지 않는 것을 용인하고 오히려 협조하기까지 한다. 소피와 동거하는 이 남자가 노벨상을 받을 만 한 생물학자였다는 것 등은 모두 그가 꾸며낸 이야기이고 실제로는 정신병원을 들락거려야 하는 폭력적인 인물이라는 사실을 소피에게 알리지 않았던 것이다.

소설가는 소피에게 성적으로 집착하고 있었고 마침내 그녀를 사랑한다고 고백한다. 그러나 그 사랑이라는 게 실은 그녀에게 위험을 경고하거나 그녀 혼자 힘으로 설 수 있도록 도와주는 사랑이 아니라 그녀를 혼자 소유하고자 하는 것이다. 소설가는 소피의 연인이 그녀뿐 아니라 자신마저 죽이겠다고 위협하자 그제서야 그녀를 위험에서 구해내야겠다고 생각한다.

소설가는 소피에게 결혼 승낙을 받은 후에야 그녀를 미친 연인으로부터 '구해낸다.' 이 두 남자 사이에서 선택을 할 수 밖에 없는 상황이었다는 점을 고려하면 소피가 자살하기로 결정한 것은 그럴 법해 보인다. (물론 화자는 그녀가 강제수용소에서 혼자 살아남았다는 죄책감 때문에 자살할 수 밖에 없었다고 이야기한다. 그는 소피의 다른 자살 동기에 대해서는 아주 자세하게 검토하지만, 그와 그녀가 처음으로 동침한 것과 그로부터 몇 시간 후 그녀가 자살을 결심했다는 것 사이의 연관성은 전혀 생각해보지 않는다.) 하지만 여기서 자살을 택한 것 외에도 소피가 선택해야 했던 것이 있었다.

강제수용소 회상 장면에서는 나치 장교가 소피에게 두 아이 중 하나를 선택하라고 강요한다. 선택한 아이를 살려주겠다는 것이다. 하지만 소피가 둘 중 누구도 선택하지 못하면 두 아이 모두 가스실로 보내겠다고 협박한다.

소피는 아들을 선택한다. 이 장면은 아주 짧게 묘사되어 있고 소피가 아들을 택한 이유는 설명되지 않는다.

스타이런이 뭐든지 아주 자세히 서술한다는 것을 생각하면 (그는 짧은 문장 하나로 충분한 것을 긴 문장 두 개로 쓴다) 이것은 아주 기이한 일이다. 예를 들면 그는 나치 장교가 왜 이런 상상할 수도 없는 선택을 강요했을까에 대해서는 아주 자세히 서술하고 있으며, 그 결과 종교적인 욕구 때문이었다는 이상한 결론을 내린다.

그러나 소피가 딸을 구하지 않기로 결정한 데 내재해 있을지도 모르는 남녀차별의 문제에 대해서는 일언반구도 쓰지 않는다. 작가는 남아선호가 당연한 것이어서 설명이 필요하지 않다고 생각한 듯 하다. 그에게 있어 여성의 매저키즘, 남성의 새디즘, 여자 주인공은 으레 자살하는 것이 당연하듯 남아 선호도 당연한 것이다.

자신의 편견을 의식하지도 못하는 작가에게 화를 내기란 힘든 일이다. 『소피의 선택』을 읽으면 프로이드의 어떤 환자의 병력을 읽고 있는 듯한 느낌이 든다. 프로이드는 한 여자 환자가 어릴 때 아버지에게 실제로 강간을 당하지 않았는데도 무의식에서 그런 일이 일어나기를 바라고 있었기 때문에 그런 이야기를 꾸며냈다고 단호하게 주장했다. 그러나 나중에 발견된 프로이드의 편지를 보면, 그런 여자 환자들이 실제로 강간을 당했다는 사실을 알고 있었으면서 자신의 연구가 사회적으로 받아들여질 수 있도록 하기 위해 일부러 피해자를 비난했다는 것을 알 수 있다.

스타이런도 일부러 그렇게 했을 가능성이 있다. (그렇다면 둘 다 해서는 안 될 일을 한 것이다.) 마지막에 독자들은 소피가 아름답지 않았다면 또 그 소설가가 여름 내내 그녀와 잠자리를 함께 하려고 애쓰지 않았다면 그 소설가는 그녀에 대해 기록하려 하지 않았을지도 모른다는 서글픈 의구심을 가지게 된다. 강제수용소, 인간의 고통, 아동 살해, 정신병 등과 같은 이야기를 배경으로, 스타이런은 결국 섹스에 집착하는 한 젊은 남부 출신 소설가가 총각 딱지를 떼는 데 성공한 이야기만 늘어 놓고 있는 셈이다.

나는 소피가 실존 인물이 아니기를 바란다. 모두 스타이런이 만들어낸 이야기였으면 좋겠다. 그러나 프로이드의 여자 환자들처럼 소피의 이야기는 아주 있음직한 일이어서 읽는 이의 가슴을 아프게 한다. 소피가 그녀를 전혀 이해하지 못하는 사람에 의해 기록되었다는 점 때문에 더욱 가슴이 아프다.

아마도 우리는 『냇 터너의 고백』과 『소피의 선택』 모두의 책 표지에 다음과 같은 문장이 적힌 스티커를 붙여야할지도 모르겠다.

"도와주세요. 윌리엄 스타이런이 저를 책 속에 가두었어요."


V

우리는 ERA 논쟁에서 한 가지 실수를 저질렀다고 할 수 있다. 논쟁에서 어떤 측면에 초점을 맞출 것인가라는 문제에서 주도권을 가지지 못했기 때문이다. 우리가 여성은 징병의 대상이 될 자격을 가지고 있다고 말한 것을 가지고 ERA 반대론자들은 우리가 징병에 찬성한다고 몰아부쳤다.

징병은 우리의 초점이 아니었다. 대부분의 미국 여성들 – 그리고 남성들 – 은 평화시의 징병에 반대한다. 그리고 우리도 페미니스트가 징병에 찬성한다는 ERA 반대론자들의 주장을 부인했다.

"우리는 남녀를 막론하고 모든 징병에 반대합니다."

하지만 처음에는 그렇게 말하다가도, 종종 수세에 몰려서 국가적인 위기 상황이 혹시 닥친다면 여자들도 남자들과 같은 조건으로, 즉 아이가 있거나 나이가 많거나 건강이 안 좋은 경우에 면제되는 조건으로 복무해야 한다고 주장하는 것으로 끝나곤 했다. 그러면 또 난처한 상황에 처한다. 부모들은 아들뿐 아니라 딸까지 잃고 싶지는 않다고 생각했고, 많은 여자들은 폭력으로는 어떤 갈등도 해결할 수 없다는 신념을 저버리도록 강요받을 것을 걱정하기 때문이었다.

장기적인 페미니즘적 관점에서 볼 때, 우리는 선택의 자유라는 문제를 부각시켰어야 했다. 즉 군대에 갈 것인지를 각자가 선택할 수 있어야 한다는 것이다. 자원 입대하는 여성들이 남성과 똑같은 기회를 가질 권리가 있다고 주장하는 일이 가장 효과적일 것이다.

우리가 이런 전략을 사용한다면 ERA반대자들을 궁지에 몰 수 있다. 그들은 여성이 전투부대에 배치되는 데 항상 반대하고 있으며 어떤 분야에서든 여성이 군 복무하는 것 자체를 반대하는 경우도 많기 때문이다. 그러면서도 그들은 애국을 말하고 모든 시민의 무기소유권을 주장하고 있다.

그뿐만 아니라 징병은 동등한 시민권의 전제조건이라는 것도 현실과 동떨어진 주장이다. 남자들의 권리 대부분은 군 복무와 무관하게 주어졌다. 미국 역사 200년 동안 징병제도가 실시된 건 모두 합해서 30년 정도밖에 안 된다. 또한 입대한 사람 중에 실제로 전투에 참여한 사람은 5%밖에 안 된다.

기회보다 의무를 앞세우는 것, 이미 인기없어진 군대에 더 많은 사람을 가게 하는 것에 초점을 맞추어서는 운동을 성공시킬 수 없다.

반면 여성이 남성과 같은 조건에서 군 복무할 권리를 가진다고 주장하는 것은 선택의 자유라는 원칙에 그대로 부응한다. 또한 현재 이미 군대에 있는 여성들의 동등한 진급 기회를 보장하는 문제와도 연결되며, 여성들은 공격에 맞서 싸우는 법을 배워서는 안 된다는 남성중심적 논리에 도전하는 것이기도 하다.

전투경험이 많은 군인들은 (안락의자 경험밖에 없는 의회 의원들과는 달리) 억지로 싸우는 군대는 이길 수 없다고 믿고 있다. 베트남전은 바로 이런 믿음을 확인시켜준 사례였다. 자원자들만 입대하는 모병제에서는 군대 내에서 보수와 근무 조건이 더 좋고 병사들은 싸워서 지켜야 한다는 사명감을 가지는 경향이 더 크다.

그런데 의욕과 능력이 있는 여성들을 전투부대에 배속하지 않는 현재의 제도는 여군의 수를 제한하고 군대 내 여성들의 진급을 방해하고 있다. 이대로라면 군대 내의 가장 좋은 훈련 기회를 제공하는 부서와 정책 결정 부서는 앞으로도 계속 남성들 차지가 될 것이다. 게다가 교육 수준이 높은 병사들이 부족하다는 사실은 널리 알려져 있지만, 남자들은 여자 지원자보다 낮은 학력과 시험 점수를 가지고도 입대할 수 있다. 국무성은 남자 지원자들을 모집하기에 더 열을 올린다. 그래서 남자 병사 한 사람을 모집하는 데 여자 병사 한 사람을 모집할 때보다 삼천오백 달러를 더 지출하고 있다.

만약 군대가 여군의 인원제한을 없애고 의욕과 능력이 있는 여성들을 모두 받아들인다면 남자들을 징병하지 않아도 군대의 인력 부족 현상은 금방 해소될 것이다. 전 국무장관 클리포드 알렉산더에 따르면, 모병제가 실시되던 시기에 가장 지원자가 적었을 때에도 목표 인원에서 겨우 만육천 명이 모자라는 정도였다. 여군 인원제한이 없다면 이 정도의 숫자는 금방 채워질 수 있다.

여자들이 남자들을 징병으로부터 구해줄 수도 있었던 것이다. 나쁘지 않은 제안 아닌가. 왜 그것이 거부되는지를 여자들은 물어야 할 것이다.

사형 선고에 있어서도 남녀를 똑같이 대우해야 한다고 주장하고 매맞는 여성을 위한 쉼터에도 반대하는 우익 세력이, 여자들은 군 복무를 하지 않도록 '보호'해야 한다고 주장하고 자원한 여군들의 전투부대 배치에 반대하는 것은 일관성이 없지 않은가?

마거릿 미드 등 인류학자들의 비교문화 연구에서는 여성은 자기를 방어할 때는 남성 못지 않게 맹렬하게 싸운다는 사실을 보여준다. 여자들은 민간인이 참여한 대부분의 전쟁에 가담했고 몇몇 전쟁에서는 전선에서 직접 싸우기도 했다. 제2차 세계대전과 한국전쟁, 베트남전에서도 어떤 여자들은 전투 지역에서 간호사나 통신원으로 활약했다. 분명히 여자들도 총에 맞을 수 있다. 그리고 죽을 수도 있다. 그런데도 여자는 총을 쏠 수는 없다고 여겨진다.

이 사회가 여자들이 힘을 쓰는 법을 배우지 않기를 바란다는 것은 확실하다. 저임금을 받는 여급이나 강간 피해자 또는 매맞는 아내가 군사 훈련을 조금 받는다면 어떻게 될까? 정부 보조금으로 살아가는 가난한 어머니들이 베트남전에서 가난한 남자들이 배운 것과 같은 기술을 가지게 된다면 어떻게 될까? 평범한 순종적인 아내가 1, 2년 동안 군 복무를 하고 온다면 어떻게 변할까?

우리에게 가장 필요한 것은 입대를 원하는 여성들, 전투 부대 배치를 원하는 여군들이 겪는 불평등에 대해 문제 제기를 하는 것이다. 페미니즘의 핵심은 선택할 수 있는 권리에 있다.

—1980년과 1981년

역주

*1) 스타이넘을 비롯한 여성운동가들이 ERA를 통과시키기 위해 노력했으나, 그 전까지는 무명이었던 필리스 쉴라플리가 주도한 반 ERA 단체인 'Stop ERA'가 마침내 ERA 통과를 저지하는 데 성공했다.

*2) 이 글을 쓴 후에 개봉된 영화에서는 이 부분이 빠져 있었다. 메릴 스트립은 신기에 가까운 연기를 보여주었고, 사실 그녀가 영화를 구했다고 해도 과언이 아니다. 영화에서는 화자와 새디스트 연인 모두가 조금은 순화된 성격으로 나온다. 그럼에도 불구하고 그들의 도덕성과 소피의 매저키즘 문제는 여전히 남아 있다.

# 휴스턴 여성대회와 역사

우리의 국가가 순수한 민주주의를 이루려면 토론장에서 여자들을 내쫓아
야 한다. 도덕성 상실과 문제를 모호하게 만드는 것을 막기 위해서는 여
자들이 남자들 모임에 음란하게 섞이지 않도록 해야 한다.

—토마스 제퍼슨

1972년, UN은 1975년을 공식적인 '세계 여성의 해'로 선포했다. 하
지만 세계 여성들 모두가 그 결정을 환영하지는 않았다. 세계 여성의 해
는 세계 장애인의 해와 비슷한 것인가? 아니면 1975년을 뺀 모든 해를
남성의 해라고 인정한 것인가?

대부분의 국가가 '세계 여성의 해' 멕시코시티 대회에서 발표하기 위
해 통계 자료를 만들기 시작했는데 그것은 그 자체로도 충분히 가치 있
는 결과였다. 어떤 나라들은 이 대회를 계기로 여성의 지위에 초점을 맞
춘 연구를 처음으로 하기 시작했다. 많은 여성들과 여성 단체들은 세계
적인 주목을 받는 이 대회를 이용해 여성들이 서로 만나고 평등의 대의
를 확산시키는 기회로 삼기로 했다. 미국에서는 포드 Ford 대통령이
39명으로 구성된 세계 여성의 해 준비위원회를 발족시키고, 그들로 하
여금 통계 자료와 권고안을 만들도록 해서, 멕시코시티에 미국 대표로

파견했다. 다른 수천 명의 미국 여성들은 개인적으로 멕시코시티에 가서 비공식 행사에 참가했다. 그런 비공식 행사에 공식 행사의 참가 인원보다 더 많은 사람들이 모여서 공식 행사를 오히려 무색하게 하는 경우도 많았다. 여러 날에 걸친 대회가 끝날 무렵, 세계여성대회를 앞으로도 계속 열자는 주장이 제기되었고 '여성의 해' 대신 '여성 10년'을 선포하게 되었다.

미국의 공식 대표들과 비공식 참가자들 대부분은 처음으로 다양한 문화적 배경을 가진 수많은 여자들과 만났다. 그로 인해 그녀들은 넓은 시각을 갖고 많은 것을 배울 수 있었다. 여성 문제는 문화에 따라 매우 다양하기도 했지만 남성 지배 사회에서 여자들이 겪는 기본적인 문제는 놀랍도록 비슷하기도 했다. 그런데 공통의 경험과 난관을 갖고 있어 하나가 될 수 있는 여성들이 민족 문제 때문에 분열되는 것은 해롭고도 쓰라린 경험이었다. 한편, 미국의 공식 대표단은 그 대회에서 공식적 국가 의제만 발표했고, 그것은 다른 나라들도 거의 마찬가지였다. 그 의제는 다른 참가자들의 의견을 반영해서 만들어진 것이 아니었다. 그 대회를 위해서 많은 대통령 직속 위원회들이 만들어졌고 미국 여성들을 '연구' 하려는 좋은 의도에서의 노력도 많이 기울여졌지만, 정작 여성들에게 여성의 문제를 묻지는 않았다.

여성들은 스스로 자신의 의제와 목표, 계획표를 만들어야겠다는 열망을 갖게 되었다. 하원의원 벨라 압죽과 팻시 밍크 Patsy Mink는 전국여성대회에 관한 법안을 의회에 제출했다. 그들은 1975년에 이미 공법 94-167조 법안을 만들어 다른 여성 의원들의 지지도 받은 적이 있었다. 그 법안은 모든 주에서 공적 자금과 정부 지원금으로 여성대회를 개최해서 전국여성대회에 파견할 대표를 선출하고 의제를 정할 수 있도록 하자는 것이었다. 그렇게 해서 (헌법 제정자들이 최초의 헌법 제정회의에서 모든 여성을 제외시킨 것을 교정하는) 여성을 위한 헌법 제정회의라 할 만한 전국대회를 여는 것이다. 그러면 전국에서 선출된 대표들이 모인 자리에서 평등을 실현하기 위한 법률, 정부 조치 또는 헌법에 대한 권고안을 만들어 의회와 대통령에게 제출할 수 있었다.

멕시코시티 대회 이후에 이 법안은 열광적인 지지를 받았고 국제적으로도 알려졌다. 전국여성대회는 미 헌법 제정 200주년이 되는 해인 1976년에 열릴 예정이었는데, 의회는 그 해가 지나고 나서야 법안을 통과시켰다. 처음에 요구한 정부 보조금 백만 달러도 오십만 달러로 삭감당했다. 그 돈은 미국의 모든 성인 여성에게 엽서 한 장 보내기에도 부족한 액수였다. 카터 대통령은 새로운 세계 여성의 해 준비위원회 위원들을 임명했는데, 그 위원회의 임무는 각 주에서 대회를 열고 인구 비례로 대표를 선출하는 복잡한 과정을 수행하는 것이었다.

몇달 동안 자원 활동을 하며 주 여성대회를 준비한 여성들의 열정과 에너지, 희생 덕분에 56개 주에서 열린 이틀간의 대회는 성공적으로 치러졌다. 참가자 수가 이만 명이 넘는 곳도 있었다. 그 대회는 그 때까지 열린 정치 집회 중 가장 큰 것이었고 경제 수준이나 인종에 있어 주에 거주하는 모든 사람들을 가장 잘 대표하는 것이었다. 그 결과 대학 교양과목에서 복지제도에 이르는 스물여섯 개 영역에서 평등을 가로막는 것이 무엇인지 진단하고, 최초의 (그리고 아직까지도 유일한) 전국적 규모의 정치 대표들을 선출할 수 있었다. 연간 가구 수입이 이천 달러 미만인 사람들, 소수 인종 집단, 18세 이상의 모든 연령 집단 등이 인구 비례에 따라 자신들의 대표자를 가질 수 있었다.

1977년 11월, 휴스턴에서 제1회 전국여성대회가 열리자 다른 나라에서 온 참관인들을 포함해서 만오천 명이 이천 명의 대표들과 함께 이 대회에 참가했다. 철저하고 세심한 토론과 투표 절차를 거치느라, 주 대회에서 권고된 스물여섯 개 영역의 문제들을 논의하고 투표하는 데 나흘이나 걸렸다.[1] 여성운동을 반대하는 사람들은 휴스턴의 다른 곳에서 항의 집회를 했는데, 우익 의원 로버트 도난 Robert Dornan과 반反페미니스트 필리스 쉴라플리가 선두에 섰다. 그들의 견해는 선출된 대표들에게도 공평하게 반영돼 있었다. 인구 비례에 맞지 않을 만큼 많이 반영되어 있었다고 할 수도 있다. 몇몇 주에서 몰몬교도, 근본주의 침례파 같은 집단이 여성대회에 떼로 몰려오기도 했고 미시시피주에서는 KKK단이 대표를 배출하기도 했는데 그들의 입장은 투표 결과로 드러난 대다수 시민들의 의견이나 여론 조사 결과와는 전혀 다른 것이었다. 그럼에도 불구하고 평등을 주창하는 결의안이 통과됐다. 휴스턴 대회 이후의 여론 조사 결과에 따르면 미국인 남녀 대다수는 이 결의안을 지지했다.

언론인 린지 밴 젤더 Lindsy Van Gelder는 휴스턴 대회를 다음과 같이 보도했다.

"그것은 마치 미국 어디서나 볼 수 있는 수퍼마켓 계산대에 늘어선 줄이 정치 영역으로 자리를 옮겨온 것 같았다. 가정주부와 수녀, 10대 소녀와 노인, 비서와 농부와 변호사, 적갈색 피부와 백인 그리고 커피색 얼굴. 여기 모인 이들은 모두 여자들이고 여기엔 모든 종류의 여자들이 있다. 여자만 등장하는 칼 샌드버그*1)의 시가 그대로 재현된 것 같았다."

물론 휴스턴 대회의 대표자들은 미국 하원이나 상원에 비해 인종과 계급, 연령 등에서 다양한 사람들을 훨씬 더 잘 대표하고 있었고 대표 선출 절차도 더 민주적이었다. 청중도 토론에 참가할 수 있었고, 지역 이해에 좌우되거나 정치적 보상을 위해서가 아니라 개인의 양심에 따라 투표할 수 있도록 수정과 대리 투표를 할 수 있게 했다. 전국 대통령 전당대회가 그 대회와 가장 비슷한 모델이었지만 휴스턴 대회가 보다 민주적이었다. 휴스턴 대회까지 오기 위해 거쳐야 했던 길고 복잡한 과정은 좌절감을 줄 때도 많았고 그 과정이 완벽한 것도 아니었지만 그 대회는 놀랄 만한 성과를 낳았다. 그 일을 준비하기 위해 전력을 다해 열심히 일한 여성들도 결과에 놀랄 정도였다.

이런 거대한 프로젝트는 역사상 전례가 없는 것처럼 보였다. 사실만 놓고 보면 그렇다고도 할 수 있다. 그러나 그에 필적할 만 한 사건들은 과거에도 분명히 있었다. 여성들은 남성 지배의 정치 체제에 대해서 여러 세기 동안 계속해서 저항해 왔다. 그런 행동 중 일부는 휴스턴 대회만큼 대단한 것이었고 그 당시의 상황으로 볼 때 휴스턴보다 더 용기 있는 것이었다. 우리가 휴스턴의 정신을 이어가고자 한다면, 과거에 여성들이 만들어 낸, 휴스턴 대회와 비슷한 도전적인 행동들이 기록되지 않고 억압받고 조롱당하고 폭력적으로 다루어졌다는 사실을 알고 있어야 한다.

1950년대 교과서로 미국 역사를 배운 나는 백인 여성과 흑인 여성이 1920년대에 투표권을 '얻었다'고 배웠다. 그것은 흑인 남성이 그들 자신을 위해 남북전쟁에서 싸운 결과로 투표권을 '얻은' 후 50년이 지난 뒤였는데 그 50년 동안 무슨 일이 있었는지는 교과서에 설명되어 있지 않았다. 많은 흑인들이 폭동을 일으키고 자유를 위해 싸웠다는 사실에 대해서는 거의 배우지 못했고, 백년이 넘게 백인 여성과 흑인 여성이 전국적인 연락 체계를 가지고 함께 싸웠다는 사실은 전혀 배우지 못했다. 여자가 대중 앞에서 연설한다는 건 상상도 하지 못하던 시절에 흑백 여성들이 조직을 만들어 전국을 돌아다니면서 흑인과 여성의 참정권을 주장하는 연설을 했다. 남성뿐인 그리고 백인뿐인 입법부에서 로비 활동을 하고, 거리에서 시위를 하고, 단식 투쟁을 했으며, 투옥되기도 했다. 여성의 정치적 권리도 인정하지 않는 미국이 '민주주의를 위해' 제1차 세계대전에 참가해야 한다고 하자 그에 반대하는 목소리를 내기도 했다. 모든 여성이 인간으로서 법적 권리를 획득할 수 있도록 하기 위해 여러 세대에 걸쳐서 우리 선조 어머니들은 온 나라를 거의 마비 상태에 빠뜨렸던 것이다.

옛날에 미국 여성들에겐 투표권이 없었다는 사실은 역사책에 나와 있었다. 그러나 여성의 법적 권리의 다른 부분은 언급되어 있지 않았다. 여성의 법적 권리 획득은 이 나라에서 일어난 첫 번째 페미니즘 물결의 목표였다. 그것이 어떤 의미를 내포하고 있는지를 배운 사람이 우리 중 몇 명이나 되겠는가? 여성은 남편과 아버지의 소유물이라는 것, 혼인법에 짓눌려 시민으로서 여성의 권리가 죽음을 고했음을 바르게 인식하고 있는 사람은 별로 많지 않을 것이다. 귄나르 뮈르달 Gunnar Myrdal에 따르면, 여성의 지위가 동산動産의 지위와 같았음은 아주 분명한 사실이었다. 그래서 17세기의 최초의 미국 노예주들은 여성의 지위에 대한 규정이 노예의 법적 지위와 '가장 근접한 것이고 가장 자연스러운 유사성을 가지는 것'이라고 말했다.[2] 미국의 성인 여성이 재산을 소유하고, 법원에 소송을 내거나 유언장을 작성하고, 여성을 '소유'하고 있는 남편이나 아버지에게 자기가 번 돈을 주지 않고 자신이 가질 수 있고, 학교에 가고, 아이들의 양육권을 가지고, 강제적으로 그리고 법적으로 돌려보내질 위험 없이 남편의 집을 떠날 수 있고, 아내에게 신체적인 벌을 가하는 남편에게서 벗어날 수 있게 된 것 따위의 모든 권리는 독립적이고 용기 있는 여성 운동이 여러 세대에 걸쳐 획득한 것이다. 결혼하지 않을 경우에 평생 법적으로 미성년의 신분을 벗어날 수 없고 결혼한 경우에는 법적인 인격으로 인정되지 않는 사회적 감옥에서 벗어날 수 있게 된 것이 여성운동가들의 노력의 결실이라는 점을 학교에서 배운 사람이 몇 명이나 되는가?

19세기의 많은 페미니스트들은 교회의 가부장적 구조에 도전했고 용감하게도 사도 바울의 명령, '아내는 하나님께 복종하듯 남편에게 복종할지어다.' 같은 성서의 구절을 문제삼았다. 그런데 우리가 미국이 종교의 자유를 허용해가는 과정을 배울 때 그런 이야기를 읽은 적이 있던가? 엘리자베스 캐디 스탠턴 Elizabeth Cady Stanton은 아주 용기 있게 성서를 학술적으로 해석해서 『여성의 성서 The Woman's Bible』라는 책을 썼다. 그런데 우리가 그녀에 관해 들어 본 적이 있던가?

뉴잉글랜드의 마녀 재판과 고문, 화형의 광란은 지식을 많이 쌓은 독립적인 여자들, 낙태를 시술하고 피임법을 가르친 산파들이나 남성 중심의 권력 구조에 도전하는 여자들에 대한 박해였다. 그런데 우리가 미국의 종교적, 정치적 박해에 대해 배울 때 마녀 사냥에 대해 배운 적이 있던가?

도망친 노예들을 숨겨 준 용기 있는 사람들의 이야기를 들을 때, 수잔 B. 안토니 같은 여자들의 이름을 들어본 적이 있던가? 그녀가 도움의 손길을 흑인 노예에게만으로 한정시키지 않고 백인 남자의 학대를 견디다 못해 도망친 여자와 아이들도 도와 주자 노예 제도 폐지론자들은 그녀를 헐뜯고 소외시켰다.

흑인과 여성의 법적 지위는 동산의 그것과 같았고, 백인 남성들은 흑인과 여성을 값싼 노동력으로 이용하기 위해 그들이 '천부적'으로 열등하다는 믿음을 이용했다(그 믿음은 아직까지도 종종 이용된다.). 물론 그런 공통점이 있다고 해서 두 집단의 문제를 동일시하는 것은 아니다. 흑인들은 여성들보다 훨씬 더 끔찍하게 자유를 제한당했고 더 노골적인 학대와 폭력을 견뎌야 했으며 생명의 위협을 받을 때도 더 많았다. 백인 여자아이에게 글을 가르치는 것은 위험한 짓이고 죄악이라고 비난받을 수는 있었지만, 법을 어기는 일은 아니었다. 그러나 남부의 많은 주가 흑인들에게 글을 가르치는 것은 법으로 금하고 있었다. 백인 여자들은 흑인 노예에 비해 목숨을 잃을 위험이 훨씬 적었고 아이들과 헤어져 살아야 하는 일도 드물었다. 특히 흑인 여자들처럼 강제로 임신과 출산을 해야 하는 일은 없었다. 인종차별과 남녀 불평등에 반대하는 운동에 모두 참여했던 남부의 용기 있는 백인 페미니스트들 중 한 사람인 안젤리나 그림케 Angelina Grimke는 언제나 그 점을 지적했다.

"우리는 주인이 휘두르는 채찍을 맞아 본 적이 없고…… 손에 수갑을 차 본 적도 없다."3)

그렇지만 때로는 백인 여자들도 가정 폭력으로 참혹한 상처를 입거나 죽음을 당했다. 가난 때문에, 흑인 남자와 관계를 맺었다는 이유로, 순종해야 한다는 법도를 따르지 않았다는 이유로, 계약 노동자로 팔려 가기도 했다. 이 새로운 땅에 인구를 늘리기 위해 여자들에게 계속 아이를 낳을 것이 강요됐다. 게다가 여자들은 고된 노동까지 해야 했기 때문에 백인 여성의 평균 수명은 백인 남성 평균 수명의 절반밖에 되지 않았다. 아이를 낳다가 죽은 젊은 여자들로 가득한 초기 미국 이민자들의 묘지는 많은 여자들이 얼마나 간절하게 피임이나 낙태를 위해 산파를 찾았을지를 짐작케 해 준다. 백인 여성에게 가해지는 전형적인 처벌은 굴욕감, 자유와 정체성 상실, 건강과 정신이 망가지는 것 등이었다. 안젤리나 그림케는 이렇게 쓰고 있다.

"이렇게 우리가 흑인과 연대할 수 있어 대단히 기쁩니다. 저는 우리가 흑인과 같은 처지라고 생각합니다. 마음속에 무쇠덩이가 매달린 것 같고…… 우리 마음은 산산조각나 있다는 느낌이 듭니다."

그런데 왜 그렇게 많은 역사책들은 백인 여성과 흑인이 공통의 이슈를 갖지 못한다고 전제하고 따라서 그들이 노예 제도 반대와 보통선거권 획득을 위해 연대하지 못할 것이라고 가정했을까? 역사학자들은 사회적 약자들의 운동에는 거의 주의를 기울이지 않는 것 같다. 아마 백인 여성들과 흑인들의 도전은 위협적이지 않아서 그냥 무시해 버려도 되는 것 아니었나 싶다.

물론 그 당시에 가시화되지 않았다고 해서 역사의 교훈이 사라지는 것은 아니다. 흑인과 여성의 오랜 투쟁의 많은 부분은 두 운동이 의식적으로 연대를 맺고 그 연대가 제대로 기능하게 하는 것에 바쳐졌다.

"다음과 같이 결의합니다. 아프리카계의 모든 시민이 시민권과 정치적 권리를 찾기 전까지는, 또 모든 여성들이 실제적으로 남성과 동등한 지위를 갖기 전까지는 이 나라에 진정한 평화는 있을 수 없습니다."4)

이 성명서는 엘리자베스 캐디 스탠턴이 작성한 것으로 1863년 뉴욕 대회에서 통과됐다. 대부분의 초기 페미니스트들과 마찬가지로 스탠턴은 성과 인종에 대한 편견을 함께 없애야 한다고 생각했다. 여성 차별과 인종 차별은 "같은 원인에서 비롯됐으며 많은 부분 같은 방식으로 드러난다. 흑인의 피부와 여성의 성은 둘 다 열등함의 증거로 이용된다. 색슨계 백인 남자에게 복종하도록 만들어졌다는 것을 보여 주는 증거로 이용되는 것이다."5) 프레드릭 더글라스 Frederick Douglass는 도망 노예출신으로서 나중에 노예 제도 폐지와 모든 여성의 인격 확립을 위한 운동의 전국적인 지도자가 됐는데, 자신의 자서전에서 이렇게 주장했다. "노예 제도 반대 운동의 진정한 역사가 씌어지게 된다면 여성이 거기서 큰 부분을 차지할 것이다. 노예제도의 원인이 곧 여성 종속의 원인이기 때문이다."6) 더글라스가 죽자 신문들은 추모 기사를 쓰면서 그가 노예제도 폐지운동의 선구자일 뿐 아니라 "여성의 친구"였다고 했다. 그리고 그 외에도 그런 명백한 연대는 많이 이루어졌다.

우리 중 더 많은 사람들이 노예제도 폐지운동과 여성참정권 운동의 유사한 기원에 대해 배웠더라면, "여성해방"이라는 새로운 운동이 1960년대 말 민권운동에 참여했던 백인 여성들과 흑인 여성들이 여성 의식을 가지면서 일어났다는 데 놀라지 않았을 것이다. 물론 프레드릭 더글라스의 말을 잘 알고 있었다면, 민권운동과 평화운동을 하는 백인 남성과 흑인 남성 중 일부가 여성에게 부차적인 역할만 할당하는 권력을 휘두르지 않았을지도 모른다. 베트남의 마을이나 자기 집에서 여성에 대해 성적인 전쟁을 수행하는 일이 일어나지 않았을지도 모른다. 여자들이 다른 사회적 약자 집단과 감정적 연결을 느끼는 것이 논리적으로 당연하다는 사실을 배웠더라면 나를 포함한 우리 세대의 많은 여성들이 시간을 덜 낭비했을 것이다. 여자들도 권력을 가지지 못하는 하나의 계급이며 그래서 평화운동이나 민권운동이 평화시위를 벌일 때 왠지 지지하고픈 마음이 드는 것이 이유가 있음을 배웠다면 말이다. 그 이유는 평화운동은 남성성의 증거인 폭력성을 거부하는 것이기 때문이다. 우리는 흑인 운동, 이민 노동자들, 그리고 베트남전 참전을 거부하면서 "남성적" 역할에 도전하는 남자들 등 우리와 상관없는 듯 보이는 집단의 주장에 공감했다. 그러면서도 그런 강렬한 뜻밖의 감정을 이해하지 못했다.

여성참정권 운동가들이 아주 가끔 역사책에 나오기는 하지만 그들은 항상 따분하고 우스꽝스러운 블루스타킹으로 묘사되어 있었다. 남자 권위자들이 언제나 분개한 어조로 "세상에서 여자가 가장 많은 특권을 가지고 있는 곳"이라고 주장하는 현대 미국의 여자 영웅들에 대해서는 물론 전혀 언급하고 있지 않다. 게다가 여자들이 남근 선망과 지배적인 어머니 신드롬, 출세제일주의를 가지고 있다는 비난이 쏟아졌다. 몇몇 사회학자들은 흑인 가정의 모계 중심성이 백인우월주의보다도 더 흑인 남성에게 해로운 영향을 미친다고 흑인 여성을 비난했다. 그 외에도 여자들이 사회에 나쁜 영향을 미치는 일을 한다는 혐의를 많이 받아 왔기 때문에 우리는 더욱 더 우리의 여성 선조들이 발휘했던 인간적인 힘을 탐구하기 어려웠다. 남자들은 거만한 여자는 모두 순종적인 여자로 갈아치우겠다고 은근히 협박을 할 때가 많았다. "버릇 나빠진" 미국 여자들 대신 아시아나 유럽의 전쟁 신부를 데리고 오기도 했고, 거센 흑인 여자들 대신 "여성적인" 백인 여자를 더 선호했고, 남자를 잘 모시는 아주 젊은 다른 여자를 데려와서 잘난 체 하는 아내 대신 들여 앉히기도 했다.

역사의 수레바퀴를 다시 만들기 위해 힘들게 오랜 세월을 보낸 후에야, 우리가 선조 여성들에게 배우지 못했던 교훈을 우리 스스로 배울 수 있었다. 그 교훈은 여성과 흑인의 열등성을 주장하는 논리에 의해 그 두 집단은 남성지배 체제를 유지시키는 하나의 거대한 지지 체계가 되어 왔다는 것이다. 지적 능력이 부족하고 어린 아이 같고 특정한 일(항상 낮은 보수를 받는)에만 기술을 발휘하고 감정적이며 자연과 더 가깝고 단결력이 없고 항상 느리고 책임감이 없고 "자연적"인 위치에 만족을 느낀다 등과 같은 서로 비슷한 믿음은 모든 인종의 여성과 유색 인종 남자들에 불리하게 이용된다.

"여자와 니그로의 공통점은 미국을 떠받치고 있다는 것이다. 그들이 제공하는 부불 노동 또는 저임금 노동에 의해 미국은 유지되고 있다."[7] 이것은 구너 미르달이 1944년에 쓴 글로, 인종차별주의에 관한 그녀의 획기적인 연구인 『미국의 딜레마』의 부록에 있는 글이다. 나는 이 책을 1960년대에 읽었는데 (이걸 몇 년 전에 읽었다면 얼마나 좋았을까 하고 생각하면서), 그 때에도 나는 수전 B. 앤토니가 미르달보다 거의 한 세기 앞서 훨씬 더 간결하게 그 문제에 대해 이야기했다는 것을 알지 못했다. 그녀는 이렇게 말했다. "돈을 받지도 않고 많은 일을 해 온 여성들은 세상에서 가장 대단한 일꾼이다."[8]

인종차별 철폐와 남녀평등을 위한 최근의 운동이 압력을 가한 결과, 여성사 · 흑인사 · 남미계 미국인 · 아메리카 원주민 연구 등 많은 과목이 개설되었다. 그러나 이런 과목들은 여전히 그 주제에 가장 큰 흥미를 가지고 있는 사람들만 수강하는 특별한 과목이 되는 경향이 있다. 그 주제에 관심이 많은 사람은 그런 과목을 들을 필요가 가장 적은 사람인데 말이다. 그 과목들은 모든 학생들이 읽어야 하는 미국사 교과서의 필수적인 부분으로는 통합되지 않고 있다.

우리나라의 오래지 않은 과거에 대해 잘 알고 있지 못한다면 다른 나라나 더 먼 과거에 대해서 알고 있는 것은 얼마나 되겠는가?

식민 지배자들에게 맞서 군대를 이끌고 전쟁을 벌인 아프리카 다호메 왕국의 전사 여왕들에 대해 우리는 알고 있는가? 현대 서부 아프리카 국가들의 경제활동의 주축인 시장 여인들에 대해서는? 뉴잉글랜드의 마녀 사냥과 가부장제 정치학의 관계를 모르고 있으면서, 중세 유럽에서 이루어진 마녀 사냥이 여성과 자연의 힘을 숭배하는 기독교 이전의 종교를 뿌리뽑기 위한 것이었으며 그 때 화형대에서 죽은 여성의 수가 팔백만이 넘는다는 걸 알 수 있을까? 19세기에 씌어진 스탠턴의 『여성의 성서』조차 모르면서, 1세기 경 성서에 나오는 예수의 가르침은 가부장적 색채가 훨씬 덜하다는 것을 알 수 있겠는가? 탐험가, 무법자, 농장주, 해적, 출판인, 군인, 발명가 등으로 활동한 특출한 미국의 여성들이 이제야 겨우 재발견되고 있는데, 아메리카 원주민 부족들은 유럽 문화보다 훨씬 더 남녀의 권위의 균형을 이루고 살고 있었다는 것이 알려질 리가 없지 않았겠는가?

유대기독교 전통과 성서에서 매우 경멸해 온 "이교도 우상," "가짜 신들," "이교도 사원"들 중 많은 것이 여성의 힘을 표현한 것이고 자궁과 젖가슴을 가진 신을 표현한 것이라는 발견을 우리는 어떻게 해석할 것인가? 오랫동안 남성의 유골이라고 여겨 온 것들이 — 뼈가 크고 강하고 무기와 학문적인 내용의 두루마리가 함께 묻혀 있었기 때문에 — 사실은 여성의 뼈라는 것을 고고학자들이 발견하고 있는 지금 선사시대에 대한 우리의 비전은 어떻게 변화할 것인가? ('미네소타 남자'라고 부르던 유명한 고고학적 발견물이 최근 '미네소타 여자'라고 불리게 되었다. 유럽에서는 전투 중 입은 부상으로 죽은 젊은 전사의 무덤들 중에 여자의 유골도 포함되어 있음이 판명되었다.) 이제 우리는 성 불평등과 인종차별이 우리 역사에서 상호의존적이었으며 현대에도 마찬가지라는 점을 재발견하기 시작하고 있다. 인종과 계급의 "순수성"에 의존하는 — 미국 남부와 남아프리카공화국의 경우 백인의 순수성, 나치 독일의 경우에는 아리아인의 순수성을 내세우는 — 권력은 다음 세대의 "순수성"을 유지하기 위해 여성의 자유를 더 크게 제약해야 한다. 그 점을 이해하게 된 우리는 마침내 여성차별과 인종차별에 한꺼번에 맞설 수 있게 될 것인가? 단기적으로 분할 지배 작전에 대응하기만 하는 것이 아니라 장기적으로 성공을 거둘 수 있게 될 것인가?

타고난 신체 조건 ─ 성별과 피부색 ─ 에 근거한 카스트제도에 대한 그와 같은 저항은 항상 국제적으로 이루어졌으며 또 빨리 전파되었다. 한 나라가 다른 나라를 지배하는 식민 통치에 반대하는 운동은 국내의 인종차별과 여성차별에 반대하는 운동으로 심화되어갔다. 이 두 운동은 이십 세기의 가장 심오하고 핵심적인 운동이다. 민권운동과 여성운동은 미래에 대한 우리의 희망을 변화시켰을 뿐만 아니라 과거에 대한 우리의 생각도 바꾸었다.

과거의 여성운동에 대해 알게 되면서 소중한 것을 배우지만 다른 한편 화가 치밀기도 한다. 우리의 선조는 아주 많은 것을 알고 있어서 우리가 역사를 잘 알고 있기만 했으면 그런 것을 다시 배우기 위해 애쓸 필요가 없었을 것이라는 생각이 들기 때문이다.

예를 들면 휴스턴에서 채택한 전국행동강령의 결의안 중에는 미국 페미니즘의 첫 번째 물결의 메아리와도 같은 것이 많았다. 구타당하는 여자들의 비율이 높다는 것, 그들을 보호할 법이 마련되어 있지 않다는 것, 경찰이 가정 폭력에 개입하지 않으려 한다는 것 같은 모든 사실은 충격적인 새로운 발견으로서 미국인들에게 놀라움을 안겨주었다. 남편은 아내를 "소유"할 권리가 있고 따라서 아내를 신체적으로 "벌 할" 권리가 법에 명시되어 있었던 과거의 역사에 대해 좀더 많이 알고 있었다면, 우리는 이 광범위한 폭력을 훨씬 더 일찍 드러낼 수 있었을 것이다. 여성이 결혼하면 자기 성을 잃어버리고 거주지를 정할 권리와 신용과 다른 많은 시민권을 잃어버리는 일을 불가피한 것이라고 보지는 않았을 것이다. 만약 우리의 법률이 그 이전의 관습법에 뿌리를 두고 있다는 것을 알았다면 말이다. "남편과 아내는 법적으로 한 사람이다…… 즉 남편이 부부를 대표한다"9)와 같은 관습법을 바꾸기 위해 19세기 영국과 미국의 여성들은 아주 열심히 싸웠다. 우리는 남녀평등 헌법수정안 ERA이 "가족을 파괴"하거나 여자들을 "남자같이" 만들 것이라는 주장에 더 잘 대비할 수 있었을 것이다. 만약 똑같은 비난이 그대로 참정권 운동가들에게도 퍼부어졌다는 사실을 알고 있었더라면 말이다. (그 당시에는 한 가족 안에서 두 가지의 정치적 견해가 있을 수 있다면 그것은 가족이 파괴되는 확실한 길이라고 이야기되었다. 우리 선조 어머니들은 "중성적인 여자들"이라고 불렸고 "개인적인 매력이 전혀 없는" 여자들이며 "바지를 입으려는 노력이 실패해서 실망하고 있다"는 이야기를 들었는데 그것은 모두 그들이 투표권과 재산권을 원했기 때문이었다.) ERA가 주의 자치권 침해이며 "연방정부에 의한 권력 침탈"이라는 주장도, 주민의 투표권에 대한 결정은 전적으로 주 의회에서 결정되어야 한다는 19세기의 주장의 되풀이다. 그 때문에 참정권 운동가들은 한 주에서 다른 주로 하나씩 옮겨다녀야 했고 여러 해 동안 헌법 19조 수정조항에 초점을 맞추는 일이 연기되었다.

소수 집단 여성들의 결의안에서 보여 준 일치 단결은 휴스턴 대회의 가장 큰 성과라 할 수 있다. 아시아인부터 푸에르토리코인까지 망라하는 미국의 유색인종들을 최초로 한 자리에 모이게 했기 때문이다. 어떤 의미에서는 그것도 잃어버린 역사에 대한 큰 대가를 보여주는 좋은 예라고 할 수 있다. 흑인 여성들은 이중의 차별과 비가시성을 겪기 때문에, 그들은 노예제도 폐지운동과 여성참정권 운동을 이어주는 연결 고리 그 자체였다. 위대한 흑인 페미니스트이자 노예제도 반대운동의 지도자 소저너 트루스는 이렇게 경고했다. "흑인 남자들이 권리를 갖게 되는 데 대해서는 대단한 흥분이 있지만 흑인 여성에 대해서는 아무 말도 없다."10) 미국 남성 정치가들이 흑인 남성에게만 투표권을 부여하고 미국 인구의 절반인 여성의 투표권은 거부함으로써 보통선거권을 위한 연대가 깨졌다. 그 때 흑인 여성들의 정체성은 고통스럽게 그리고 인위적으로 분열될 수 밖에 없었다. 그들은 당시의 슬로건처럼 "흑인들의 시대"를 맞이한 그들 형제들을 지지할 수도 있었고 그렇지 않으면 소저너 트루스처럼 "계속 운동을 해 나갈 것"을 주장할 수도 있었다. 그녀는 "조용해질 때까지 기다리면 다시 시작되도록 하는 데 아주 오랜 시간이 걸릴 것"이라고 말했다.[11] 흑인 남성이 먼저 투표권을 가지게 될 것이 확실해지자 흑인 여성들은 백인 참정권운동가들로부터 더욱 더 소외당하게 되었다. 백인 여성운동가들은 백인 남성과 흑인 남성의 결탁으로 자신들이 제외되었다는 데 분개해서 인종차별적인 주장을 하기에 이르렀다. "교육받지 못한" 흑인 남성의 표를 누르기 위해서는 "교육받은" 백인 여성의 표가 필요하다고 주장했던 것이다. 분열은 심해져만 갔다. 두 개의 대의명분이 분열될 경우에 "다시 시작하려면 아주 오래 걸릴 것"이라는 소저너 트루스의 예언이 적중했다. 모든 인종의 여성이 투표권을 얻은 것은 그 후 반세기가 지난 후, 소저너 트루스가 죽고 여러 해가 지난 다음이었다.

흑인 여성과 백인 여성의 분열의 상처는 아직 많이 남아 있다. 흑인 여성은 흑인 남성을 위해 자기 재능을 억눌러야 한다는 그릇된 주장도 여전히 남아 있다. 그런 주장은 흑인 공동체의 힘은 반으로 줄어들게 하려는 것이다. 백인 남성 "자유주의자들"은 흑인 남성을 따로 분리해내는 분할 지배 작전을 시도했고 불행하게도 그것이 먹혀 들어갔다.

1960년대 초중반에 다시 페미니즘의 개량주의적 전주곡이 시작되었다. 그것은 중산층 백인 가정주부들이 그들을 집안에만 묶어두는 "여성의 신비"에 항의하는 것이었다. 보통 선택의 여지없이 노동자가 될 수밖에 없는 흑인 여성들의 삶은 그런 백인 여성들의 삶과는 거리가 멀었고 백인 여성의 그런 생활을 부러워하기까지 했다. 60년대 후반에 민권 운동이 일어나고 페미니즘이 등장한 후에야 인종차별과 성차별 반대 운동의 유기적 연결이 다시 자라나기 시작했다. 특권층 여성이든 흑인 여성이든 모든 여성은 하나의 카스트에 속해 있다는 페미니즘의 분석 덕분이었다. 사회에는 인종차별주의가 존속하고 있고, 여성들의 인종적 분열을 조장하고 또 흑인 여성과 남성 사이에 긴장 관계를 만들어내려 하는 경제적 사회적 구조도 존재하고 있다. 그럼에도 불구하고, 여성운동은 미국에서 인종이나 경제 수준에 있어 다양한 사람들을 가장 많이 포괄하는 운동이 되었다. 충분히 다양한 것은 아니지만 말이다. 아직도 흑인운동 내에는 남성지배가 모든 사람이 희망하는 사회적 표준이라는 주장도 남아있긴 하지만 흑인 운동과 그 정치적 지도자들은 이제 백인 남성 집단에 비해 더 많은 여성을 포함시키고 있다. 균형을 이루기에는 아직 멀었지만 말이다.

페미니즘의 두 번째 물결 동안 휴스턴 대회는 인종간의 장벽을 넘어서기 위한 긴 여행에서 최초의 공식적인 이정표가 되었다. 유색인 여성들이 강한 자기 목소리를 낼 만큼 많이 모였기 때문이다. 유색 인종이 전체의 삼분의 일 이상을 차지했고 그것은 그들이 전체 인구에서 차지하는 비율을 넘어서는 숫자였다. 아프리카계 여성들 뿐 아니라 히스패닉 여성들(멕시코, 푸에르토리코, 쿠바 등 라틴 아메리카 여성들)도 미국 내에서 두 번째로 많은 소수 집단으로 참가했고, 아시아태평양 여성들, 알래스카 원주민, 아메리칸 인디언 여성들이 서로 최초로 만났다. 그런데 만약 과거의 다리가 잘 유지되고 있었다면 이 여행의 위험을 훨씬 더 줄일 수 있지 않았을까. 미지의 황무지처럼 보이는 곳을 지나 연대를 위한 새로운 길을 건설해야 하는 힘든 과정을 겪지 않아도 되었을테니 말이다.

나에게는 휴스턴과 그와 관련된 모든 행사들이 개인적인 역사에서 획기적인 분기점이 되었다. 그것은 시대를 구분하는 이정표와도 같은 것이다. 무슨 일이 언제 일어났던가 하고 생각할 때는 항상 그것이 휴스턴 전이었던가 후였던가를 기준으로 기억하고 있다.

그 이유는 내가 그 대회를 통해 배운 것과 많은 관련이 있다. 되돌아보면 나는 이 최초의 전국여성대회를 위해 기울인 시간과 노력의 결과에 대해서는 회의적이었다. 정부가 지원하는 대회가 진정으로 다양한 사람들이 참여하는 대중적 행사가 될 수 있을까? 주 대회를 통해 정부와 민간의 노력이 결합되어 좋을 결과를 낼 수 있다는 것이 확인된 후에도 나는 여전히 전국대회를 앞두고 시험대에 점점 다가서는 듯 한 두려움을 가지고 있었다. 이 대규모 행사의 무질서함에 대해서만 전국적인 관심과 전세계의 이목이 집중되지는 않을까? 우익이 벌이는 소란스러운 반대 집회가 "여자들끼리는 단합이 안 된다"는 증거로 여겨지지 않을까? 주 여성대회와 휴스턴 대회 준비를 위해 그 해 내내 일해 왔지만 휴스턴 대회가 점점 다가오자, 걱정거리나 분란을 피해 집에 틀어박혀 있고 싶은 심정이었다. 아니면 내가 그렇게 정성을 쏟아온 행사가 무기한 연기라도 되었으면 하고 생각했다.

나는 그 때 그런 두려움을 갖는 것이 합리적이고 객관적이라고 생각했다. 그러나 그렇지 않았다.

각각의 여성들이 유능하며 용기있는 사람들이고 서로에게 신의를 지킬 수 있다는 것을 나는 이미 알고 있었다. 세속적인 권위를 갖고 있는 여성을 볼 기회가 없이 자랐지만 나는 그 사실을 충분히 알 수 있었다. 그러나 나는 여전히 여성 집단이 유능하며 용기있고 서로에게 신의를 지킬 수 있는지는 확신하지 못하고 있었다. 우리 모두의 다양성을 보여주는 크고 복잡한 행사를 우리가 치를 수 있다고, 그리고 우리 자신의 역사를 만들 수 있다고 믿을 수 없었던 것이다.

그러나 우리는 할 수 있다. 휴스턴은 그것을 가르쳐 주었다. 그렇다면 문제는 이것이다. 이 교훈을 다시 한번 잃어버릴 것인가?

—1979년

**각주**

1) 이 때 만들어진 전국행동강령 National Plan of Action 전문을 보려면 다음을 보라. Caroline Bird, *What Women Want: The National Women's Conference*, New York: Simon and Schuster, 1979.

2) Gunnar Myrdal, *An American Dilemma*, New York: Harper and Brothers, 1944, p.1073.

4) 위의 책.

5) 위의 책.

6) *The Life and Times of Frederick Douglass*, New York: Collier, 1962, p.469.

7) Myrdal, p.1077.

8) Susan B. Anthony, in Stanton, vol I.

9) Blackstone, Commentaries.

10) Sojourner Truth, in Statnton, vol.2, p.193.

11) 위의 책.

**역주**

*1) 칼 샌드버그: 미국 시인, 소설가. 그의 유명한 시 「시카고」는 백정, 연장 만드는 사람, 밀 쌓는 사람, 주식 투기꾼, 짐꾼 등 다양한 사람들을 등장시켜 시카고의 도시 풍경을 잘 그렸다.

# 선거운동

이 글은 조지 맥거번 George McGovern, 유진 매카시 Eugene McCarthy, 마틴 루터 킹 2세(이 부분은 로이드 위버와 공동 저술했다.), 존 린지 John Lindsay, 넬슨 록 펠러, 로버트 케네디, 리차드 닉슨에 대한 기사들을 발췌해 시간 순서대로 엮은 것이다.

## 1965년 7월

나는 보스톤 공항에서 버몬트까지 타고 갈 차를 기다리면서 며칠간 유익한 정치 토론을 듣게 될 것이라는 기대에 부풀어 있었다. 친절하게도 존 케네스 갤브레이스 John Kenneth Galbraith 교수와 그의 가족이 신출내기 무명 기자인 나를 자신들의 버몬트 농장으로 초대해 주었다. 나는 몇 주 동안 그 곳에서의 주말 모임만 기다렸던 것이다.

워싱턴발 비행기가 도착해 사람들이 내릴 때 유심히 살펴보았지만 차를 빌려 나와 함께 버몬트까지 가기로 약속한 사람은 그 중에 없는 것 같았다. 갤브레이스가 나에게 만나서 같이 오라고 한 사람은 바로 사우스 다코타의 민주당 상원의원이었다. 사람들을 살펴보며 두리번거리고 있는 사람은 키가 크고 마르고 어깨가 조금 구부정한 남자 한 명뿐이었다. 그 사람은 불룩한 낡은 서류가방에서 꺼낸 서류를 들여다보면서 이따끔씩 고개를 들어 살펴보고 있었다.

그 남자가 내 쪽으로 걸어 왔고, 가까이서 보니 멀리서 볼 때 생각한 것보다는 젊은 사람이었다. 그가 입은 양복은 너무 크고 구김살이 많이 가 있었는데 마치 우편 주문 카탈로그를 보고 주문한 것처럼 보였고 그가 옷에는 전혀 관심이 없는 사람임을 확실히 드러내주고 있었다. "안녕하세요? 진작 알아보지 못해서 죄송합니다"하고 그가 말했다. 또박또박 느리게 말하는 그의 말소리는 성실한 느낌을 주었다. "제 이름은 조지 맥거번입니다."

"의원" 누구라고 하지도 않고 이름 앞에 아무 것도 갖다 붙이지 않았다. 나는 약간 실망했다. 그 때까지 미국의 상원의원들을 많이 보지는 못했지만 그 사람은 내가 본 상원의원들과는 전혀 비슷하지 않았다. 뿐만 아니라 그는 렌터카 사무실을 찾지 못해 힘들게 헤매고 다녀서, 나보다 세상 일에 어둡고 일상적인 일 처리를 못 하는 사람도 있구나 하는 생각에 위안이 되기까지 했다.

일단 차에 오르자 나는 외모에 대한 것은 점점 잊고 그의 이야기를 듣기 시작했다. 목적지까지는 먼 길이었지만 시간은 빨리 흘러갔다. 세 시간 동안 꾸미지 않은 정치 이야기가 계속되었다. 내가 동등한 대화 상대라는 느낌을 가질 수 있었고 그래서 내 의견도 이야기할 수 있었으며 뭔가를 배울 수도 있었다.

대체로 맥거번은 그 당시 상원의 "평화주의" 전략과 호치민이 역사에 큰 영향을 미칠 인물이라는 것, 케네디 대통령 암살 전 그의 외교 정책의 의도, 그리고 베트남전의 영향 등에 대해 이야기했다. 그러다가 내가 허리가 자주 아프다고 하자 어느 의사를 찾아 가야 하는지 조심스럽게 권해 주었고 내가 사우스 다코타에서 휴가를 보내고 있는 자신의 아내와 딸들을 못 만나게 된 것을 아쉬워하기도 했다. 그리고 아주 즐거워하며 지난 여름 모임에서 갤브레이스가 했던 재치있는 농담도 많이 이야기해 주었다. 그 뿐만 아니라 그는 기자인 나에게 아주 솔직하고 진지하게 이야기하고 있었다. 어느 의원이 알콜중독인지 (맥거번은 그것이 "정치인의 직업병"이라고 했다)에 대한 이야기건 여러 정치 지도자들에 대한 자신의 견해에 대한 것이건 그는 솔직하게 이야기해 주었다. 나는 정치인을 만날 때마다 점점 수상쩍거나 솔직하지 않은 답변을 예상하게 되었는데 그에게서는 그런 것을 전혀 볼 수 없었다.

그는 또한 이야기를 하는 동안 아무 생각 없이 매우 빨리 차를 몰았기 때문에 지도를 보고 버몬트의 비포장 도로를 찾는 어려운 일을 내게 떠넘겼다. 내 스스로 놀랄 만큼 나는 처음으로 그 골치 아픈 지도를 제대로 읽었다. 내가 할 수 있다고 그가 신뢰를 보내준 결과인 것 같았다. 나는 내 자신의 정치 이론을 이야기하기도 했는데 이 꾸밈없는 사람에게 더욱더 감동을 받기 시작했다. "지도자" 스타일로 압도하지 않음으로써 그는 내가 더 정중한 청취자와 추종자가 되도록 할 수 있었다. 다른 사람들도 마찬가지일 것이다.

그러나 유명 정치인들의 주말 세미나가 시작되자 나는 듣는 사람의 역할로 돌아갔다. 갤브레이스와 아서 슐레진저 2세 외에도 하버드에서 온 학자들과 케네디 행정부 출신이 많이 있었고 같이 식사를 하러 잠깐 들른 다양한 다른 분야의 학자들도 있었다. 맥거번은 자기 주장을 이야기하는 것만큼 남의 이야기 듣기도 좋아하는 유일한 사람이었다. 그는 이 세련된 집단의 수사적 논쟁을 아웃사이더로서 보기를 즐기는 듯 보였지만 그런 논쟁에 끼어야 한다고 느끼지는 않는 것 같았다.

토론 주제가 징병 문제에 이르렀을 때에야, 거기서 가장 나이어린 사람이었던 나는 용기를 내서 내 의견을 이야기했다. 나는 징병 거부 운동이 크게 일어나기 시작하는 중이라고 생각한다고 말했다. 젊은 남자들이 일부러 일찍 결혼을 하고 건강이 나쁜 것처럼 꾸미고 동성애자인 척 하는 등 이 비도덕적 전쟁에서 사람을 죽이고 죽는 것을 피하기 위해 많은 사람들이 최초로 이런 노력을 하는 것을 존중해야 하며 심지어 존경할

만한 것이라고 나는 말했다.

불리한 위치에 처해 있음을 느끼면서도 나는 내 생각을 설명하고 증명하려고 애썼다. 몇 사람을 미소를 지어 주었고 사람들은 모두 친절하게도 참을성있게 내 이야기를 들어 주었다. 물론 징병 거부가 흥미로운 현상이라는 데에는 모두 동의하지만 정치 의식이 높은 뉴욕의 반전 운동 단체들에만 국한될 것이라고들 말했다. 대중 운동이 될 것 같지는 않다는 것이었다.

모두들 그런 반응을 보였지만 맥거번만은 예외였다.

"아닙니다. 대중 운동이 될 겁니다."

그는 슬픈 목소리로 말했다.

"저는 이 나라 전체에서 그걸 감지하고 있습니다. 청년들은 징병 거부의 대가를 기꺼이 치르려 할 것입니다. 그들은 다른 전쟁이나 한국전쟁 때처럼 이번 전쟁을 그냥 받아들이지는 않을 겁니다."

일요일이 되었을 때, 그는 자신이 쓰고 있는 연설문에 징병 거부 문제를 덧붙였다고 하면서 돌려보고 논평을 좀 해 달라고 부탁했다. 나는 그 연설문이 존슨 대통령의 베트남 정책을 비판하면서 분노를 그대로 드러내고 있는 것을 보고 놀랐다. 나는 겁이 나서 분노를 표출하는 대신 도미노 이론의 오류를 설명함으로써 자신을 보호하라고 충고했다. 도미노 이론은 베트남의 공산화는 다른 나라들도 연속적으로 넘어가는 것을 막을 수 없다는 주장을 말하는 것이었다. 그런 논리가 그의 주장을 반박하는 것으로 쓰일 것이 확실하기 때문이었다.

그는 주의깊게 내 말을 듣더니 내가 말한대로 하는 것은 안 되겠다고 말했다. 분노를 숨기지 않고 그대로 드러내면서 연설을 하겠다고 했다. 그 자리에 참석한 손님들 중 일부는 나를 뉴욕의 급진파와 국기를 태우는 징병 반대 운동가의 대변자로 만들었지만, 맥거번은 나보다 더 과격했다. 나중에 상원에서의 그의 활동 기록을 찾아보고 나는 왜 그가 최선두에 서는 데 익숙한지를 깨달았다. 1963년 그의 친구이자 정치적 동맹 관계에 있던 존 F. 케네디가 아직 백악관에 있을 때 상원 의원석에서의 첫연설을 베트남 참전이 비극적인 대실책이라고 경고하는 것에 할애했다. 그는 그것이 "이 대변혁의 세계 각지에서 우리에게 문제를 안겨다 줄 것"이라고 말했다. 1964년에 다른 정치인들은 여전히 "검둥이 문제"를 한탄하고 있었을 때 당시 초선의원이던 맥거번은 "백인들의 인종차별주의"를 비판하고 있었다.

보스톤 공항으로 돌아오는 것이 예정보다 미루어졌다. 맥거번이 렌트한 자동차의 열쇠를 완전히 돌려 끄지 않고 주말 내내 그대로 두어서 배터리가 모두 나갔기 때문이었다. 갤브레이스는 가까운 정비소까지 자기 차로 렌트카를 밀면서 먼지나는 길을 여러 마일 가야 했다. 맥거번은 당혹스러워 하는 듯 보였다.

나는 그가 나와 같은 문제를 가지고 있음을 이해하기 시작했다. 그도 비상시에는 대단한 능력을 발휘하지만 일상 생활을 잘 꾸려가는 능력은 없는 것 같았다.

보스톤으로 돌아가는 길에서 그는 자신이 두려워하는 일에 자기 자신을 던져 놓은 결과로 성장할 수 있었던 이야기를 조금 해 주었다. 예를 들면 수줍음을 많이 타는 성격이었기 때문에 그것을 고치기 위해 힘들었지만 고등학교 토론 대회에 나가게 되었고, 수줍어하는 성격이 아니었다면 그는 아직도 사우스 다코타의 작은 마을에 살고 있었을 것이라고 그는 말했다. 결국에는 설득력 있는 주장을 할 수 있는 능력이 한 과묵하고 허약한 소년에게 자신감을 주었다. (대부분의 토론대회에서 우승을 차지했던 그는 한 토론 대회에서 여학생에게 패배해서 우승을 놓쳤는데 그 여학생이 바로 나중에 그의 아내가 된 엘리노어 스테지버그였다. 그녀의 아버지는 정치 의식이 매우 높은 농부였기 때문에 그녀는 저녁 식탁에서 토론하는 법을 배울 수 있었다.) 그는 비행기 조종 교습을 받기로 한 후

자신의 두 번째 두려움을 발견했다. (비행기는 사우스 다코타주에서는 사치가 아니다. 많은 농부들은 마을과 마을 사이의 수백 마일을 날아다니기 위해 소형 비행기가 필요하다.) 그는 비행기를 타는 것이 "무서워서 죽을" 지경이었고 그래서 오히려 자격증을 딸 때까지 꾹 참고 하기로 했다. 자격증을 따자 그는 다시는 비행기를 몰지 않아도 될 것이라는 생각에 큰 안도감을 느꼈지만, 제2차 세계대전 중에 자격증을 가지고 있다는 이유만으로 그는 폭격기 조종사로 훈련받기 가장 적합한 후보자가 되어 버렸다.

"비행하는 것 자체에 대한 두려움은 극복했지만 나는 여전히 모든 폭격 임무가 두려웠어요. 하지만 그걸 받아들이지 않으면 바보같은 남자새끼가 되는 거였어요. 다시는 그런 일을 하지 않겠지만 저는 그 때의 경험을 통해 전쟁이 무언지를 알게 됐죠. 전쟁을 좋아하는 사람은 한 번도 전쟁에 참여해보지 않은 사람이 대부분이에요."

완고함과 참을성, 끈기. 차에 시동을 걸려고 할 때나 정치적 견해를 주장할 때 그가 보여준 이런 특성이 아마 비행기 조종이나 토론대회 참가에서도 그대로 나타난 듯 했다. 아무리 느리고 잘 안 될 듯 보여도 그는 포기하지 않았다.

나는 작별 인사를 하고 그에게 태워줘서 고맙다고 말했다. 공항에서 그가 걸어가는 것을 보니 퇴근길에 오른 다른 지친 사람들과 같은 평범한 사람으로 보였다. 그러나 이제 그의 가슴에는 분노와 역사 의식이 있다는 것을 알고 있다. 이런 꾸밈없고 정직한 사람이 어떻게 정치가가 되었는지 의아스러웠다.


## 1967년 가을

앨 로엔스테인과 존슨 반대 운동에 참가한 다른 사람들이, 대통령 예비선거에 참가해서 존슨 대통령의 베트남 정책을 비판할 사람의 후보자 명단에 맥거번을 포함시켰다. 앨이 그의 의사를 타진해 보았더니 맥거번의 보수적인 사우스 다코타의 참모들은 단호하게 그 제안을 거절했다. (그 중 한 명은 의심쩍어하면서 맥거번에게 이렇게 전했다. "조지, 뉴욕에서 어떤 유태인 녀석이 와서 자네보고 대통령에 출마하라고 하는군.")

결국 맥거번은 그 다음해 재선이 불투명하므로 재선 운동을 하는 게 더 급하다는 참모들의 말이 옳다고 판단했다. 게다가 그는 린든 존슨 대통령에 대한 도전은 여전히 로버트 케네디가 할 일이라고 생각하고 있었기 때문이기도 했다. 내가 들은 정보에 따르면 그는 앨을 미네소타의 상원의원 유진 매카시에게 보냈다. 그도 그들의 후보 명단에 올라 있었다. 그는 재선이 곧 다가오지도 않았고 그리고 대통령에게 아주 화가 나 있었기 때문에 (대통령은 그에게 부통령 자리를 줄 것처럼 하고는 그 대신 험프리를 임명했다) 뉴햄프셔에서 존슨 대통령을 곤란하게 할 수 있다는 사실을 반길 것이었다.

또한 매카시는 케네디 집안 사람들도 별로 좋아하지 않고 그들을 "신심도 없는 가톨릭 신자들"이라고 여기고 있었기 때문에 로버트 케네디가 더 합당한 도전자인지의 여부는 개의치 않았다. 맥거번이 거절한 것은 아주 안 된 일이다. 예비선거는 짧은 소동으로 끝날 수도 있었겠지만 국민들은 "상원에서 유일하게 도덕적인 사람"이라고 로버트 케네디가 말했던 이 남자에 대해 조금 더 많이 알게 될 수도 있었을 것이다. 하지만 대통령 후보 지명전을 거부함으로써 세상 사람들에게 알려지지 않은 인물로 남게 되었다.


## 1968년 4월

그것은 7시 15분의 개막 공연이었기 때문에 존 린지 뉴욕시장은 마틴 루터 킹의 저격에 대한 첫 번째 속보를 듣지 못했다. 8시 30분, 앨빈 극장에서 "도시의 봄"이라는 뮤지컬 곡이 연주되는 동안 한 흑인 형사가 두 번째 속보를 가지고 통로를 걸어 들어오기 시작했다.

보좌관이면서 보디가드인 어니스트 래티가 비상 사태를 맞아 시장을 부르는 것은 그 때가 처음이 아니었다. 공연 중이나 대중 연설 중 또는 한밤중에도 시장을 불러낸 적이 있었지만 그의 얼굴에는 특별한 긴급함이 있었다. 그는 통로에 앉아 있는 월터와 진 커를 지나쳐서 시장에게 쪽지를 건네고 밖으로 나오라고 손짓했다. 린지가 아내 쪽을 쳐다보니 아내는 어서 가 보라고 하면서 자신은 남아 있겠다고 했다. 그는 이렇게 생각했다. '그래도 되겠군. 오랜 친구 탐 보슬리의 중요한 첫 공연이고 하니 둘 다 나갈 필요는 없겠지.'

그러나 킹의 암살 사실을 알고 그것이 얼마나 중대한 사태인지 이해하게 되니 뮤지컬과 첫 공연 등에 대한 생각은 사라져 버렸다. 그리고 슬픔이 몰려 왔다. 그는 생각했다. '엄청난 일이야. 있어서는 안 되는 일인데. 케네디 때와 마찬가지로.' 이런 생각도 했다. '분노에 찬 사람들이 들고 일어날텐데, 전국에서.' 그리고 이렇게 생각했다. '그리고 여기에서도.'

그는 할렘으로 가기를 원했다. 왜냐하면 할렘에서 폭동이 시작될 가능성이 가장 크다는 점은 확실했기 때문이다. 즉 어떤 종류의 소요 사태 – 예를 들어 쥐, 쓰레기 수거, 복지 혜택에 대한 불평 – 는 대개 브라운스빌이나 베드포드-스투이베선트 같은 흥분 잘 하는 새로 형성된 흑인밀집지구에서 시작되어서 할렘으로 퍼진다. 그러나 이번에 폭동이 일어난다면 그것은 할렘의 중심지역에서 시작될 것임을 시장은 알고 있었다. 할렘은 미국에서 가장 오래된 흑인지역이고 정치적으로 가장 민감한 흑인지도 세력의 중심지이기 때문이다. 그는 보좌관들에게 씁쓸하게 이렇게 말했다.

"그 때문만이 아니라 누군가는 그 곳에 올라가 봐야 하니까. 백인 중 누군가는 그들의 절망을 똑바로 바라보면서 유감을 표시해야 해."

차를 타고 가는 동안 아무도 입을 열지 않았고 상쾌한 봄밤의 공기는 거리의 침묵을 더 불길하게 느껴지게 했다. 할렘 중심에 있는 25번째 경찰 관할구역에서 린지는 그 지역이 "술렁이고 있다"는 보고를 받았고, 매우 두려워하는 데이브 가아스를 남겨두고 8번가에서 차에서 내렸다. 그 곳에 사람들이 모여 있었다. 그는 두 명, 세 명씩 무리 지어 있는 그들에게 이야기를 하기 시작했다. 그들의 슬픔에 대해 공감을 표현하면서 그는 큰 군중이 형성되지 않도록 하기 위해 계속해서 7번가쪽으로 움직였다.

여자들이 눈물을 흘리며 서 있었다. 사람들이 레코드 가게 밖에 조용히 모여 있었고 스피커에서는 다른 도시의 폭력 사태 소식이나 마틴 루터 킹의 녹음된 연설이 크게 울려 퍼지고 있었다. 그런 소리는 자주 사이렌 소리나 – 몇 블록 떨어진 곳에서 화재가 일어났기 때문에 – 그 부근의 순찰차에서 들리는 뚝뚝 끊어지는 경찰 무전기 소리에 묻혀 잘 들리지 않기도 했다.


주택가에 있는 시립대학에서는 수백 명의 학생들이 흑인 음악과 춤 콘서트를 보고 있었다. 콘서트 중에 누군가가 강당으로 달려 들어와서 킹 목사의 암살 소식을 알렸다.

거의 이백 명의 학생들이 콘서트 도중에 강당에서 나왔고 흑인과 백인이 손을 잡고 125번 도로의 칸번트 가를 행진해 내려오기 시작했다. 그러다가 린지시장과 마주쳤고 그는 그들에게 해산하기를 요청했다.

행진하던 한 여학생은 이렇게 말했다.

"우리는 멈췄는데 다른 사람들이 우리를 따라왔어요. 그렇게 하다가 다른 사람들이 이렇게 하기 시작한 거예요."

"이렇게"는 산발적인 약탈과 돌멩이 던지기, 그 날 밤 보고된 오십여 건의 방화 등을 말하는 것이었다. 경찰차의 빨간 불빛이 번쩍거리고 연기가 피어 오르고 소방차가 앵앵거리는 소리를 내며 달리는 곳에 행진대가 이르게 되자 그 어린 학생은 아주 놀라고 당황해하고 있었다. 그 학생은 이렇게 말했다. "그 분은 폭력을 인정하지 않으셨죠." 킹 목사에 대한 이야기였다. "그러니 이렇게 하는 것은 옳지 않은 짓이겠죠."

다른 사람들과 마찬가지로 이 행진에 참가한 사람들도 블랙 파워 혁명의 아이들이었다. 그들의 영웅은 스토클리 카마이클 Stokely Carmichael[1]과 말콤 엑스, 르로이 존스 LeRoi Jones[2]였다. 카뮈, 파농, 말로를 숭배하는 학생들에게 마틴 루터 킹은 전투적 흑인운동을 대신하기에는 약했다. 그렇지만 그의 꿈은 블랙 파워 혁명의 꿈보다 더 위대한 것이었다.

"저한테는 그래요"하고 말쑥한 옷차림을 한 젊은이가 말했다. "킹 목사 같은 분한테 그런 짓을 하다니...... 킹 목사 같은 분한테 말이에요."

흑인운동의 지도자들, 활동가 영웅들에게는 더 심각한 딜레마였다. 개인적으로는 그들 대부분이 — 랩 브라운까지도 — 마음 속으로는 킹의 신념이 옳은 것이기를 희망한다는 것을 이미 인정한 바 있었다.

전투적 흑인운동 작가 애디슨 게일은 이렇게 말했다.

"지금 우리는 모두 조금 두려워하고 있습니다. 우리가 주장해 오던 바를 믿을 수 밖에 없게 되었기 때문이죠."


금요일 밤 1시 경 쓰레기와 깨진 유리 조각이 거리에 흩어져 있었지만, 두 시간 전의 군중은 흩어지고 별로 없었다. 폭동은 없었던 것이다. 아직까지는.

린지는 시장 관저에서 그 날 아침 여섯 시까지 청소부들을 추가로 더 투입해서 빗자루를 들고 나가서 지난 밤 폭력 사태의 흔적을 모두 없애도록 하라고 지시했다. 그는 두 번의 여름을 통해 빈민가 주민들은 아침에 거리가 깨끗하고 정돈되어 있으면 다시 거리를 어지럽히지는 않는 경향이 있다는 것을 알게 되었던 것이다. (폭동이 일어나면 청소부들이나 다른 도시 공무원들이 그 지역으로 들어오지 못하게 하는 것이 보통이었다. 뉴어크에서 사람들이 폭동에 가담하도록 자극한 것은 탱크뿐만이 아니라 거리에 널린 쓰레기이기도 했다.) 절망한 마음은 아주 예민하게 반응한다.

금요일 밤 여덟 시 삼십 분, 할렘 거주자들의 지도자 제시 그레이는 125번 거리 레녹스의 모퉁이에 섰다. 그는 음향시설 트럭과 집회에 참가할 사람들을 불렀으니 기다리자고 사람들을 독려했다. 제시는 이렇게 연설을 시작했다.

"메이플라워호에서 내린 백인들은 인디언들을 죽이고 총을 쐈습니다. …… 그리고 이제 그들은 흑인들을 죽이려고 합니다. 4년 전인 1964년 7월 19일, 우리는 경고했습니다. …… 하지만 4년이란 세월이 흐르는 동안 백인 경찰만 더 많아졌습니다."

그 다음 연사는 찰스 케니아타였는데 그는 할렘모모스라는 준군사조직의 지휘관으로 칼을 차고 있었다. 그는 혁명이라는 수사를 썼지만 – 과격한 지도자는 추종자들보다 앞서나가야 한다 – 군중에게 진정하라고 말하고 있었다. 그는 이렇게 말했다. "제 얘기 좀 들어 보십시오. 이 도시를 때려 부수려면 시내 중심가에서 합시다. 그리고 저는 지도자들이 모두 틀어박혀 있거나 입 닥치고 있으라고 말하고 싶습니다. 혁명에는 지도자가 없기 때문입니다."

리빙스턴 윈게이트가 그 다음 연사였다. "할렘 식민지의 형제 자매 여러분. 그들은 또 우리를 위기에 몰아 넣었습니다. 그러나 우리는 위기의 아이들입니다. 그 백인이 킹 목사를 죽이기 전에 그들은 그의 운동을 죽였습니다."

군중이 "흰둥이들 물러가라! 흰둥이들 물러가라!"라는 구호를 외치기 시작하자 그의 목소리는 점점 더 작게 들렸다.

토요일 내내 할렘가와 브룩클린의 가게들은 토요일 내내 활기찬 모습을 보였다. 타버린 가게는 깨끗이 청소되고 있었고 차분한 표정의 경찰관들이 지키고 있었다. 경찰은 지난 밤 약탈을 저지른 사람들을 모두 체포하라는 압력에 굴하지 않았다. 할렘은 매일매일 살아가기 위한 투쟁을 벌이는 일상적인 모습으로 돌아가고 있었다.

베드포드-스투이베선트의 '행동하는 지역사회 젊은이' 협회가 있는 건물에서, 윈스턴 TV라는 약탈당한 가게에서, 사람들이 서서 이야기하는 곳이면 어디에서든, 풀톤 거리를 따라 걸어가며 린지는 즉석 세미나를 열었다. "시장 관저로나 돌아가셔!" 하고 한 남자가 소리쳤다. 그러나 그 날 그런 냉랭한 반응은 아주 드물었다. 베드포드 가 모퉁이에서 대책본부 소속 척 윌리스가 시장 일행 옆에 서 있었고 린지의 보좌관 배리 가터도 거기 있었지만, 린지가 달려들어 차에 치일 뻔 한 노인을 구하기 전에는 아무도 그 노인을 보지 못했다. 걷고 있던 사람들이 모두, 구조대원처럼 날쌔게 행동한 그를 감탄의 눈으로 보았다. 구급차를 부르러 사람을 보낸 후 린지는 차가 올 때까지 그 노인과 함께 있었다.

워싱턴에서는 최루탄이 날아다니고 있었고 군대가 백악관을 둘러싸고 있었으며 뉴햄프셔 가에는 탱크가 들어갔다. 40개 이상의 도시에서 심각한 소요 사태가 일어나서 계엄령이 선포되고 군인들에게는 전투용 무기가 지급되었다. 하지만 폭동이 제일 먼저 일어날 것이라고 예상되던, 미국에서 가장 큰 도시 뉴욕에서는 폭동이 일어나지 않았다.

진짜 이유는 바로 게토 주민들에게 있었다. 예상과 달리 그들은 절망에 직면해서 자제력을 발휘했다. 다른 이유는 그보다 더 작고 더 미약한 것이지만 그것도 중요한 역할을 했다. 그것은 거리를 깨끗이 치우고 화해를 위한 자리를 만들고 전화 시스템을 밤새 가동시키고 시장 직속 대책본부가 언제라도 출동할 수 있도록 한 것이었다. 그리고 가난한 이웃 사람들에게 갈 수 있고 가려 하는 시장을 선출했다는 것이었다.

아주 큰 행운이 따르지 않는 한, 뉴욕에서 이 모든 변수들이 또다시 결합되기는 어려울 것이다.

"억압받는 사람들의 인내심이 영원히 지속될 수는 없다."
— 마틴 루터 킹 2세

1968년 6월

로버트 케네디가 저격당했을 때 나는 텔레비전으로 그가 캘리포니아 주 예비선거에서 승리하는 장면을 보고 있었다. 그리고 그냥 계속 텔레비전만 보았다. 갑자기 그 외에는 아무 것도 할 일이 없었고 아무 것도 할 가치가 없었다. 그 날 아침과 그 다음 날, 그리고 또 그 다음날도 계속해서 텔레비전 앞에 앉아서 그 비극이 어떻게 전개되어 갔는지 보고, 그 비극적인 단계들의 핵심만 모아 편집된 요약편을 다시 보고 있었다.

방송에서는 케네디 대통령이 죽은 후에 그랬던 것과 거의 비슷하게 오랫동안 같은 장면을 되풀이해서 보여주었다. 그것은 철야기도 같았다. 즉 의식을 되풀이하고 일종의 자기 최면을 통해 슬픈 마음을 달래는 옛날 의식의 현대판 재현 같았다. 가끔 텔레비전이 이토록 생생하게 현장을 전할 수 있다는 것은 국민들이 제정신을 잃지 않도록 하는 데 도움이 된다. 만약 우리가 달라스의 그 아수라장에 대해 듣기만 했다면 – 케네디 대통령 장례식의 차분한 품위가 호소하는 것을 보지 못했다면 – 링컨의 암살 후에 있었던 것보다 더 무시무시한 복수가 시작되었을 것이다.

1968년 뉴햄프셔 예비선거가 있기 전 우리는 퇴근 후 컬럼부스 서클에 있는 매카시 선거운동본부 건물 삼층의 황량한 사무실에서 만나곤 했다. 거기 모인 사람들은 몇명의 기자와 편집자들이었는데, 그들은 정치 일반에 대해서도 베트남 참전 반대 운동에 대해서도 아주 다른 견해를 가지고 있었지만 하나의 공통점은 가지고 있었다. 그것은 절망감이었다.

거기 모인다는 것은, 기존 체제에 비판적이긴 하지만 선거를 통한 변화는 불가능하다고 보는 극단적인 유형도 아니라는 의미일 것이라고 나는 짐작했다. 그렇지만 우리는 그 사이의 넓은 범위에 있는 모든 정치적 입장을 각각 대변하고 있었다. 로버트 케네디를 싫어하는 사람, 로버트 케네디가 출마 선언하기를 기도했던 사람, 돈키호테처럼 용감하게 자신이 속한 집단을 공격해야 한다고 생각하는 나이 많은 자유주의자, 체제 안에서 활동하는 것은 모두 마찬가지라고 생각하는 신좌파 급진주의자 등이 있었고, 반전 명분을 강화해서 넬슨 록펠러가 대통령 후보로 지명되기를 바라는 공화당 여성도 있었다. 우리는 모두 흔들거리는 접이식 의자를 펴고 둘러 앉아 우리의 견해 차이를 줄여 가면서 우리 모두의 공통된 희망 즉 대통령 예비선거를 통해 베트남전 반대 의견이 잘 드러나도록 하는 것에 초점을 맞추었다.

특이한 점은 매카시 선거운동본부의 초기 아이디어 회의에 참가했던 우리들 중 누구도 실제로 매카시에게 찬성하지는 않았다는 것이다. 하지만 그는 전쟁에 대해 조심스럽지만 정확한 발언을 하고 있었고, 의회에서의 투표 전력은 그가 혁명가는 아니지만 도덕적 인간이라는 점을 보여주었으며, 그리고 무엇보다 그는 뉴햄프셔 예비선거에 출마할 뜻을 가지고 있었다. 매카시가 아닌 대안은, 믿을 수 없는 말을 하고 적을 "수색섬멸" 하는 것이 자존심의 큰 부분을 차지하는 사람이 대통령이 되는 것이었다. 매카시가 최선일 수도 있고 아닐 수도 있지만 확실히 그는 험프리보다는 나았다.

그래서 우리는 그를 밀어 주기로 했다.

선거 홍보물을 만들기 위해 연구를 하던 중 나는 매카시에게서 존경스러운 점을 많이 찾아내는 것이 매우 쉬운 일이라는 점을 알게 되었다.

• 그는 용감하게 1966년 1월 베트남 참전을 반대하는 발언을 하기 시작했다. (물론 갤브레이스는 1962년에 케네디 대통령에게 경고했고 맥거번은 1963년에 상원 의원석에서 베트남 파병을 비판하기 시작했다. 하지만 그들은 뉴햄프셔에서 그런 항의를 하지는 않았다.)

• 일찍이 군산복합체에 대해 정확히 비판했다. (그러나 거의 모든 의원들이 그랬듯 그도 베트남 파병을 위한 지출에 찬성하는 표를 던졌다. 민간 방공과 체제전복행위 규제국, 총기 사용 확산을 위한 전국위원회에도 찬성했는데 다른 의원들은 모두 그에 반대했다.)

• 그는 여러 권의 책을 쓴 지식인이자 교사이며 연설문도 직접 작성한다. 시인과 철학자들과 함께 하는 자리를 즐기는 시인이기도 하다. (그의 연설문은 너무 단조롭고 시는 어색해 보인다는 것은 신경쓰지 말라. 정치인 중 사무실 벽에 흔히 걸어두는 정당 지도자 사진 대신 토머스 무어 경의 초상화를 걸어둔 사람이 몇이나 되겠는가?)

• 엄청난 정치적 위험을 감수하고 그는 그 유명한 1960년 애들레이 스티븐슨 지명 연설을 했다. "우리가 민주당원이라는 것을 자랑스럽게 느끼도록 만들어 줄 이 사람을 떨어뜨리지 맙시다"라고. (물론 매카시는 린든 존슨의 부통령 후보로서 그 전당대회에 갔는데 존슨은 스티븐슨과 케네디의 팽팽한 접전 결과 자신이 지명되기를 희망하고 있었다. 그러나 그런 동기가 작용했을 수 있다는 점이 훌륭한 연설의 힘마저 부정할 수는 없다.)

2월, 매카시는 뉴욕으로 갔다. 거기서 선거자금 모금 파티에 참가하고 기자회견을 하고, 의류 상가에서 시민들을 만나고(할렘가에서 그런 일을 하는 것은 불가능하다는 것이 밝혀졌는데, 이유는 흑인들이 그런 일에 관심이 없기 때문이다.), 영향력 있는 지지자들을 만날 예정이었다.

그 지지자들과의 모임에 참가했던 사람들은 모두, 열광적인 분위기에 찬물을 끼얹는 데 매카시가 대단한 재주를 가지고 있음을 기억할 것이다. 위아트 쿠퍼가 지지자들을 칭찬하는 우아한 연설문 도입부를 써 주었는데도 말이다. 사실상 몇백 명의 손님들은 모두 매카시의 의정 활동과 뉴햄프셔에서 그가 베트남 참전을 비판하고 있다는 것 때문에 그를 좋아하고 지지하는 성향을 가지고 있었다. 그러나 그의 연설 처음 몇분을 들은 후 희망과 열의가 사그라지기 시작했다. 그는 소심하고 평범하고 무미건조했다.

나로서는 그 다음 날 아침이 더 나빴다. 세 명의 다른 기자들과 함께 세인트 레지스에 있는 호텔 스위트룸에서 매카시를 만났다. 우리는 모두 신문의 대통령 예비선거 특집 기사를 쓰고 있었다. 우리는 각각 기사에 인용할 말을 얻기 위해 매카시가 강점을 가진 분야에 대해 질문했다. 그런데 질문이 끝날 때마다 매카시는 선거운동 본부장 블래어 클라크나 젊은 언론 담당 보좌관을 돌아보며 이렇게 말하곤 했다.

"그 문제에 대해서는 상원 연설에서 이야기했던 것 같은데."

"「룩」지에서 발표하지 않았던 자료 기억나지? 그것 좀 가져오지."

우리는 묻고 또 물었다. 역할이 바뀌어 우리가 인터뷰 대상이 된 것 같았다. (어딘가 이 인터뷰를 녹음한 테이프가 있을 텐데 아마 코미디 레코드로 팔아도 될 것이다.) 그가 스스로 생각해서 이야기하는 대답은 하나도 들을 수 없었다. 마침내 나는 그가 자료로 만들어 두지 못했을 법한 질문을 하나 생각해냈다. 이번 뉴햄프셔 예비선거는 당신이 이전에 해 온 의원 선거운동과 어떻게 다릅니까?

"다르지 않습니다."

그는 딱 잘라 말했다.

"똑같습니다."

매카시를 보니 옛날 의자 깊숙이 등을 기대고 앉아 손가락을 모아 뾰족한 탑처럼 만들고는 내 아버지에게 이렇게 말하곤 하던 귀티나게 생긴 은행원이 생각났다. "안 돼요. 당신에게는 대출해 줄 수 없어요."

물론 매카시를 희망의 상징으로 만든 것은 젊은이들이었다. 몇달 전까지만 해도 향수 어린 애정의 대상으로 신봉되던 케네디 행정부 출신들은 이제 낡고 닳은 것으로 보였다. 3월 16일 결국 로버트 케네디가 대통령 선거에 출마하겠다고 뒤늦게 선언하자 모든 사람이 괴로워했다. 매카시보다도 훨씬 더 불리한 그가 왜 그릇된 충고를 받아들여서 뉴햄프셔 예비선거에는 출마하지 않겠다고 하는 것인지 나는 이해할 수 있었다. 그러나 그는 그의 지지자들을 잃었다.

그러나 매카시 운동본부에서는 매카시를 대통령 후보로 지지하는 것만으로는 충분하지 않았다. 로버트 케네디를 한 인간으로서 반대하기도 해야 했다. 도덕적 우위에 서 있다는 분위기가 가득했다. 도덕적인 인간과 정치꾼 사이 중간 쯤에 위치하던 매카시는 이제 비판의 여지가 없는 완벽한 사람이 되었다. 그가 뉴햄프셔에서 출마하는 것 자체가 그의 모든 잘못을 덮어주고 있었고 케네디가 뉴햄프셔에 출마하지 않는 것이 케네디의 모든 장점을 무화시키고 있었다.

별로 다르지 않은 강령을 내놓은 두 사람 중 어느 쪽을 지지하느냐 때문에 친구들끼리도 더 이상 이야기하는 사이가 되기도 했고 공동의 목표는 잊혀졌다. 갑자기 누가 누구를 지지하다가 누구로 바꾸었는가 하는 것이 누가 누구와 바람이 났는가 만큼이나 재미있는 이야깃거리가 되었다. 그러나 그것은 바람 피우는 것보다도 더 용인되기 어려운 일이었다.

마침내 나는 모든 일을 그만두었다. 양쪽 선거운동에 모두 사람이 충분히 많다는 이유를 댔다. 그리고 시저 채베즈의 일을 돕기로 했다. 이민 노동자들의 운동을 이끌고 있는 그 간디주의 운동가는, 소외되고 가난한 사람들에게 공감하고 그들의 편에 설 줄 아는 탁월한 능력을 케네디가 가지고 있으며 그것이 그가 뉴햄프셔에 출마했느냐 안 했느냐보다 훨씬 더 중요하다고 나를 설득했다. 베트남전에 대한 후보자들의 입장은 다소 비슷할 수 있고 흑인 민권과 관련된 그들의 의회 활동도 비슷하지만, 케네디는 한 국가 안의 흑인 식민지 국가에서 대사 신임장을 받을 만 한 사람이라고 했다. 케네디만이 캘리포니아에서 일어난 이민 노동자들의 파업에 도움을 주러 갔다. 농장 주인들이 민주당의 중요한 지지자라는 사실에도 불구하고 말이다. 어떤 케네디 지지자들은 "우리는 승리할 수 있다"라고 외치지만 그들은 케네디에게 해를 입히고 있는 셈이다. 그가 승리 '해야만 한다' 는 것이 더 중요하게 주장되어야 한다.

그러나 오레곤주 예비선거에 즈음해서 매카시는 케네디를 정치적으로 뿐만 아니라 개인적으로도 공격하고 있었다 – "바비(로버트 케네디)는 잭(존 F. 케네디)이 될 수 없고 그 자신도 잭이 되고 싶어하지 않는다." – 애들레이 스티븐슨의 유머는 자기 자신을 겨냥하는 것이었던 데 반해 매카시의 유머는 다른 사람들을 조롱하는 것이었다. 그것까지는 좋다. 그런데 왜 베트남전 정책에 관한 진정한 적수인 허버트 험프리는 가만히 두고 케네디에게만 그렇게 개인적인 공격을 가하는 것일까?

로버트 케네디의 죽음 이후 처음 열린 기자회견에서 매카시가, 중요한 인물이 세상에서 사라졌다고 생각하고 있으며 자신이 그 빈틈을 메우기 위해 노력할 것이라고 말했다면, 나와 다른 많은 사람들은 또다시 그를 지지했을 것이다. 흑인과 빈민들은 로버트 케네디가 어떤 사람인지 잘 알고 있었지만 다른 많은 사람들은 그 때 막 알기 시작하고 있었다. 그러나 매카시는 그를 이해하지 못했다. 그의 친구는 이렇게 말했다. "매카시는 국가의 장래에 대해 걱정을 했고 선거운동을 다시 처음부터 시작해야 된다는 것 때문에 울적해했다. 그러나 매카시는 로버트 케네디가 살아 있을 때에도 케네디가 사람들의 감정에 호소해서 지지를 얻으려 하는 선동 정치가라고 생각했고 지금도 그렇게 생각하고 있다."

존슨을 통해, 따뜻한 마음은 있지만 도덕 관념이 없는 대통령으로 인한 괴로움을 겪어 보았으니 우리는 이제 도덕 관념이 뚜렷하고 따뜻한 마음이 없는 사람에게 찬성해야 할지도 모르겠다. 그걸 알아내기 위해 나는 저널리스트로서 매카시 선거운동을 취재하는 기사를 쓰기로 했다. 그리고 일기를 쓰듯이 써 나갔다.

### 1968년 7월

첫날. 매카시 선거운동 비행기는 워싱턴에서 피츠버그로 갔다가 오늘 다시 돌아왔다. 그 다음 남부지방 순회 유세가 시작된다. 그것은 버지니아, 조지아, 켄터키까지만 내려가는 것이었다. 매카시 후보의 맞은편에 앉아서 그가 의자에 축 늘어져 앉아 있는 것을 보니 싫어하던 마음이 많이 사라져 버렸다. 그제야 나는 왜 비평가들이 배우들보다는 연출가나 작가를 더 잔인하게 비판하는지 알 수 있었다. 상처받기 쉬운 인간의 모습으로 바로 눈앞에 있는 사람을 너무 심하게 비판하는 것은 불가능해 보였다. 구식 멜빵은 풀 먹인 셔츠와 앙상한 어깨 위에 늘어뜨린 채, 굵은 테 안경을 쓰고 록펠러와 험프리에 찬성하는 〈뉴욕 타임즈〉 광고를 자세히 보고 있는 그는, 청구서를 들여다보고 있는 지친 아버지, 누군가의 사랑하는 아버지처럼 보였다. 약간 어울리지 않고 약간 힘이 빠진 듯 보이는 그는, 수영복을 입고 구두를 신고 해변에서 신문을 보는 남자 같은 느낌을 주었다.

둘째날. 어제 뉴욕과 피츠버그에서나 지금 비행기 안에서나 선거운동원들이 두 종류로 구분되는 점이 흥미롭다. 이동 담당 스탭, 지역의 운동원, 사전 공작원 등 모두가 두 집단으로 나뉜다. 이 운동이 십자군 전쟁이라도 되는 양 생각하는 '진실한 신자들'과 매카시는 현 상황의 최선일 뿐이라고 생각하는 '실용주의자'들로 나뉘는 것이다. 전자는 무비판적이고 후자에 속하는 사람들의 견해에 계속 충격을 받는다 (실용주의자들이 그들에게 먼저 '진실한 신자'라는 작위를 수여했다). 각 집단은 다른 집단이 있을 때는 이야기를 삼가는 경향이 있다. 각 집단은 다른 쪽이 매카시 후보에게 영향을 미칠까봐 두려워한다.

그런 분열에 또다른 분열이 더해지는데 그것은 매카시와 지속적으로 접촉하는 (주로 비행기에서) 스탭과 각 지역에서 또는 본부에서 일하는 사람들 간에 생긴 분열이다. 첫 번째 집단은 두 번째 집단에 비해 훨씬 냉정한데 그것은 매카시에 대한 그들의 열정이 더 약해서가 아니라 매카시의 스타일을 따라할 정도로 그에 대한 충성심이 대단하기 때문이다. 그러므로 그들은 감정을 드러내는 것은 경멸한다. 이 냉담하고 과묵하고 약간 냉소적인 태도는 매카시에게는 자연스럽지만 젊은 보좌관들의 어깨에 덧씌워질 때는 이상해 보인다. 그런 태도는 또한 그들 후보에 대한 열광적인 반응이 일어나지 못하게 만든다. "그 젊은이들은 매카시와의 거리가 멀수록 일을 잘 한다"고 우리 일행 중 한 명은 말했다.

진실한 신자가 아닌 한 보좌관은 이렇게 말했다. "이 비행기를 보세요. 우리는 여기에 마이크 해링턴이나 갤브레이스, 팻 모이니한 등 이 나라에서 가장 훌륭한 사람들을 누구든지 태울 수 있었어요. 그러나 그런 사람은 하나도 없어요. 매카시는 자기에게는 그런 사람들이 필요없다고 생각해요."

세 번째 날. 매카시의 개인비서인 과묵한 젊은이 찰리가 그 날 오후 아틀란타로 가는 동안 매카시 상원의원 옆에 내가 앉을 수 있도록 해 주겠다고 말했다. 선거운동 비행기에서 늘 그렇듯 모든 수행원과 기자들은 누가 후보자의 말을 듣는가에 계속해서 신경을 곤두세우고 있었다.

뉴햄프셔주 예비선거 이전에 비하면 매카시는 이미 연예계와 정계 특유의 과정을 밟기 시작했다는 사실을 나는 알아차렸다. 그는 스타로 변신하고 있었다. 창백한 흰 피부는 골고루 약간 그을린 피부로 탈바꿈해 있었고, 은색 머리는 약간 길었지만 기름칠을 하지는 않았고, 이제 바짓단 밑으로 보이지 않을 만큼 긴 양말을 신고 있었고 그것도 양말목에 자수 장식이 있는 짧은 비단 양말이 아닌 니트 양말이었다. 그러나 그가 변신했다고 느껴지는 부분은 내적인 부분의 변화와 더 많이 관련되어 있는 것 같았다. 지속적으로 세밀한 관찰을 하고 한 명의 스텝이 항상 그것에 주의를 기울이도록 해서 다듬어진 변화 때문인 듯 했다. 그 변화를 가져온 것은 권력일지도 모르겠다.

"다른 기사들에서 잘못 보도해서 제가 정정해야 할 것이 있나요?"라고 내가 질문했다. 그것은 확실히 성공할 질문으로 내가 미리 준비한 것이었다. 날씨를 제외하면 언론만큼 모든 사람들의 불평 대상이 되는 것은 없다. 특유의 기만적으로 온유한 방식으로 그는 이렇게 대답했다.

"언론에서 관심을 가지는 것은 대의원의 수뿐이지요, 아시다시피. 그런데 그건 틀렸어요. 그렇게 하기에는 아직 시기상조입니다. 물론 시위를 벌이거나 대의원들에게 이야기를 하는 것은 좋습니다. 그러나 가장 중요한 일은 여론조사 결과를 보는 것입니다. 여론조사 결과가 중요한 것이지요."

"그러나 신문들은, 예를 들면 〈뉴욕타임즈〉는 어떠해야 '한다'는 그들의 생각을 그대로 보도하는 데 열중하고 있어요. 그리고 내가 진지한 후보가 아니어서 이런 저런 일들을 하지 못 한다고 합니다. 그들이 이야기한 것을 하면 그 때마다 또다른 것을 해야 한다고 이야기합니다. 나는 백악관에 들어간다 하더라도 '진지한' 사람이라고 여겨지지는 않을 것 같습니다." 그는 그 특유의 반쯤만 웃는 냉소적인 미소를 지었다.

우리는 잠시 그가 젊은 보좌관 한 명을 해고했다는 오늘의 뉴스거리에 대해 이야기했다. "그것은 이미지 변화도 아니고 음모도 아닙니다. 기자들은 그렇게 생각하기를 좋아하지만요. 뉴햄프셔에서 어려움을 겪은 이후 정치판에 젊은이들을 끌어들임으로써 우리는 잘해 오고 있습니다. 우리가 왜 변해야 하겠습니까? 그것은 여러 가지가 결합되어 나타난 것입니다. 경제적인 문제 때문이기도 하고 예비선거 이후에 으레 감원하기 때문이기도 하지요. 그리고 그 젊은 친구 중 어떤 이들은 여름에 스키를 즐기는 룸펜입니다. 그런 사람들은 집으로 돌아가서 직장을 구해야 할 것입니다. 우리 선거운동에 기웃거리는 젊은이들은 단지 한가하게 어슬렁거리는 것을 좋아하는 것입니다."

스키 타는 게으름뱅이라는 말은 날 놀라게 했다. 그는 정말로 그 평화운동 젊은이들, "유진 매카시를 위한 자원봉사대"에서 일하는 사람들을 한가한 게으름뱅이들이라고 생각하는 걸까? "글쎄요. 아니오, 모두 그렇지는 않지만 정말로 집으로 가야 할 사람들이 많습니다. 그리고 때로는 소수의 좋은 사람들도 제거해야 할 때가 있지요. 가 버렸으면 하는 사람들과 분리해내기가 어렵기 때문에 할 수 없지요."

나는 과감하게 그리고 약간 모호하게 이렇게 물었다.

"지금은 1964년에 린든 존슨의 부통령이 되지 않은 것이 오히려 다행이라고 생각하고 있나요?"

그는 그렇다고 대답했는데 역시 모호하게 이렇게 덧붙였다.

"부통령은 정책 수립에 큰 영향력을 행사하지 못합니다."

"하지만 부통령이 되었다면 지금 매카시 의원이 반대하고 있는 일을 애초부터 막을 수 있지 않았을까요?"

"으음……."

나는 잠시 기다렸다. 예전에 그에게 질문 공세를 퍼부었던 인터뷰를 한 후에 나는 그보다 오래 기다리는 것이 관건이라는 점을 파악했다.

"아마 나는 침묵을 지키고 있었을 것입니다."

그는 마침내 이렇게 말하더니 맥주 한 병을 더 가져오라고 손짓했다.

나는 그가 부통령 자리에 있었다면 사임했을 것이라는 대답을 기대했다. 또는 전쟁에 반대하는 의견을 분명히 밝혔을 것이라고 대답하기를 원했다. 그것도 아니면 존슨 대통령의 탄핵을 요구했을 것이라고 하거나. 적어도 험프리처럼 "공산주의의 확장"을 막는 데 열성적으로 찬성하지는 않았을 것이라는 대답을 원했다.

질문과 기다림을 통해 또 내가 알아낸 것은, 그가 존경하는 사람들 대부분은 "역사 상의" 인물이라는 점이었다. 하지만 그는 C. S. 루이스*3)를 만나지 않았던 것을 후회하고 있으며 이세이아 벌린*4)과 파블로 카잘스를 만나고 싶어한다는 것("유난히 첼리스트를 좋아한다"고 그는 말했다), 그리고 "다른 모든 사람들과 마찬가지로" 그도 카뮈를 매우 좋아한다고 했다 (로버트 케네디가 카뮈의 글을 인용한 것을 두고 하는 말일까?). 야구 선수가 되겠다던 꿈은 그리 오래 가지 않았지만 언제나 성당에서든 밖에서든 교사가 되고 싶어했다. 그는 개인적으로 아프리카나 아시아에 관심이 없다. "저개발국 중에 가보고 싶은 곳은 아일랜드 뿐"이라고 그는 별로 진지하지 않게 대답했다.

다른 시대에 살 수 있다면 어떤 시대에 살고 싶은가요? "살아 보고 싶은 다른 시대는 없습니다." 그가 대답했다. "저는 현재가 좋습니다." 침묵. 로버트 케네디는 그 질문에 대해 페리클레스 시대의 그리스에 살고 싶다고 답했다고 나는 말해 주었다. 황금시대에는 정치가가 예술가도 될 수 있고 동시에 모든 것이 될 수 있었기 때문이라고 말했다는 것도 알려 주었다.

"영웅들의 시대라,"

그는 차갑게 말했다.

"저는 그런 것을 좋아하지 않습니다. 옛날의 영국이 차라리 낫겠어요. 영웅도 없고 민족주의도 없는. 11세기와 16세기 사이쯤이오. 초서와 랭

글런드와 세익스피어 같은 사람들에 의해 영어가 발달되던 시기죠. 그리고 에라스무스도. 에라스무스를 잊으면 안 되죠. 그 시대가 살기 재미있었을 거예요. 지식인들에게는 좋은 시대였죠."

비행기는 이제 공항에 도착했고 언제나 피할 수 없는 악단, 현수막, 카메라들이 대기하고 있었다.

"공항에서 이렇게 법석을 떠는 걸 저는 좋아하지 않습니다."

매카시는 화난 목소리로 말했다.

"아무 말도 못 하고 악수만 해야 하니까요."

아틀란타에 도착해서 매카시가 기자 회견을 가진 곳은, 마틴 루터 킹이 기자회견을 하곤 했던 흑인 지역에 들어선, 멋을 부린 새 건물의 파스칼 브라더 레스토랑이었다. 공격적인 첫 질문은 이런 것이었다. 문: "흑인들이 왜 당신에게 표를 던져야 합니까?" 답: "그래야 한다고 말한 적은 없습니다. 단지 부풀려진 베트남 참전 예산을 삭감해서 그 돈을 도시 문제와 빈곤 문제에 사용하겠다는 정책이 흑인들에게 의미있는 것이 되길 바라는 것입니다."

매카시는 우리가 묵는 호텔 밖에서 귀엽게 생긴 어린 소년의 머리를 쓰다듬고 있었다. 그가 다른 사람에게 자발적으로 접촉하는 것은 이 때 처음 보았다. 그는 차에 올라타자마자 바지 옆자락에 손바닥을 문질러 닦았다.

그 날 밤 매카시의 호텔 스위트룸에서 간단한 술자리가 만들어졌는데 몇명의 수행원과 나도 포함되어 있었다. 매카시는 매우 기분이 좋았는데 냉소적인 위트를 섞어 가며 이야기를 했고 그가 먼저 말을 건네는 보기 드문 일도 일어났다. 긴 다리를 쭉 뻗고 손에는 약한 진토닉 잔을 들고 몇 가지 질문에 답하면서 자주 웃음을 터뜨리기도 했다.

"웃기는 무스*5) 얘기 해 줄까. 어떤 사람이 나한테 미네소타에는 무스가 많다고 하면서 내가 무스를 몰아넣는 일에 동참하면 의원으로 당선되는 데 도움이 될 거라고 말했지. 그래서 그렇게 했지, 몇년 전에. 그 때 일에 대해 아직도 보답을 받지 않은 것 같아. 에릭 세버레이드*6)는 검둥이 무스가 없다고 하더군. 그 녀석이 그 문제를 이야깃거리로 만들려고 한다면 이제 CBS가 그 놈을 자를 때가 된 거지."

연설문 써 주는 사람과 함께 로비로 내려와서 나는 왜 매카시가 그렇게 기분이 좋은지 알게 되었다. 운동 기간 중 처음으로 여론조사 결과 그가 앞섰던 것이다. 그가 험프리보다 적어도 4포인트 앞섰다는 결과를 해리스가 그에게 보여주었다고 했다.

아마 그래서 처음으로 험프리를 겨냥해서 남을 경멸하는 특유의 유머 감각을 발휘했나 보다. "1952년에 제가 허버트 험프리를 지명했습니다. 그 때 그는 막 풋내기 티를 벗은 상태였죠." 그는 풀턴 카운티 민주당원들에게 이렇게 말했다.

평화 후보 매카시가 "정치 활동의 유일한 정당한 동기는 복수심이다"는 그의 유명한 말을 내뱉었을 때 우리는 그가 농담을 하는 게 아니라는 것을 알았어야 했다.


이번 주에 나는 심야 라디오 프로그램에 출연하게 되었다. 너무 늦은 시간에 하는 것이어서 아무도 듣고 있지 않을 것이라 생각하고 솔직하게 말하기 시작했다. 원래는 내가 쓴 매카시 선거운동 관련 기사에 대해 이야기하기로 되어 있었다. 그런데 나는 이렇게 말하고 있었다. "아마도 조지 맥거번이 우리가 생각하던 진정한 유진 매카시일지도 모릅니다."

그 후 며칠 동안 나는 스무 통이 넘는 전화와 전보를 받았다. 맥거번을 대통령 후보로 나서게 하자는 작은 움직임이 물밑에서 일어나고 있었던 것이 분명했다. 그들의 전략은 이런 것이었다. 매카시가 여러 주 동안 단한 명의 대의원도 더 확보하지 못했으므로 험프리가 1차 투표에서 승리할 가능성이 아주 크다. 남은 유일한 희망은 케네디 가에 충성하는 수백 명의 대의원들과, 매카시에게도 험프리에게도 표를 던지고 싶지 않은 대의원들이다. 이 대의원들의 지지를 얻을 수 있는 제 3의 힘이 있다면 1차 투표 결과를 바꿀 수 있을 것이다.

걸려 온 전화 중 가장 실질적인 내용은 케네디 행동단 Kennedy Action Corps이 이야기한 것이었다. 그들은 백 명이 넘는 활동가들과 평화운동 단체에서 돌아온 사람들로 구성되어 있으며 로버트 케네디를 대신할 반전 후보를 물색하던 중이었다. 그들은 여러 후보 활동 기록을 살펴보고는 맥거번을 후보로 추대하기로 결정하고 어떻게 그를 모셔올 것인가를 알아내기 위한 마라톤 회의를 가지고 있던 중이었다. 내가 맥거번에게 그들의 메시지를 전해주겠냐고?

그건 정신 나간 생각이었지만 우리는 모두 절망감에 빠져 무엇이든 해보고 싶었다.

"좋습니다. 그렇게 하지요."

우리는 캐피틀 힐에 있는 품위 없고 초라한 레스토랑에서 만났다. 맥거번과 그의 비서 팻 도노번은 그의 운동원이 되겠다는 사람들의 주장을 내가 그대로 전하는 것을 듣고 있었다. 확실히 팻은 그가 출마해야 한다고 생각하는 것 같았기 때문에 그녀가 옆에 있어서 나는 삼 주 밖에 남지 않은 시점에서 선거운동을 시작하라고 부추기는 불편함을 좀 덜 수 있었다. 맥거번은 귀를 기울이고 있었다. 나는 전에 케네디를 지지했던 이들은 뉴욕에만도 이천 명이 넘는 자원활동가를 가지고 있다고 그에게 말했다. 맥거번 추대 운동 사무실을 열기 위해 모금을 하고 있으며 캘리포니아에도 비슷한 집단들이 있다는 얘기도 했다. 그들은 맥거번 추대 노력을 알리는 기자회견도 한 번 열었고 뉴욕 대의원들을 상대로 전화 여론조사를 실시해서 맥거번이 얼마나 많은 표를 얻을 수 있을지 알아보는 중이다. 그리고 험프리나 매카시를 지지하던 사람들 일부도 이미 그들과 합류했다.

그는 심각하게 고개를 끄덕였지만 그가 기뻐하는지 아닌지를 알 수는 없었다. 그래요, 이건 그 전부터 생각해 오던 제안입니다. 그는 사우스 다코타의 한 지지자로부터 오천 달러 수표를 받은 적이 있는데 그가 대통령 후보에 출마할 때에만 사용할 수 있도록 된 것이었다. 뿐만 아니라 매카시가 이미 맥거번에게 말하기를, 자신이 험프리를 이길 가능성이 없다는 것을 알고 있으며 지지자들을 실망시키지 않기 위해서 그렇게 하고 있을 뿐이라고 했다는 것이다. (그가 이런 사실을 인정하는 것을 보고 맥거번은 놀랍기도 하고 걱정되기도 했다. 매카시를 돕는 평화운동가들과 반전 단체들은 여전히 매카시가 이길 수 있다고 굳게 믿고 있는데 그들이 사실을 알게 되면 어떻게 될까 하고 맥거번은 걱정했다.)

그러나 출마를 어렵게 하는 문제도 있었다. 맥거번의 자녀들 중에서 열아홉 살짜리 테리가 사우스 다코타에서 마리화나를 소량 소지한 문제 때문에 체포되었던 것이다. 그녀의 체포는 정치적인 이유 탓인 것으로 보였기 때문에 (주 검찰청에서는 그녀를 "여러 달 동안" 감시해 왔다는 것을 시인했다), 현재 맥거번은 후보 출마를 수락하는 것 때문에 가족들이 치러야 할 대가에 대해 생각하고 있다고 했다. 테리는 매우 감수성이 예민한 아이인데다 자신이 아버지의 정치 경력에 누가 되었다는 생각에 아주 상심하고 있어서, 테리 사건이 특히 그의 마음에 걸렸다.

중요한 결정을 할 때 하던 대로 가족 전체가 블랙 힐스의 외딴 곳으로 떠날 예정이다. 맥거번은 그 후에 출마에 대한 답변을 가지고 돌아올 것이라고 말했다.


## 1968년 8월

오늘 상원 회의실에서 가족과 텔레비전 카메라에 둘러 싸여서 맥거번은 대통령 후보로 출마하겠다는 성명을 발표했다. 그의 워싱턴 사무실과 뉴욕에 있는 '맥거번 추대 사무소'에 기부금과 전화가 쏟아지기 시작했다. 이 사람에 대해 전에 들어 본 적이 있는 사람은 거의 없었지만 그의 정직한 얼굴과 솔직한 말투는 닉슨의 에둘러 말하는 방식이나 험프리의 허풍, 그리고 매카시의 엘리트주의와 대조되어 호감을 주는 것이 분명해 보였다. 그가 전하는 메시지도 마찬가지였다.

"베트남은 우리나라의 경험에서 가장 큰 정치적 군사적 실책입니다. 그 전쟁은 지금 끝내야 합니다. 내년이나 그 다음해가 아니라 바로 지금 말입니다. 이 밖에도 우리는 이 나라의 정신적인 그리고 정치적인 자원을 모두 동원해서 인종차별의 수치스러운 잔재와 이 땅에 아직 남아 있는 빈곤을 종식시켜야 합니다."

테리가 그의 곁에 서 있었다. 서로 가족에게 부담을 더해 주었다는 미안함을 느끼고 있던 그들은 블랙 힐스의 어딘가에서 평화로운 합의에 도달했던 것으로 보인다.

정치에는 매우 개인적인 요소도 있다. 테리가 체포되었을 때, 맥거번이 개인적으로는 잘 알지 못하는 에드워드 케네디가 그에게 격려 전화를 해 주었다. 그 일은 아직도 믿기지 않지만 – 맥거번은 정말로 에드워드 케네디가 전화한 게 아니라 그의 스탭들이 꾸민 일 아니냐고 묻기까지 했다 – 그 전화는 에드워드 케네디에 대한 그의 느낌을 바꾸어 놓았다.

성명서를 발표했건 말건, 조지 맥거번이 도대체 누구인지 아는 사람이 이 나라 안에 드물다는 것은 아주 분명하다. 혼자서 일하는 그의 습관 때문이기도 했다.

맥거번은 필요한 일은 뭐든 자원활동가들이 할 수 있을 것이라고 생각하고 있었다. 이 선거운동에 참여하는 사람은 아주 적었기 때문에 우리는 결국 모든 일을 해야 했다. 지금까지 나는 팸플릿에 실을 글을 쓰고 사전 공작원 역할도 하고 자금을 조달하고 대의원들에게 로비 활동을 하고 심부름도 하고 언론을 담당하는 일을 했다. 이 많은 일들을 차례로 하기도 하고 동시에 하기도 했다. 지금 생각하니 그 경험을 통해 많은 것을 배웠다.

예를 들어 내가 맡은 일 중 하나는 뉴욕에서 가장 큰 언론사들 즉 「뉴욕 타임즈」, 「뉴욕」 등의 중역실에서 열리는 오찬회 참석을 준비하는 것이었다. 이런 행사는 대통령 후보들을 위해 언론사에서 의례적으로 마련하는 것이었다.

그러나 이런 행사에 여자가 나타나는 것은 분명히 그 의식에 포함되지 않는 것이었다. 게다가 나는 다른 여자 한 사람도 데리고 갔기 때문에 실수를 두 배로 한 셈이었다. 그녀는 맥거번 자원활동가인 홍보 전문가였다. 그 결과는 당혹스러움이었는데 특히 〈타임〉지의 오찬회가 심했다. 끊임없이 "숙녀" 운운하는 농담이 이어졌다. (그들은 우리에게 맥주와 시가를 대접할 것인가에 대해 많이 고민했고, 편집자들은 "빌어먹을"이라는 말을 할 때마다 사과하곤 했다.) 같이 간 여자는 사업 경험에서 그런 상황을 많이 겪었기 때문에 별로 개의치 않았다. 그러나 나는 편집자들의 우월감에 매우 놀랐을 뿐 아니라 그들 질문에서 드러나는 지적인 수준이 낮은 데도 놀랐다. 이런 것이 우리가 모두 오르려고 애쓰는 가장 높은 수준의 저널리스트란 말인가?

맥거번 편을 들기 위해서 피에르 샐링거조차 진지한 토론이 겨우 이루어지려고 하면 정치적인 우스개소리로 진지한 토론을 가로막았고, 농담을 할 때마다 "숙녀들"에게 죄송하다고 하는 말로 시작했다. 편집자들 중 한 사람은 「타임」지는 "그런 예절 문제를 피하기 위해" 여종업원들은 기피한다고 말하기도 했다. (우리에게 음식을 날라준 사람들은 유니폼을 입은 살랑거리는 남자들이었다.)

뜻밖에도 맥거번은 전혀 알아채지 못하는 것 같았다. 그는 아주 진지하고 성실하게 자기가 할 일을 할 뿐이었다.

나는 시가를 반쯤 피우고 맥주를 마시고, 농장노동자연합의 시위 장소에 제시간에 얼굴을 내밀 수 있도록 맥거번을 그 자리에서 **빠져나오게** 했다. 그러나 내가 이런 일에 맞지 않는다는 생각이 들었다.


## 1968년 8월~10월

시카고. 시카고라는 말은 항상 방독면과 미시건 가에 고인 피를 기억 나게 할 것인가? 나는 우리 중 많은 사람들이 우리 인생을 이 민주당 전 당대회 이전과 이후로 나누어 기억하게 될 거라고 생각했다. 허버트 험 프리가 한 실수는 베트남전에 대한 열광적인 지지뿐만이 아니었다. 시카 고 시장 데일리로 하여금 미쳐 날뛰는 시카고 경찰을 통제하고 거리의 유혈사태를 중단시킬 수 있게 하지 않은 것도 이제 씻기 어려운 오명으 로 남기게 되었다.

가장 믿어지지 않는 일은 관계 당국은 모두 거기서 실제로 벌어지고 있는 일을 부인하려 했고 텔레비전이 과장해서 보도하고 있다고 말했다 는 사실이다. 하지만 실제로는 텔레비전이 실제보다 축소해서 보도하고 있었다. 진실은 훨씬 더 참혹한 것이었다.

- 맥거번은 블랙스톤 호텔에 있는 운동본부 유리창에 붙어서, 패거리 로 몰려다니면서 사람들을 폭행하고 있는 경찰관들에게 욕설을 퍼 붓고 있었다. 경찰관들은 금속 조각을 박은 장갑, 곤봉, 모든 것을 다 휘두르고 있었다. 한 남자와 한 여자가 피로 물든 보도 위에 쓰러 져 있었다. 그런 경찰 폭동이 이틀 간이나 계속되었다. 그 때 그 방 안에 있던 운동원들을 놀라게 한 두 가지 사실은 첫째 맥거번이 그 렇게 심한 욕설을 했다는 것이고 두 번째는 그가 그 전에는 경찰의 잔혹 행위를 본 적이 없었다고 말했다는 것이었다.
- 전당대회가 열리는 날마다 갤브레이스는 전화를 걸어서 "조지가 유

진 매카시에 대해 좋게 말하도록 하라"고 이야기하곤 했다. 그래서 날마다 맥거번은 의무적으로 뉴햄프셔주 예비선거에 매카시가 외롭게 용감하게 나섰다는 찬사를 보내곤 했다. 그러나 그건 전혀 효과가 없었다. 매카시는 로버트 케네디만큼이나 맥거번을 싫어했다. 그는 반전 유권자들의 지지를 나누어 가지는 사람은 누구든 용서할 수 없는 것 같았다.

* 캘리포니아 대의원 회의는 시카고에서 가장 활기를 북돋우는 유용한 행사였다. 세 명의 후보가 토론에 함께 나타난 것은 그 때가 처음이었다. 험프리는 존슨의 베트남 정책과 사이공 체제의 "광범위한 기초를 가지고 있는 민주주의"를 옹호했다. 반전 입장을 가진 대부분의 대의원들 앞에서 그 입장은 인기를 끌지 못했다. 게다가 유쾌하고 매우 미국적인 그의 스타일은 그가 이야기하는 주제의 심각함과 잘 어울리지 않았다. 매카시는 험프리나 존슨보다 맥거번을 더 많이 비난했다. 그는 정책에 관한 입장을 설명하라는 질문은 받을 필요가 없다고 생각하는 것이 확실해 보였다. 대의원들에게 질문을 받을 때 종종 그는 냉담하게 이렇게 대답했다.
"그 점에 대한 제 입장은 분명합니다."
두 후보자의 연설은 맥거번의 연설을 위한 완벽한 서곡이었다. 맥거번은 자기 주장을 마음껏 가장 훌륭하게 펼쳤다. 베트남에서 아까운 목숨들이 헛되이 바쳐지고 있다는 데 분노를 터뜨리고, 그런 전당대회에서 줄리언 본드가 이끄는 조지아주 대의원들에게 의석을 주지 않으려 한 데 대해 설득력 있는 주장을 펴고, 허버트 험프리를 포함한 개인들이 좋은 의도를 가지고 있었으나 실수를 저지른 데 대해 관대하게 이야기했다. 아주 뚜렷하게 대조를 이루는 연설이었다. 대의원들은 그의 연설을 좋아했고 그의 모든 대답에 환호하고 박수를 보냈다. 끝날 즈음에는 매카시를 지지하겠다고 했던 대의원들이 맥거번으로 바꾸려고 해서 그렇게 하지 못하게 설득해야 했다. 왜냐하면 매카시와 맥거번은 1차 투표 결과를 바꾸기 위해 피상적으로라도 같은 편에 속해 있는데 그런 종류의 손실은 매카시를 더욱 화나게 할 뿐이기 때문이었다.

그 곳은 사람들로 꽉 차 있었고 토론회는 텔레비전을 통해 전국에 방송되었다. 텔레비전에서 어떤 사람이나 아이디어가 만들어지는 것을 보는 순간 중 하나였다. 신기하게도 맥거번이 대통령 후보 지명전에 나가게 되었다.

- 리비코프 상원의원은 후보 지명 연설에서 시카고 시장 데일리와 전당대회 체제 전체를 비판했다.

"조지 맥거번이 있었다면 시카고 거리에서 게쉬타포식 작전을 펼치지는 않았을 겁니다."

그는 간단히 이렇게 말했다. 무대 뒤에 서 있던 우리들보다 더 놀란 사람은 아무도 없었을 것이다. 우리는 연설문 만드는 일을 끝내고 잠시 쉬고 있었다. 마지막 순간까지 리비코프는 안경을 쓸 것인가 말 것인가만 고민하는 것처럼 보였고, 우리가 작성하고 승인받은 연설문에는 그런 폭탄 발언은 없었다. 그가 연단 위에서 기다리고 있는 동안 프랭크 맨키위츠가 그에게 폭력 사태에 대해 이야기하라고 부추겼다고 했다.

- 1차 투표 결과를 뒤집기 위한 이런 맹렬한 노력에도 불구하고 험프리가 지명되었다. 맥거번은 연단 위에서 험프리와 어깨동무를 함으로써 여러 가지 의미를 전달했다. 닉슨에 맞서 단결하자는 몸짓이었는데 매카시는 그 제안을 거부했다.

뉴욕으로 돌아온 베트남전 반대 운동 단체들은 닉슨의 가능성에 대해 생각하기 시작했다. 닉슨은 개인적으로는 전쟁을 그리 좋아하는 사람은 아니므로, 부통령으로서 아주 오랫동안 전쟁을 공식적으로 옹호해 온 험프리에 비해 더 일찍 전쟁을 끝낼 수도 있다고 생각했기 때문이다. 축 늘어진 상원의원 매카시는 예전에는 존슨의 부통령이 되고 싶어 했지만 존슨의 베트남 정책에 대한 반대의 상징이 되었다. 로버트 케네디는 처음에는 열렬한 반공주의자였고 조 매카시에게 첫아이의 대부가 되어달라고 요청할 정도였지만, 나중에는 미국 군인들뿐만 아니라 베트남 양민들의 운명까지 걱정하는 유일한 미국 정치가가 되었다. (그 전환점은 스물아홉 살의 나이로 소련에 여행을 갔을 때 공산주의자 의사가 그의 목숨을 구해준 것이었다고 나는 항상 생각해왔다. 하지만 그런 인간적인 설명을 정치학자들은 좋아하지 않는다.) 대단한 인종차별주의자였고 주 정부의 자율권을 주창했던 스트롬 서몬드도 한때는 개혁가였고 프랭클린 루즈벨트의 제자였다.

이 사람들이 정치적 견해의 스펙트럼에서 왔다 갔다 했다면, 리처드 닉슨도 변화가 가능하지 않을까?

케네디-매카시-맥거번을 차례로 지지했던 많은 사람들은 여전히 닉슨을 공포 – 그는 아직도 애들라이 스티븐슨이 "공산주의 선전을 퍼뜨리고" 다닌다고 생각할까? – 와 지루함 – 4년 동안 모든 인간의 경험을 진부한 것으로 바꾸어 버리는 일을 우리는 견딜 수 있을까? – 이 뒤섞인 감정을 가지고 바라보고 있었지만, 그는 갑자기 유일한 대안이 되었다. 미국이 세계 경찰 노릇을 해야 한다고 믿는 험프리 같은 이데올로그보다는, 자기 신념보다 여론조사 결과에 귀를 기울이는 실용주의자가 대통령이 되는 것이 더 낫지 않을까?

게다가 우리가 어떻게 하든 닉슨이 대통령이 되게 되어 있는 것으로 보였다. 우리가 곰곰이 생각할수록 이 남자에 대해 우리가 얻을 수 있는 개인적 정보나 확실한 정보는 적었다. 그들은 자원활동가 중 신문에 기사를 쓰기도 했던 유일한 사람이었던 나에게 일종의 염탐꾼이 되어 달라고 했다. 그래서 나는 선거 기간 중 중요한 몇일 동안 닉슨의 선거운동 비행기에 타서, 『뉴욕타임즈』에 실리는 점잖고 신중한 소식이 아니라 닉슨의 행동, 주변 사람들의 분위기, 그의 성격을 알게 해 주는 일화들에 대해 보고하는 개인적인 통신원 노릇을 하게 되었다.

목요일. 뉴욕에서 1인당 1000달러짜리 디너 파티와 로스앤젤레스의 애그뉴 연회가 열렸고 다른 도시들에서도 그 파티를 볼 수 있도록 폐쇄회로 TV를 통해 중계되었다. 순수익만 오백만 달러에 이른다고 사람들이 말했지만, 나는 그걸 보자마자 고향 생각이 났다. 중서부에 살던 어린 시절의 기억 속에서 이 연회에 가던 사람들은 번듯한 시민들이었고 내 고등학교 친구들(축구를 즐기고 흑인을 혐오하는 헝가리계와 폴란드계)은 공장이나 주유소로 일하러 갔다. 변한 것은 아무 것도 없었다. 혈색 좋은 얼굴도, 턱시도의 장식 허리띠도, 존 듀이의 정신도 그대로였다. 1952년 이후로 어떻게 이렇게 하나도 변하지 않았을까?

그 날 저녁의 절정은 그을린 피부의 원기왕성한 리처드 닉슨이 무대 위에 서서 머리 위로 팔을 들어 올리고 그의 독특한 축복의 V자를 그리고 손가락을 아래 위로 움직이면서 열렬한 기립박수에 감사를 표할 때였다. 그는 확실히 편안해 보였다. 아트 링크레터가 소개할 때 말했듯 그는 "자기 시대를 맞이한 사람"이었다.

그 다음 내 주위의 기자들이 대단한 연설이라고 말하는 것이 이어졌다. 틀에 박힌 좋은 정치적인 말만 똑같이 늘어놓고 있어서 기자들은 연사와 함께 암송할 수 있을 정도였고 소련 연구자들이 하듯 연설의 아주 미세한 변화가 의미하는 바도 해석할 수 있었다. 그러므로 "우리 모두에게 살기 좋은 나라가 되기 전까지는 이 나라는 누구에게도 살기 좋은 나라가 될 수 없을 것입니다" 같은 루즈벨트의 말을 인용하는 것은 별다른 의미가 없어 보이지만, 남부에서 그 말을 생략할 때는 큰 의미를 가지는 것이었다. 그가 비축해 두고 사용하는 말 중에서 "가장 중요한 시민권은 모든 미국인들의 안전에 관한 권리입니다." 같은 말은 생략되지 않았다는 점만으로도 중요한 의미를 가진다.

그 날 밤의 대단한 연설이 더욱 재미있었던 이유는 연설의 내용 때문이었다.

"국가의 수도가 세계의 범죄 중심지가 되고, 워싱턴 시의 버스 기사는 강도를 두려워하여 총을 소지하거나 현금 대신 버스표를 이용하도록 해야 하고, 삼백 개의 도시에서 폭동이 일어나고 있고, 미국 대통령은 가는 데마다 시위대 만날 것을 두려워해야 하고, 북한같은 이등약소국이 공해상에서 우리 배를 납치하고 있는 지금 …… 지금은 침묵하던 사람들, 잊혀진 사람들이 일어나서 변화를 요구해야 할 때라고 저는 말씀드립니다.

미국이 최고 군사력 국가의 자리를 되찾게 하겠다고 맹세합니다 …… 우리는 협상 테이블에서 패배해서는 안 됩니다. 거기서 승리하기 위해 우리 청년들이 베트남에서 죽어갔으니 말입니다.

사람들은 제가 당면 이슈들에 대해 이야기하지 않는다고 말합니다. 글쎄요, 수행원들에게 제가 이야기한 문제들을 모두 세어보게 했더니 백육십 칠개에 이른다고 합니다. 물론 허버트는 모든 물음에 양쪽 편을 모두 들었으니 그 두 배가 넘는 이야기를 했겠죠.

요즘이 나쁜 시절인 듯 보이는 걸 저도 알고 있습니다만 이제 여러분이 놀랄 이야기를 하려고 합니다. 역사를 공부했고 전세계를 여행해 본 저는 1968년의 미국을 가장 살기 좋은 시대의 가장 살기 좋은 나라로 꼽겠습니다."

이 외에도 그는 1000달러짜리 저녁을 먹는 청중의 비위를 맞추는 말도 조금 늘어놓았다.

"여러분은 미국인들 대부분이 가장 이루고 싶어하는 꿈을 이루고 성공한 사람들입니다. 이 파티에 참가한 여러분들은 세상에서 가장 운이 좋은 사람들입니다. 여러분은 지금 여러분이 사는 시대 최고의 행사에 참가하고 있는 겁니다."

그러나 나머지는 그가 선거운동을 할 때 어느 곳에서나 하던 말을 똑같이 되풀이한 것이었다.

내가 기록을 하지 않았다면, 그가 무슨 말을 했는지 분명히 기억해 낼수 없었을 것이다. 자신감에 찬 인상밖에 기억나지 않았을 테니까. 나는 어떤 웨이터에게 물어 보았다. 그는 전에는 한 번도 닉슨의 연설을 들어본 적이 없을 법한 유일한 사람이었다.

"닉슨의 연설에 대해 어떻게 생각해요?"

음식이 가득 찬 쟁반을 어깨 위로 들어올리면서 그는 이렇게 말했다.

"저 친구요? 저 얼간이는 '얼간이'가 무슨 뜻인지도 모를 걸요."

분명 그는 닉슨이 생각하는 침묵하던 사람들 중 한 명은 아니었다.


금요일. 운동원들과 재무성 비밀 검찰부, 기자단 등은 닉슨의 딸들 이름을 딴 전세 비행기 트리샤호와 줄리호를 타고 필라델피아로 간다. (줄리의 약혼자 데이빗 아이젠하워의 이름을 딴 데이빗호는 다음 주 중서부 유세를 시작할 때 합류하기로 예정돼 있었다. 비행기에 그렇게 써 놓은 것은 스물한 살짜리의 약혼에 커다란 압력을 가하는 것처럼 보인다.) 색종이가 흩날리는 퍼레이드와 주 전역에 방송되는 텔레비전 쇼가 있을 것이고, 모든 측근은 매리어트 모터 호텔에서 하룻밤 묵고, 그 다음 날 쇼핑센터 아홉 군데를 돌아다니는 버스 투어를 시작할 예정이었다. 그것은 중하층 백인 미국인들을 겨냥한 것이었다.

비행기에서 나는 개인적 인터뷰를 할 가능성이 거의 없다는 것을 알았다. 기자 회견도 십여 명의 주요 신문 기자들이 모여서 '닉슨 언론 기피 중'이라는 헤드라인이 나갈 것이라고 위협한 후에야 겨우 열릴 수 있는 정도였다. 닉슨의 언론 보좌관 허브 클레인은 예의 바르고 아주 영리한 사람이었는데, 논란이나 위기는 없을 것이라고 아주 자신하고 있었기 때문에 자주 뉴욕에 머물러 있으면서, 일상적인 언론 담당 업무는 용모 단정한 젊은이 두 명에게 맡겨 두었다. 그 중 한 명인 팻 뷰캐넌은 신문기자 출신으로 '자유를 위한 미국 청년 Young Americans for Freedom' 의 고문이기도 했는데, 그는 언론이 사나워지면 투입된다. 다른 한명인 론 지글러는 예전에 디즈니랜드 J. 월터 톰슨의 재정 담당이었으며 언론이 조용할 때 언론 관련 업무를 담당한다.

"걱정 말아요."

한 친절한 남서부 지역 기자가 말했다.

"개인적인 인터뷰를 해도 많이 알아내지는 못 해요. 그의 기술은 첫 번째 질문을 물고 늘어져서 그걸로 오래 끄는 거예요. 아마 그는 레이건처럼 행동과학 연구소를 이용하지는 않는 모양이에요. 레이건 측은 쟁점에 관한 입장 카드들을 컴퓨터에 넣고 기본적으로 보수적인 사고 체계에 맞는 입장을 가진 카드들을 모두 골라내는 것 같아요. 레이건은 우리가 질문을 하면 그 카드 파일만 꺼내 놓죠. 그러나 닉슨의 선거운동은 어딘가의 배후조종실에 있는 두 명의 심리학자가 끌고 나가고 있어요. 난 그렇게 확신해요."

그 날 여러 유세 장소에서 닉슨은 총기 규제를 주의 자율권에 맡겨두고 총기에 의한 범죄에 대해서 징역 구형을 의무화하는 것에 찬성한다고 밝혔다. 그리고 존슨과 험프리에 대해 말하면서 "애그뉴 주지사도 나도 그들의 애국심에 대해 문제를 제기하지 않고 있다"고 말했다 ("올해에는 매국노가 출마하지 않아서 기쁩니다"라고 내 왼쪽에 있던 「타임」지 통신원이 중얼거렸다). 또 대기 오염과 수질 오염은 연방 법안이 아니라 "공장에 세금 인센티브를 주는 것"으로써 가장 잘 해결될 수 있다고 말했고, 베트콩에 대해 좋게 이야기한 럿거스 대학 교수는 해고되어야 한다는 그의 이전 주장을 다시 한번 되풀이했다 (그 교수는 결국 해고되었다). 그리고 파리 협상이 진행되고 있는 동안엔 자신의 베트남 정책에 대해 말할 수 없다는 주장을 반복했다.

나는 이유를 알 수 없는 우울한 기분과 피곤한 몸을 이끌고 호텔로 들어갔다. 우리는 다시 1950년대로 후퇴하고 있었다.

"우리가 처음 결합할 때부터 모두가 괴로워하던 문제예요."

어느 영국 기자가 말했다.

"일종의 반동 국면이죠. 이 선거운동과 함께, 그리고 현재 대부분 서방국가들과 함께, 우리는 지금 반동의 시대로 돌아가고 있는 겁니다."

토요일. 닉슨 순회 유세에 전례 없는 행사가 예정돼 있었다. 바로 흑인동네 방문이다. 기자들과 스탭은 세 대의 버스에서 내려 프로그레스 쇼핑 플라자로 우르르 몰려갔다. 그것은 흑인의 자본으로 지어서 흑인이 경영하는 빌딩으로 큰 쇼핑센터와 사무실들이 있었다. 리온 설리번 목사는 자신감 있고 인물좋은 사람이었는데 거물을 다루는 데 익숙한 것이 틀림없어 보였다. 그는 아하, 오우 라는 말만 내뱉고 있는 신경질적인 닉슨에게 그 건물이 나중에 어떤 배치도를 가지게 될지 설명해 주었다. 그것은 아주 인상적이었다. 슈퍼마켓과 상점, 옷 만드는 작은 공장들, 전기 공급 설비, 경영 훈련 학교 등이 있었다. 설리번 목사는 그런 것을 모두 아주 자세히 설명했다. 닉슨은 "음 그렇군요," "그것 참 흥미롭군요," 또는 "맞습니다"하고 말하면서 땀 나는 손바닥을 마주 문질렀다. 닉슨은 분명 무언가 말하고 싶어하는 것 같았다.

"이제 여러분들에게 필요한 것은 경제적 힘입니다"라고 닉슨이 심각하게 말했다. 설리번 주위에 있던 젊은 사람들은 믿을 수 없다는 표정을 하고 있었다. 설리번 목사는 미소만 띠고는 닉슨이 흑인 소유의 수백만 달러 짜리 쇼핑센터 한가운데서 중학교 사회 수업 같은 연설을 하고 서있는 걸 바라보기만 했다. 닉슨은 계속해서 이렇게 말했다. "그 전에도 제가 이야기했지만 다시 한번 이야기하겠습니다. 아직 여러분이 통과해 보지 않은 문이 하나 있습니다. 아, 물론 여러분은 아주 중요한 일들을 완수했지만 여러분이 열어야 할 문이 아직 남아 있는데 그건 흑인 자본 주의로 가는 문입니다. 빈민가의 아이들은 언젠가 자기 동네에 채소 가게를 가질 수 있다는 희망을 가져야 합니다. 목표를 가질 수 있어야 한다는 것입니다. 제가 생각하는 흑인 자본주의 정책은 바로 그런 것입니다. 여러분들이 나서서 어떤 행동을 해야 합니다."

닉슨은 최신 유행 용어를 쓴 데 만족하는 듯한 얼굴로 연설을 끝내고 뒤로 물러났다. 설리번은 실컷 웃었다. 그는 "맞습니다"라고 말하며 닉슨이 휘청거릴 정도로 그의 등을 탁 쳤다. "이제 아프리카계 미국인들은 그걸 위해 노력해야죠. 블랙 파워와 그린 파워 말입니다. 그 때문에 저는 정치적으로 중립을 견지하고 있습니다." "정치적 중립"이라는 말에 당황했기 때문인지 "아프리카계 미국인"이라는 말을 한 번도 들어본 적이 없었기 때문인지 "그래요, 그렇군요"라는 그의 말은 눈에 띄게 신경질적이었다. 이런 저런 이야기를 하다가 그와 설리번이 모두 옛날에 상업회의소가 선정하는 '올해의 젊은이'에 선정된 적이 있다는 것으로 이야기가 흘러갔다.

"이봐요, 목사님은 그 때 '올해의 젊은이'로 선정된 다른 친구도 알아야 해요. 왜, 팔에 갈고리를 끼운 친구 있었잖아요?" 설리번은 당황한 듯 보였고 그런 사람은 모른다고 대답했다. 닉슨은 그가 그 사람을 알아야만 한다고 주장했다. 그들이 같은 해에 선정되었던 것도 아니고 그들이 친구가 되어야 할 이유가 없었는데도 말이다. 닉슨은 계속해서 그 사람에 대해 설명하면서 갈고리가 어디에서부터 붙어 있었는지 보여주는 몸짓을 하기도 했다. 설리번은 정말 그 사람을 모르겠다고 말했고 몇번 더 등을 탁탁 두드린 후에야 그 만남은 끝이 났다. 그러나 그 전에 이미 닉슨이 머릿 속에서 왜 그 둘을 연결시키고 있는지는 분명히 드러났다. 검은 피부와 팔에 갈고리를 단 남자의 연결 말이다. 장애가 있는 두 사람은 서로 알고 지내야 한다는 것이었다.

월요일. 선거운동은 순조롭게 진행되고 있었다. 닉슨은 오늘 아침 자신의 아파트에 머물렀다. 프랑스 전원풍의 아주 화려한 아파트는 유명한 사람들에게 받은 선물로 가득 차 있었다. 팻 닉슨은 선물들을 번갈아 가며 전시해 두고 있었다. 그가 부통령으로 있을 때 국가 원수들에게 받은 서명이 된 사진들, 엘리자베스 여왕에게 받은 버킹검 궁전 모양 조각, 골동품 코끼리 이백 마리 콜렉션 등이 있었는데, 그가 가장 아끼는 것은 D.D.아이젠하워가 서명한 그림 두 점과 장개석 부인이 만든 꽃무늬 두 루마리였다. 일 년에 삼만 달러 받는 부통령에서 일 년에 이십만 달러를 버는 변호사가 되었다는 것은 닉슨에게 많은 것을 의미했다. 저녁 초대를 받았던 사람들이 말하기로는, 그는 5번가 810번지의, 먼지 하나 없는 황금색 카펫이 깔린 열 개의 방을 둘러보며 이렇게 말한다고 한다.

"아름답지 않습니까? 이런 데 살다니 저는 정말 운이 좋지 않아요?"

한 기자의 말에 따르면 닉슨은 그의 캘리포니아 집에 온 손님들에게 특별히 비싼 가구를 보여주며 얼마인지 알아 맞춰 보라고 하며 "진품명품"을 재연하곤 한다. 그 기자는 이런 것이 그가 속이 좁고 세련되지 않다는 증거라고 말했지만 나는 갑자기 그가 사랑스럽게 느껴졌다. 적어도 닉슨은 초연한 척 하지는 않았다.

수요일. 이 선거운동본부는 마치 IBM처럼 운영된다. 아이디어 부서는 "후보를 포장해서 판매하는" 책임을 진다. 생산 부서는 돈을 끌어오고 유세 일정을 조정하고 언론과 관련된 일을 처리하고 각 주에 "할당된" 표를 만들어내기 위한 다른 모든 일을 한다.

고위급 보좌관들은 정책에 대해서는 이야기하지 않고 "후보를 프로그래밍하는 것"만 이야기한다. 명령 체계는 완전히 기업체 같고 닉슨의 파트너인 오십대의 월스트리트 변호사 존 미첼은 아이디어와 생산 양쪽에 관여하는 "임원진" 우두머리 같다.

기자들을 다루는 솜씨도 흠잡을 데 없다. 대통령직에 대한 닉슨의 생각에 대해 질문하기 원하십니까? 이 사람이 그것을 담당하는 스탭입니다. 무역 장벽과 통화 공급에 대해서요? 그걸 담당하는 부서의 책임자가 이 사람입니다. (스탭 중에 흑인이 아무도 없다는 것 그리고 노동 전문가도 없다는 것은 거의 알아차릴 수 없다.) 가방을 잃어버리는 일도 전혀 없었고 전화 시설은 어디나 잘 되어 있었다. 나는 두 번이나 전화를 받기도 했다. 한 번은 밤 한 시에 일정이 삼십 분 변경된 것을 내가 알고 있는지 확인하는 전화였다.

모두 기자들 마음에 아주 드는 것이었고 심지어 매혹적인 것이기도 했지만, 기자들은 수용시설에 갇힌 사람이고 스탭은 지키는 사람 같다는 의심이 들었다. "나는 리처드 닉슨이 싫어"하고 말한다면 "나는 나폴레옹이다"라고 말하는 것과 같이 여겨질 분위기였다. 우리를 지키는 사람들은 "우리는 승리자"라는 미소를 지으면서 우리에게 방 열쇠를 주고 계속 할 일을 했다.

그러나 놀랍게도 기자들 분위기는 대통령 후보가 하는 일에 대해 무관심했다. 케네디 선거운동 비행기에서는, 그리고 매카시나 록펠러의 비행기에서도 기자들은 두 번째로 좋은 대우를 받는 집단이라는 느낌이 있었다. 기자들의 토론이 아무리 재미있고 기자들의 식사가 아무리 훌륭해도 후보와 소수 측근은 어딘가 다른 곳에서 더 좋은 시간을 보내고 있었다. 그러나 닉슨의 비행기에서는 그렇지 않다. 여기서 기자들은 가장 좋은 대접을 받는다고 확실히 느낄 수 있지만 집회에 가거나 개인적인 인터뷰를 하는 것은 재미없는 일의 일부일 뿐이었다.

때때로 백악관에 출입하던 몇몇 기자들 중 한 사람은 다른 백악관 출입 기자들을 불러 모아서 존슨의 말이 담긴 테이프를 틀면서 옛날 일을 떠올리곤 했다. 그러면 모두들 존슨에게서 멀리 떨어져 있으니 얼마나 좋은지 농담을 주고받곤 했다. 존슨에 비하면 닉슨이 낫다는 말에 반대라도 하듯 때때로 다른 기자들은 지난 예비선거 때가 생각난다고 하면서 이런 이야기도 해 주었다. 로버트 케네디가 오레곤주 예비선거 전날 비행기 복도에서 여행용 가방 위에 앉아서 누군가의 기타 반주에 맞춰 "꽃들은 모두 어디로 갔을까"라는 노래를 했다는 이야기, 사흘간이나 사우스 다코타의 인디언들을 방문하는 데 대해 측근들이 거기에는 표가 없다고 반대하자 로버트는 "이 빌어먹을 놈들아. 너희는 사람들의 고통에 대해서는 전혀 관심이 없구나"하고 반응했다는 이야기 등을 들었다. 기자들은 자기가 경험한 이야기를 하고는 잠시 침묵했다. 모두 다른 유쾌한 이야기를 생각해내려고 노력하는 것처럼 보였다.

어떤 측면에서 보면, 기자들의 개인적인 느낌 때문에 케네디와 닉슨에 대한 기사 모두가 정확하지 않게 씌어져 왔다. 기자들 중 많은 사람들이 케네디를 사랑했고 그래서 그를 비판함으로써 그런 사실을 숨기려 했다. 많은 기자들이 닉슨을 싫어하거나 경멸하기 때문에 그의 관점에 중점을 두어 보도했다. 기자들이 그런 식으로 형평성을 유지하려 한 것은 어쩔 수 없는 일이긴 했지만, 그 때문에 잘못된 결과가 야기될 수도 있다. 케네디가 죽고난 후에야 그가 어떤 사람인지 알 수 있었던 것과 마찬가지로 우리는 닉슨이 대통령이 된 후에야 그에 대해 알게 될지도 모른다.

목요일. 닉슨은 시애틀과 덴버 대여섯 군데에 들러서 연설을 했는데, 나는 그가 새롭고 향상된 연설 스타일을 터득하고 있음을 알 수 있었다.

그것은 1960년의 연설 스타일을 극복한 확실한 향상이다. 새로운 닉슨은 그의 고등학교 토론 지도 교사가 추천했던 팔꿈치를 옆구리에 딱 붙인 자세를 포기했던 것이다. 그러나 텔레비전에 나온 짧은 동안에는 연설의 형식과 내용의 불일치가 보이지 않는다. "우리는 손을 뻗쳐야 합니다......"라고 말하면서 그는 양팔을 아래로 뻗고, "전세계로 말입니다" 하고 말하면서 가슴 가까이로 손을 올린다. 두 가지 중 첫 번째를 이야기하면서 세 번째 손가락을 세우고, 중요한 이야기에서 한 팔을 높이 뻗는 동작을 할 때는 팔이 너무 일찍 올라갔다는 것을 알고는 **중요한 말과 동작을 맞추기 위해** 눈에 띌 만큼 한참 동안 그대로 손을 뻗고 있기도 한다. 그는 대단할 정도로 자기 자신을 만들어 온 사람이다. 그는 계속 열심히 노력해 왔고 정치가는 어떠해야 하는가에 대한 자신의 생각을 실현하기 위한 노력을 절대 멈추지 않는다.

그의 동료들은 그가 워싱턴에서 지능지수가 가장 높은 사람들 중 하나라고 말한다. 부통령 시절 그의 수많은 외국 여행에 대해 이야기할 때면 국무성 관리들은 항상 그가 "숙제를 모두 해 오는 것"에 큰 인상을 받았다고 한다. 최근 변호사로 일한 몇년 간 동료 변호사들은 문제의 본질을 재빨리 파악하고 무엇이 잘못되고 있는지 아닌지를 분석하는 그의 능력이 대단하다고들 말한다. 배우는 것이 가능한 일이라면 닉슨은 뭐든지 배울 수 있을 것이다.

그러나 가슴으로 이해해야 하는 문제라면 닉슨은 큰 문제에 빠질 수 있다 – 온 나라가 큰 문제를 안게 될 수도 있다. 그는 자신을 발전시키기 위해 아주 오랫동안, 아주 의식적으로 노력해 왔기 때문에 본능이나 직관은 사장되어 버렸다. 어떤 관리는 이렇게 말했다. "그는 다른 어떤 미국 정치인보다 아프리카의 전반적인 경제적 문제에 대해 잘 파악하고 있습니다. 그러나 그는 아프리카 사람들을 이해하지는 못합니다."

여러 해에 걸쳐 보좌관들은 그의 이미지를 인간적인 것으로 만들기 위해 노력해 왔다. 취미에서부터 (1960년에 보좌관 한 사람은 그가 너무 깔끔하므로 병아리 키우기 같은 뭔가 지저분해 보이는 취미를 시작해야 한다고 말했다), 운동복 입고 사진찍기까지 모든 것에서 인간적인 이미지를 만들려 했다. 어제 교외 투어 중에 세 대의 버스 전체에 닉슨이 군중 속에서 소매 단추를 잃어 버렸다는 안내 방송이 흘러 나왔다. ("이어서 누군가가 윌러스의 소매에서 종이 집게를 잡아채 갈 것이라는 것을 알려 드립니다"라고 한 기자가 장난스럽게 말했다.) 이제 "아주 친한 친구" 이미지 대신 정치가다운 면을 강조하고 있고, 그래서 닉슨은 훨씬 더 편안해 보인다.

그런데 절대 대답을 듣지 못할 철학적 문제가 하나 있다. 이런 궁금증은 숲을 못 보고 나무만 보는 데서 나온 것 같기도 하지만, 그가 정치적으로나 개인적으로 다른 사람에게 어떻게 보이는가에 대해 그토록 빈틈없이 의식하고 있기 때문에 우리가 이런 의문을 품게 되는 것이다. 닉슨은 혼자 방에 있을 때도 누군가가 함께 있는 것처럼 행동할까?

금요일. 어젯밤 기자회견이 없었다는 데 대한 항의 소동이 있었기 때문에 비행기 옆에서 기자 회견을 가졌다. 기자들은 어제 방송에 나간 조지 볼의 비난에 대한 답변을 원했다. 조지 볼은 닉슨이 대통령으로서 세계 위기를 조정해 갈 인품이나 원칙을 가지고 있지 않으며 애그뉴는 "삼류 정치 모리배"라고 욕했다. 기자들이 매우 화가 나서 심하게 항의한 결과 닉슨이 마침내 질문을 받기 위해 비행기 승강대 위에 섰다. 그 때 그는 옛날의 닉슨으로 돌아와 있었다. 그는 기자들이 자신에게 억지로 입을 벌리게 한다고 불만을 터뜨렸고 얼굴은 긴장해서 굳어 있었다. 그 다음 갑자기 마음을 가라앉히고는 이렇게 말했다.

"물론 기자양반들은 나한테 억지로 말을 시킬 권리가 있지요. 그게 여러분의 일이니까요."

그 날 밤 유세가 열리는 탬파 강당에서는 접는 의자가 가득 찬 무대 앞자리로부터 세 방향으로 외야석으로 올라가는 사람들이 줄을 이었다. 『뉴욕 타임즈』의 맥스 프랭클이 우리에게 이런 말이 적혀 있는 쪽지를 건네 주었다.

"제일 먼저 오는 흑인에게는 1달러 주는 것이 여전히 유효함."

합창단은 "공화국 전투 찬가"를 부르기 시작했다. 잠시 동안 이해가 되지 않았다. "여기서 이걸 부르면 안 되지"하고 중서부에서 온 한 기자가 부드럽게 말했다. "그 노래는 이 사람들 것이 아니야." 6월 8일, 로버트 케네디의 장례식, 길고 느린 장례 행렬, 그리고 그가 가장 좋아하던 찬송가. 일주일 전 최초의 반동 국면 이후 잊으려고 애써 왔던 오래 된 희망이 다시 한번 나를 휩쓸고 갔다. 더욱 간절하게.

커크 시장과 닉슨은 어깨동무를 하고 서 있었다. '총기 대신 빨갱이를 신고하자' 라는 현수막이 붙어 있었다. 갑자기 우리가 생명을 위협하는 이웃을 두려워하는 사람들에게 둘러싸인 듯 보였다. 또는 이웃을 두려워하는 본능을 이용당하는 착한 사람들에게 둘러싸인 듯 하기도 했다. 그리고 적이 승리할 것처럼 보였다. 적들은 이번 선거에서만 이기는 것이 아니라, 여기에서 그리고 반동의 물결이 시작되고 있는 여러 다른 나라들에서 앞으로 오랫동안 권력을 갖게 될 듯 했다. 찬송가는 계속 이어졌고 닉슨을 외치는 구호도 계속 이어졌다. 그것은 한 사람의 승리 또는 다른 사람의 죽음이 아니었다. 그것은 미래의 죽음이고 우리 청춘기의 죽음이었다. 보수주의자들이 떠나고 따뜻한 마음을 가진 사람들이 돌아오기 전에 우리는 아마 아주 늙어있을 것이기 때문이다.

토요일. 오늘 아침, 취재단이 주말 동안 묵고 있는 키 비스케인 모텔에서 잠에서 깨어날 무렵, "닉슨은 험프리와 토론하기를 두려워한다. 왜 그럴까?" 하는 소리가 꿈 속에서 들리는 것 같았다. 꿈 속에서 그 소리가 반복되고 있는 줄 알았는데 깨어난 후에도 그 소리는 계속되었다. 작은 비행기가 큰 소리를 내는 스피커를 달고 머리 위로 원을 그리며 날고 있었고 음향 시설을 실은 보트도 해변을 왔다 갔다 하며 다니고 있었다.

언제나처럼 험프리 쪽은 잘못 계산했던 것이다. 닉슨은 그 모텔에 묵고 있지 않고 베베 레보토라는 그의 오랜 친구와 함께 있었다. 그 지역의 백만장자인 그는 부근에 호화별장을 가지고 있었다.

그러나 이른 아침 그런 반응은 믿음직해 보이는 것이었고 나는 일정을 조금 잘못 잡은 그 비행기를 응원하고 있는 내 자신을 발견했다. 그 구호는 우스웠지만 그걸 들으니 반가웠다. 비인간적인 사람과 비겁한 사람 중에서 합리적 선택을 하는 것은 불가능했지만 감정적인 선택은 있었다. 감정과 본능이 없다면 총명함과 실용주의가 무슨 소용이 있겠는가?

## 1969년 7월

"정치는 예상할 수 없다. 지난 주에 채퍼키딕 사고가 일어났다.*7)

그 영향 중 하나는 맥거번을 새롭게 고려하고 다른 대통령 후보를 지명할 가능성을 생각해 보게 된 것이다. 역설적이게도 그는 최근 에드워드 케네디에게 "우리 중 한 명이 집으로 가는 길에 전봇대에 부딪칠 경우를 대비해서" 다음 번에는 서너 명의 후보가 있어야 한다고 말한 바 있었다.

이제 맥거번 자신의 선거운동에 대한 논의가 이루어지고 있다. 그는 내게 전화해서 리비코프 의원이 만들고 있는 그룹에 참여해서 미리 조언을 해 달라고 부탁했다.

사실 나는 정치에 참여할 생각은 해 본 적이 없었다. 적어도 대여섯 달 전까지 내가 생각하고 있던 통상적인 의미의 정치에 대해서는 뜻이 없었다. 내 자신의 위치와 일반적인 여성들의 지위에 대한 사실에 눈을 뜬 후로 가장 깊은 의미에서 정치적으로 되었다. 그런 것을 '페미니스트 깨달음'이라고 부른다고 들었다.

전화를 끊고 나는 그에 대해 생각해 보았다. 육개월 전이었으면 나는 "진지한"(즉 남자들의, 그리고 어른들의) 정치적 모임에 오라는 맥거번의 초청을 영광으로 받아들였을 것이다. 하지만 내가 "진지한"(남성적인) 방식으로 거기서 기여할 수 있을까 하는 걱정으로 가득차 있었을 것이다. 나는 맥거번의 지난 짧은 대통령 후보 경선 동안 그 누구보다도 더 많이 기부금을 모금했고 정치적인 활동을 더 많이 했지만, 맥거번의 상원 보좌관 중 많은 사람들로부터 여전히 하찮은 외부인 취급을 받았다. 그렇지만 나는 그렇다는 것을 내 스스로도 인정하지 않았었다. 사실상 그의 핵심 보좌관 중 한 사람은 내가 가장 큰 규모의 기부금을 끌어 왔다는 것을 알고 난 후에야 "그 여자를 여기서 내보내"라고 말하는 것을 그만두었다. 그 기부자는 육가공업을 하는 70세의 유태인 이민 1세대였는데 전화로 만 달러를 기부하겠다고 약속했다. 그 보답으로 들어달라고 하는 부탁도 전혀 없었다. 단지 자신을 이 나라에 오게 만든 자유의 전통을 지키고 싶어서라고 했다. 그럼에도 불구하고 그 보좌관은 정치판의 여자들을 좋아하지 않았고 내가 그들 후보와 연애 관계에 있는 것으로 사람들이 생각할까봐 걱정된다고 말했다.

"조지가 평화 후보가 되더니 히피가 되었다."고 생각하는 사우스 다코타 유권자들의 보수적인 분위기에도 불구하고 우리 중 많은 이들이 맥거번의 상원 재선이 성공할 수 있도록 돕고 있었다. 하지만 많은 사람들이 사우스 다코타까지 내려가 선거를 돕고 있을 때에, 나는 눈에 띄지 않는 옷차림을 해야겠다고 느꼈고 (실제로 밖에 나가서 온몸을 덮는 칙칙한 색의 옷을 샀다) 구석에 몸을 숨기고 있었다.

그런 일들은 1952년 학생 때 스티븐슨 선거운동에 참여했을 때부터 맥거번에 이르기까지, 선거운동의 자원활동가로 일할 때 항상 되풀이되던 일이었다. 다른 여자들처럼 주변에서 허드렛일을 하거나 뒤쪽에서 몸을 드러내지 않고 있어야 했다. 왜냐하면 (1)여자가 연설문이나 정책 결정에 참여하고 있다는 것이 알려지면 역효과가 날 수 있고 (2)그 여자가 육십 세 이하이고 얼굴이 곰보만 아니라면 그녀가 후보와 관계를 맺고 있다는 오해를 받을 수 있기 때문이었다.

선거운동에 관여하는 동안 나는 참여할 수 있게 되었다는 것만도 행운이라고 생각해서 분노를 억눌렀을 뿐 아니라, 정치를 매우 편협하게 정의해서 워싱턴이나 사이공 또는 시청에서 일어나는 일만 정치라고 생각했다. 나는 삶 속에서의 모든 권력관계가 정치적이라는 것을 이해하지 못했고, 누가 설거지를 하느냐 또는 같은 일을 하는 남자 임금의 절반을 받는 것이 누구인가 또는 선거운동을 비롯한 모든 곳에서 서비스와 보조 역할을 하도록 기대되는 것이 누구인가도 정치적인 문제라는 것을 알지 못했다.

그런 사실을 깨닫게 된 것은 지난 겨울부터 만나기 시작한 용감한 여자들 덕분이다. 그들 중 많은 이들은 나보다 젊은 사람들이었다. 대부분은 평화운동이나 민권운동을 하던 사람들이었다. 존경받는 이상주의적인 그 집단들에서도 여자들에게는 복사나 커피 끓이기 같은 일만 시켰기 때문에, 그들은 성차별에 반대하는, 여성이 벌이는 운동의 필요성을 절감했다. 그들이 내 인생을 바꾸었다. 내 인생은 이제 전과는 완전히 다를 것이다.

그래서 나는 언제나 그 모임에 갈 날을 기다린다. 그 모임 덕분에 나는 마침내 머뭇거리거나 유머를 섞어서 내 주장을 표현하는 것을 그만둘 수 있게 되었다. 그것 하나만으로도 나는 많은 시간을 아낄 수 있다.

그러나 나는 마지막으로 기자로서 정치 순방 길을 즐겁게 따라 나서서, 넬슨 록펠러를 따라가는 수십 명의 기자들에 합류했다. 넬슨 록펠러는 그가 여러 해 동안 정치적으로 반대해 오던 리처드 닉슨 대통령에게 외교 임무를 부여받고 남미 곳곳을 순회할 예정이었다.

그렇지만 넬슨 록펠러보다 더 믿음직한 사람이 달리 누가 있는가? 에너지가 넘치고 약간 위엄있는 호인인 그는, 코끼리 다리만한 바지 자락을 펄럭이며 부활절 햄 크기만한 손을 뻗어 오랫동안 악수를 하면서 세계를 활보할 것이다. 그는 지칠 줄 모르는 정치인이자 우리 시대 부자의 본보기다.

문제는 이것이다. 누구에게 믿음직하다는 것인가? 이동하는 동안 이루어진 그와의 인터뷰를 통해 나는 일년 전 평화 후보였던 이 사람이 이제 탄도탄 요격 미사일에 찬성표를 던지라고 우격다짐하면서 닉슨을 돕고 있다는 것을 알게 되었다. 그 뿐만 아니라 록펠러는 국제적인 임무를 맡게 된 것이 아주 기쁜 듯 보였다. 그래서 그의 임무가 얼마나 인기없는 것인지는 기꺼이 무시하고 있었다. 베네주엘라에는 그가 삼십 년 동안 소유해 온 거대한 목장이 있고 그 곳 정치인들과는 서로 애칭을 부르는 사이인데도 베네주엘라는 그의 방문을 취소했다. 그는 그런 대중의 저항이 "공산주의자들의 사주" 때문이라고 했다. 그리고 우리를 환영하는 소수의 나라들도 우리를 보호하기 위해 군대를 파견하는 것이나 보호하기 쉬운 군대 기지에 우리의 팬암 비행기를 착륙시키라고 요구했다는 점에 대해서도 그는 개의치 않는 듯 보였다. 아이티에서 그는, 『라이프』지의 사진설명에서 설명되어 있듯이, "노쇠한 독재자 뒤발리에를 포용하면서 싱긋 웃었다." 운 나쁜 아이티 사람들은 가축 수송용 차에 실려 와서 "자발적" 환영 인파를 만들기 위해 거리에 줄지어 서 있어야 했다.

이 마지막 긴 여행에서 나는 내가 취재하는 정치 지도자들에게 환멸을 느끼는 데 아주 진저리가 났다. 닉슨 비행기를 탔을 때와 마찬가지로 보좌관 중 한 명은 내가 그의 일정을 시위대에게 미리 전화로 알리고 있다고 확신하고 있었다. 그 때와 다른 점 딱 한 가지는 록펠러 비행기에는 흑인 기자가 한 명 타고 있었다는 것인데 그도 물론 나와 같은 혐의를 받고 있었다. 우리 둘 다 그런 짓을 하지 않았지만 어쩌면 그랬어야 할지도 모르겠다는 생각이 든다.

나는 또 취재단에서 유일한 여자인 것에도 지쳤다. (내가 증명서를 신청했을 때 "팔굽혀펴기 스물 다섯 개 할 수 있어요?"하고 록펠러의 언론 비서관이 나에게 진지하게 물었다. "아니오, 한 개도 못 합니다"하고 나는 말했다. "나는 모든 여자 기자들에게 그걸 물어 봅니다." 그는 유쾌하게 말했다. "그리고 그렇지 않다고 말하기를 바라지요.") 집으로 돌아와서 전통적인 의미의 정치 기사는 그것이 마지막이기를 바라면서 다음과 같은 제목의 글을 썼다.

"넬슨 록펠러의 남미 순방 – 한 손으로 손뼉치는 소리."


## 1969년 8월

올해의 버몬트 주말 모임에서 (그것은 금방 내 삶의 유일한 전통이 되었다) 맥거번은 미안해하면서 리비코프가 맥거번 후보 지명을 위한 계획 모임 초청명단에서 내 이름을 뺐다고 말했다. 리비코프는 "여자는 안돼"라고 잘라 말했다고 한다. 그러자, 맥거번에 따르면 자신이 리비코프에게 내가 그의 사전공작원이었으며 연설문 작성과 기부금 모금 등등에 도움을 주었다고 말했다. 리비코프는 그 이야기를 끝까지 끈기있게 듣고 나서는 "그래도 여자는 안돼"라고 되풀이했다 한다.

게다가 맥거번 주변에는 이제 정치적 능력이 있는 인재들이 많이 있다. 나는 갤브레이스와 딕 굿윈, 그리고 두 명의 보좌관들을 보면서 내가 여기서 무슨 도움을 줄 수 있을지 의문스러웠다. 분명 나는 정치판에서의 여성차별 문제에 대해 그들이 더 잘 이해할 수 있도록 해 오지 않았다. (대체로 그건 내 잘못이었다. 나는 싸움을 할 자신감이나 의식을 갖고 있지 못했다.) 나는 남자들이 하는 것과 다르지 않은 일을 해 왔다. 그들 대부분보다 더 많이 일하고 더 많은 돈을 끌어 왔지만 내가 그런 중요한 일을 함으로 해서 다른 여자들을 위한 문이 열리지는 않았다. 예를 들면 맥거번은 리비코프가 "흑인은 안돼"라고 말하거나 "유태인은 안돼"라고 말했다면 가만히 내버려두지 않았을 것이다. 그러나 "여자는 안돼"는 어떤 식으로든 용납되었다.

그 사건이 매우 중요한 것이었다거나 맥거번의 태도가 나쁘다는 것이 아니다. 나는 그와 비슷한 상황을 수십 번이나 받아들여 왔다. 그리고 현재 다음 전당대회의 대표 규칙을 바꾸기 위한 개혁위원회의 의장직을 맡고 있는 맥거번은, 여성의 정치 참여를 확대하기 위해 노력하는 몇 안 되는 정치가들 중의 하나이다. 내가 그렇게 거리감을 느끼는 것은 바로 그 모임이 일반적으로 일어나는 사건들과 하나도 다르지 않았기 때문이고, 맥거번은 정치인들 중 가장 **훌륭한** 사람이라 할 수 있다는 바로 그 사실 때문이었다.

여성들이 조직되어 서로를 지지하고 변화를 강제하지 않는다면 근본적인 변화는 아무 것도 일어나지 않을 것임을 깨달았다. 가장 훌륭한 남자들에게서도 말이다. 그리고 나는 이런 궁금증이 생겼다.

'여자들 – 나를 포함하여 – 은 기꺼이 그에 맞서려 할 것인가?'


## 1971년 8월

또다시 돌아온 버몬트 농장의 주말 모임. 아무것도 변하지 않았다. 그러나 모든 것이 달랐다.

맥거번이 참석했다는 것은 변함없지만 그는 1970년 1월 대통령 출마를 공식 선언했고 지금은 민주당 대통령 후보로 지명될 가능성이 높은 유력한 후보이다. 그가 당에 저항해야 할 것이고 따라서 사람들의 지지를 모아야 한다는 것은 널리 알려진 사실이었기 때문에 그는 이미 대통령 선거 역사상 가장 긴 선거운동에 착수하고 있는 셈이었다. 1965년의 헐렁한 양복은 이제 사라졌다. 약간 긴 머리와 구렛나루는 이제 벗겨지기 시작하는 그의 대머리를 보완해 주고 있었다. 헨리 키멜만이라는 맥거번의 새로운 말쑥한 재정 담당 보좌관은 그가 대통령 후보로 변신하는 것을 돕고 있었다.

이틀간의 주말 모임의 절정은 맥거번의 후보 지명을 위한 모금 행사가 될 것이었다. 사람들은 갤브레이스의 농장에서 펀치를 마시기 위해 여러 마일 떨어진 곳에서도 오고 있었다. 나는 많은 연사들 중 한 사람으로 이야기하기로 되어 있었다. 그것은 큰 변화였다. 이 년 전이었다면 네 사람 이상 모인 자리에서 앞에 나서서 이야기하는 것은 어떻게든 피해 보려고, 제정신이 아니라거나 아프다는 핑계를 댔을 것이다. 그러나 최근 나는 다른 여성 한 명과 팀을 이루어서 여성운동에 대한 강연을 하러 다니고 있었다. (공포를 극복함으로써 성장한다는 맥거번의 이론이 내게도 증명된 셈이다.)

내가 연사에 포함된 것은 최근 여성들의 활동 덕분일 것이라고 나는 확신한다. 일 년 간의 활동과 계획 후에 우리는 지난달 전국여성정치회의라는 행사를 개최했다. 어떤 보도에 따르면, 셜리 치점과 벨라 압죽 그리고 그 외 그 회의 설립자들의 사진을 보고 국무성 장관 윌리엄 로저스와 닉슨 대통령이 "유치한 코미디 같다"고 말했다 하지만, 어떤 언론은 선거를 통해 변화를 이루려는 이 새로운 노력을 진지하게 다루었다.

모든 인종의 여성, 흑인, 그리고 다른 유색인종 남자들의 리더십은 한 번도 검증받을 기회가 없어서 어떤 능력이 그들에게 있는지 아무도 모른다. 그 점을 이야기하면서 또 셜리 치점의 후보 경선 출마를 지지하는 것이 상징적이지만 중요하다는 내 견해를 밝히면서, 나는 맥거번이 "가장 훌륭한 백인 남성 후보"라고 칭찬하는 것으로 연설을 끝마쳤다.

그는 그 말을 듣고 미소를 지을 뿐 우쭐해지도도 싫어하지도 않았다. 그는 근본적인 변화를 용인할 수 있는 극소수의 정치 지도자들 중 한 사람일 것이다.


### 1972년 2월

이제 뉴햄프셔의 혹한에 고생하는 것은 매카시가 아니라 맥거번이다. 나는 치점이 예비선거에 출마하고 있는 주들에서 그녀의 선거운동을 하고 치점이 출마하지 않는 곳에서는 맥거번을 위한 운동에 참여했다. 그러므로 나는 여기 뉴햄프셔에는 맥거번을 위해 와 있다. 하루에 다섯 번의 회의가 있었다. 나는 그 어느 때보다도 후보들은 어떻게 이렇게 계속되는 회의를 즐길 수 있는지 아니면 견딜 수 있는지 궁금했다.

여기서의 내 지지유세를 위한 사전공작원은 여자였다. 나와 함께 집회에서 연설할 대의원 후보도 여자였다. 이곳 선거운동에는 여러 영역에서 여자들이 참가하고 있고 그들은 맥거번이 여성에게 필요한 경제적 법적 변화를 가져올 수 있을 것이라 믿고 있다. 그러나 다른 주에서와 마찬가지로 여자들은 여전히 의사 결정자보다는 일꾼으로 일하는 경향이 있고, 선거운동을 지휘하고 있는 젊은 남자들은 때로 거만하게 굴었고 여자들을 허드레 일꾼으로 취급하고 있었다.

그 여성 대의원은 내게 이렇게 말했다. "맥거번은 좋아요. 하지만 그는 스탭을 훈련시켜야 해요. 여기 선거운동 관리자들이 모든 여자들에게 대하듯이 흑인들을 대했다면 모두 해고될 거예요."

그것은 괴롭고도 익숙한 이야기였다. 나는 워싱턴에 있는 스탭에게 도움을 요청하겠다고 약속했지만 거기 있는 여자들이 정말로 귀를 기울일 것인지 걱정스러웠다. 게다가 그들에게 무슨 힘이 있는가?


### 1972년 3월

전화벨이 울렸다. 맥거번이었다. 한적한 공항에서 정치적인 용무의 전화를 하고 있다고 했다. 그는 플로리다에서의 기부금 모금 연설과 뉴햄프셔에서의 활동에 대해 감사를 표하고 놀랍게도 여성문제가 맥클로스키 의원에 대항하는 데 매우 효과적이었다고 말했다. 맥클로스키는 자유주의적 공화당원으로 뉴햄프셔에서 맥거번의 반전 지지표 상당 비율을 가져갈지도 모르는 위협이 되고 있었다.

이제 맥클로스키는 자신이 여러 평등 사안에 대해 모호한 태도를 취한 것이 어리석은 짓이었음을 알게 되었을 것이다. 여러 날 뒤 똑같은 코스를 따라 선거운동을 벌였던 맥클로스키는 실제로 그가 접했던 거부감 대부분은 여자들에게서 나온 것이었음을 인정했다.

쇠는 뜨거울 때 두드리라고 했으니 나는 선거운동 내의 문제에 대해 이야기했다. 맥거번은 약간 체념하고 있는 듯 보였다. 결국 뉴햄프셔 예비선거는 끝났다. 이제 다른 걱정거리들이 있다.

맥거번 측 대의원이 되라는 압력이 계속되었다. 이제 거취를 분명히 해야 했다. 왜냐하면 뉴욕주에서 치점과 맥거번이 둘 다 나왔기 때문이다. 내가 만약 치점의 대의원으로 나간다 해도 이길 가능성은 거의 없지만, 그녀의 표를 늘리기 위해서 조금이라도 유명세가 있는 여성은 모두 나서야만 한다.

개인적으로는 기자단의 한 사람으로 전당대회에 가는 것이 훨씬 편할 것 같다.


## 1972년 4월

결국 우리 선거구 모임에 가서 치점의 대의원이 되었다. 그렇게 하게 된 것은 맥거번이 전해 준 놀라움 때문이었다고 나는 생각한다. 뉴햄프셔에서 여성 문제가 강력한 효과를 발휘했고 플로리다에서 기부금 모금 연설회 한 번에 입장료 수익으로 만 달러를 벌어 들여서 재원 마련에 도움을 주었다는 놀라운 소식 말이다. 그러나 그는 여전히 여성운동의 강력한 호소력은 이해하지 못했다.

맥거번을 우익 쪽으로 가게 하려는 압력 집단은 아주 많았다. 치점의 후보 출마는 좌익 측 소수 세력의 하나였고 여성과 다른 사회적 약자 집단의 문제에 초점을 맞춘 유일한 후보였다.

그녀의 출마는 맥거번의 인식에도 도움이 될 것이다. 그리고 온국민의 인식에도.

## 1972년 6월

전국여성정치회의의 회원 십여 명이 워싱턴시에서 맥거번과 만났다. 복지제도에서 군비 지출에 이르는 여성 유권자들의 특별한 관심사에 대해 그가 어떤 생각을 가지고 있는지 들어보기 위해서였다. 그 회의의 대표들은 모든 대통령 후보들에게 똑같이 해왔다.

여성들을 정부 고위직에 임명하는 것에 대해 맥거번은 전적으로 동의했다. 그에 대한 토론을 조금 한 후에 우리는 가장 예민한 문제인 낙태에 대해 질문했다. 문제는 맥거번이 처음에는 희망을 불어넣는 이야기를 하다가, 나중에는 모호한 태도를 취했다는 것이었다. 이것은 법으로 규제할 문제가 전혀 아니고 개인의 양심에 따라 결정할 문제라는 입장을 조용히 택하고 여러 달이 지난 후에, 그는 예비선거 중에 낙태 반대 집단들에게 신랄하게 공격을 당했다. 이 문제에 대해서는 그가 전쟁이나 경제에 대해서처럼 알고 있는 것과 같은 직관적인 인식이 없기 때문에 그 사람답지 않게 행동했다. 처음에는 주에서 결정할 문제라고 했다가 개인적으로 뉴욕주의 법률이 너무 허용적이라고 비판함으로써 그 반대 입장을 암시하기도 했다. 결과적으로 그의 입장은 일관되지도 않았고 어느 쪽의 마음에도 들지 않는 것이 되었다.

그 딜레마에서 빠져 나오기 위한 방법으로 내가 제안한 것은 전당대회의 성명서에 "생식에 관한 자유권"이라는 말을 넣으라는 것이었다. 그 말을 당 강령 조항에도 사용할 수도 있을 것이다. 예를 들어 이렇게 명시하는 것이다.

"민주당은 미국 시민 개인의 생식에 관한 자유와 성적 자유에 대해 정부가 간섭하는 것을 반대한다."

그것은 비자발적인 불임 시술을 허용하는 인종개량 법률 중 아직 폐지되지 않은 것, 산아 제한 관련법, 성적 지향에 관한 법 등의 폐지를 포함함으로써 현실에서 정말로 중요한 문제를 포괄할 수 있다. 이 문제들은 모두 여자들뿐 아니라 남자들에게도 중요한 문제이다. 낙태에 대해서는, 전체 미국인의 57퍼센트와 카톨릭 신자들의 54퍼센트가 정부가 아닌 개인과 담당 의사가 결정해야 할 문제라고 생각한다는 갤럽 조사 결과도 그 말에 반영되어 있다. 그 말은 우익과 좌익이 모두 동의하는, 정부의 간섭에 반대하는 입장을 취하는 것이다.

맥거번은 언제나 그렇듯이 주의깊게 이런 요지의 이야기를 들었다. 그리고 그 말이 마음에 든다고 하면서 그에 대해 생각해 보고 그 날 밤 다시 우리에게 전화를 하겠다고 말했다.

그 모임에서 합의하지 못한 유일한 것은 선거운동원들 중 여성이 차지하는 비율이 너무 적다는 것이었다. 베티 프리단은 그녀 특유의 흥분하고 과장하는 스타일로 그에게 "지금 현재 선거운동에 여자들이 거의 보이지 않으므로 더 많은 여자들이 보이도록 해야 한다"고 말했다. 맥거번은 그것이 "말이 안 되는 소리"라고 대답하면서 그녀가 "잘 모르고 하는 이야기"라고 덧붙였다. 그리고 실제로 진 웨스트우드가 그 방에 있긴 했다. 그녀는 선거운동에서 최고 정책 결정자였으며 맥거번 선거운동 스탭 중 다른 영향력 있는 몇몇 여성들도 그런 역할을 하고 있었다.

그들 중 한 명이 베티를 구하기 위해, 그들이 선거운동에 참가하고 있지만 여자들의 의견에는 항상 귀를 기울이지 않는다고 말했다. 맥거번 자신은 여성에 대한 편견이 없지만 여성문제나 여성 보좌관들에 대한 태도가 스탭에게 영향을 주지는 못해 왔다고 그녀가 설명했다.

그 회의는 산만했지만 유용했다. 맥거번은 공감을 하지 못하는 듯 보였고 때로는 약간 인내심을 잃은 듯 보이기도 했지만, 귀기울여 듣고 변화하려 했다. 맥거번의 자원활동가인 셜리 맥클레인만 끝날 무렵 매우 화가 난 듯 보였다. 그녀 자신은 생식에 관한 결정권과 성적 자유에 찬성하지만, 이런 분야 전체에 대해 엄격한 법률 제정을 선호하는 닉슨이 이 문제를 이용해서 맥거번을 공격할 수 있다는 것이 걱정스럽다고 했다. 맥거번을 보호하기 위해서라면 어떤 원칙이나 문제도 희생되어야 한다고 생각하는 듯 했다.

나도 페미니즘 이전 시기에는 저렇게 선거운동중에 걸려 있었던가? 아마 그랬을 것이다. 생식 자유권 같은 이슈를 지지할 수 밖에 없는 사람들이 이야기하지 않는다면 어떤 정치가도 그 문제에 찬성하지 않을 것이라는 걸 내가 알게되기까지는 오랜 시간이 걸렸으니까 말이다. 그런 이슈들이 정치가들의 지지를 획득할 수 있다는 것을 알게 되기까지는 더 오래 걸렸다.

자리를 뜰 때쯤 내 머리 속에서 한 문장이 맴돌면서 마음을 어지럽혔다. 우리가 맥거번에게 복지 정책에 대한 질문을 던지자 그는 당황한 듯 보였다. "왜 '이' 그룹에서 복지 정책에 관심을 가집니까?"하고 그는 물었다. 그가 복지 정책을 여성문제로 보지 않는다면 거기서 의사소통이 얼마나 제대로 이루어졌다고 볼 수 있겠는가?

셜리 맥클레인은 맥거번의 민주당 정강 초안에서 생식에 관한 자유권을 삭제해 버렸다. 맥거번에게 알리지도 않고 그렇게 했다고 그녀가 말했다. 여자들은 남자들의 승인을 못받게 될 것을 아주 두려워해서 그들이 '안돼' 하고 거절할 때까지 기다리지도 않는다. 그렇지 않으면 그것이 우리 자신에 대한 거부를 의미하는 것일지라도 남자들을 보호하기 위한 것은 뭐든 하려 한다.

그런데 알래스카에서 온 젊은 대의원인 제니퍼 윌크가 아주 열심히 그것을 소수집단 조항으로 다시 포함시키자는 서명을 받아서 생식에 관한 자유권이 소수집단 조항으로 들어가게 되었다. "성적 자유"라는 말은 뺐는데 그 동안 동성애자 집단의 대표가 그들의 요구를 담은 조항을 만들기 위한 노력에 착수했기 때문이었다.

그렇게 해서 생식에 관한 자유권은 하여간 전당대회에서 제기될 수 있게 되었다. 이런 것이 여성 운동의 강점이다. 무엇을 해야 하는지 이야기하지 않아도 각자가 알아서 한다.


## 1972년 7월

이번 주 마이애미에서 전당대회가 열리기 전에 전국여성정치회의는 전당대회에서의 활동 계획을 세우기 위해 회의를 가졌다.

사실 우리는 이미 예상보다 훨씬 더 큰 성공을 거두고 있었다. 전국의 여성들이 페미니스트적인 깨달음을 갖고 기꺼이 일해주었기 때문이다. 예를 들면 다음과 같은 일이 있었다.

1. 1968년에 14퍼센트였던 여성 대의원이 이번 전당대회에서는 40퍼센트에 이를 전망이다. 전국여성정치회의는 그 수를 늘리기 위해 민주당 전국위원회에 압력을 가해서 맥거번 개혁위원회 규칙에 여성 대의원 비율 확대에 대한 것을 넣도록 했다. 그런데 마이애미에서 벌어지는 일과 무관하게, 많은 여성들은 위험을 무릅쓰고 그런 일을 하고 이제 자기 지역 정치판에서 발판을 마련하고 있었다.
2. 이번 전당대회에서는 여성이 공동 의장이 될 예정이다. 공동 의장이 될 여성은 이본 브레스웨이트인데 그녀는 캘리포니아 주의회의 젊은 흑인 의원이며 하원에 출마하고 있는 후보이기도 하다.
3. 생식에 관한 자유를 제외한 모든 중요한 문제를 포함하는 여성 조항

이 만들어졌고 그것은 정강위원회에서 나온 보고서에 이미 들어가 있다. 하원의원 벨라 압죽은 다른 정강위원회 위원들을 조직해서 그것을 통과시키기 위해 애쓰고 있다.

4. 여성들을 공평하게 대표하지 못하는 대표단에 대한 항의는 대부분 이미 자격심사위원회로 가기 전에 받아들여지거나 협상해서 타협에 이르렀다.

이번 전당대회는 1968년과는 매우 다르게 치러질 예정이다. 1968년 에는 여자들 대부분이 "부인들"을 위해 마련된 오찬회와 패션쇼에 가기로 되어 있었다.

그러나 우리는 여전히 두려움을 가지고 있다. 특히 나는 우리 단체의 주장을 민주당 전당대회와 공화당 전당대회에서 각각 관철시키는 임무를 맡고 선출된 전국여성정치회의 대변인 두 명 중 한 사람이기 때문에 걱정이 많다. 우리는 경험도 돈도 없고 다른 집단들이 가지고 있는 컴퓨터화된 정보도 없으므로, 적어도 네 가지 사안에 대해서 통일된 싸움을 해야 할 것이다. 여성 대의원의 수가 충분치 않다는 것에 대한 항의, 생식 자유권 조항, 더 나은 복지 혜택을 주도록 하는 빈민 조항, 그리고 우리가 용기를 낼 수 있다면 부통령 후보에 여성을 임명하라고 주장하는 것이었다.

스탕달의 소설 줄거리를 가지고 바넘과 베일리*8)가 쇼를 만든다면 1972년 민주당 전당대회와 비슷한 꼴이 될 것이다. 그 때의 닷새 동안을 돌아보면, 잠 한숨 못 잔 것, 누구와도 전화 통화를 할 수 없었던 것, 회의장 출입증을 얻기 위해 갖은 수를 써야 했던 것, 전국여성정치회의 회원 서너 명이 관련된 외국 유혈 사태 문제, 절망, 분노 등이 떠오른다. 그런데 이상하게도 전당대회가 모두 끝나자 성취감과 연대감이 느껴졌다.

예를 들면 이런 것 때문이다.

- 우리는 여성의 대표성 문제를 제기하기 위해 사우스 캐롤라이나주 대의원들의 자격에 대해 이의 신청을 하기로 했다. 그것이 받아들여지면 "특혜조치 affirmative action"의 정의를 전통적으로 소외된 집단들을 돕는 것으로 확립할 수 있을 것이기 때문이었다.

  정치 현실을 처음 경험한 것은 사우스 캐롤라이나주의 대의원 한 사람이 우리의 이의 신청을 반박하는 발언을 할 때였다. 그는 그러면 백인 여성이 흑인 남성 자리를 대신하게 될 것이라고 암시하는 말을 했다. 고전적인 분할지배 작전이었다. 그 말이 함축하고 있는 내용은 그릇된 것일 뿐 아니라 (그 해결책은 인종의 균형을 깨지 않는 것이어야 한다고 우리는 분명히 명시했다) 특히 화를 돋구는 것이었다. 그것은 흑인 여성들과 백인 여성들에 의해 연대의 이슈로 선택된 것이었기 때문이었다.

  이 작전은 실패였던가? 그건 알 수 없다. 맥거번의 전략가들은 과반수를 만드는 데 필요한 표의 전체 수가 변화할 가능성을 걱정해서 − 캘리포니아 대의원 자격 이의 신청을 하면 그럴 위험이 있으므로 − 사우스 캐롤라이나 출석 조사를 통해 도중에 투표를 철회했기 때문이다.

  우리는 맥거번 파와 맥거번 반대파 사이에서 이리 저리 치이면서, 아무렇게나 취급되고 있는 느낌이 어떤 것인지 알게 되었다. 이슈 자체는 − 그리고 맥거번이 지지 약속도 − 전혀 중요하지 않았다.

- 여성 조항은 기대했던 대로 멋지게 통과되었다. 1968년 민주당 강령에는 여성에 관한 말은 한 마디도 없었다. 우리가 너무나 바쁘지 않았다면 축하 파티라도 열었을 것이다.

- 데일리 시장이 이끄는 시카고 대표단에 여성, 소수 집단, 젊은이가 너무 적게 포함되었다는 이의 신청이 받아들여졌다. 그렇게 해서 데일리 파가 아닌 집단이 자리를 얻었다. 68 정신이 공식적으로 사망 선고를 받은 것이다.

간부회의에 의해 마련된 여성 대의원 모임이 생식에 관한 자유가 포함된 소수 집단 조항을 통과시키기 위해 싸우자고 합의했다. 그리고 투표 결과 9대1로 그 조항이 지지를 받았다. 우리는 그렇게 싸웠고 세 명의 여성 대의원들은 그것이 헌법에 보장된 권리라고 유창하게 연설을 했다. 생명권의 열렬 옹호자라는 한 남자가 그에 대한 열띤 반대 의견을 내놓았고 셜리 맥클레인도 반대하는 발언을 했다. 이것이 기본권인 것은 사실이지만 정강에 포함될 내용은 아니라는 것이 이유였다.

우리가 두려워했던 굴욕적인 패배와는 거리가 멀게 우리는 아주 좋은 성과를 거두었다. 그리고 법정에서 반낙태 법률을 폐지하려는 노력이 퇴보하는 결과를 낳지 않을까 하는 우려도 현실화되지 않았다. 맥거번 측이 그들 대의원들에게 미리 지시를 내리지 않았고 그렇게 해서 그들이 양심에 따라 투표할 수 있었다면 분명히 우리가 승리했을 것이다. 생식에 관한 자유의 문제가 처음으로 전국적인 정당 정강에서 제기되었던 것도 큰 성과라 할 수 있다.

셜리 치점이 부통령 후보로 출마하지 않겠다고 결심한 후, 프랜시스 시시 패런홀드의 부통령 후보 출마 여부를 결정할 시간은 반나절밖에 없었다. 그녀는 최근 텍사스 주지사로 출마했던 인물로 여성 · 젊은이 · 흑인 · 남미계 · 노동자와 전례 없는 연대를 만들어냈다. 그녀는 적어도 맥거번이 선택한 톰 이글턴 만큼의 능력과 자질은 가지고 있었다. 그녀는 이글턴과 마찬가지로 남부 지방 출신의 카톨릭 신자였고, 그리고 물론 이제 웬만큼 사람들에게 알려져 있었다.

로비를 할 시간이 없었기 때문에 중요한 간부회의에 영향을 줄 수 있는 사람들에게 지지 연설을 하게 했다.

마지막의 영광스러운 분투 덕분에, 날림으로 만든 우리의 회의장 접촉 시스템이 제대로 작동했다. 여자들 대부분은 마이애미 이전에는 시시 패런홀드에 대해 들어본 적이 없었지만 그들은 회의장 리더들의 이야기를 믿었기 때문에 여성 후보에게 표를 던졌다. 패런홀드는 2위를 차지했지만 – 맥거번은 이글턴의 지명을 위해 충분한 표를 통제한 것이 분명했다 – 여러 달 동안 운동해 온 남자 여러 명을 눌렀다.

그 결과 인터뷰 하는 사람들이 거만하게 "하지만 자격을 갖춘 여자가 없지 않나요?" 하고 물어보는 일은 훨씬 줄어들었다.

미시시피 주의 유명하고 사랑받는 흑인 민권운동 지도자이자 전국여성정치회의의 설립자이기도 한 파나 루 해머가 패런홀드의 지명 연설을 했다.

"남부지방 출신 백인 여성이 그녀처럼 투쟁하는 것이 얼마나 어려운 일인지 저는 알고 있습니다."

투표 후에 그녀는 "다음에는 우리가 이길 겁니다."라고 덧붙였다.


이런 역사적인 일이 모두 끝난 다음 날 아침 우리는 쉰 목소리와 피곤으로 후들거리는 몸으로 약속 장소로 갔다. 미시건주의 재능있는 젊은 하원의원 존 콘이어스가 우리의 '클리어링하우스 커미티' 와 맥거번의 만남을 주선해 주었다. 그 위원회는 민권운동, 여성운동, 다른 개혁집단들의 모임으로 이 전당대회 이전과 전당대회 동안에 그들 집단의 모든 노력을 조율해왔다.

마침내 우리는 작은 방으로 안내되었다. 거기에는 셔츠만 입은 맥거번이 있었다. 갑자기 거리감이 느껴지는 후보가 아니라 조용하고 친숙한 과거의 얼굴이 돌아온 것 같았다.

우리는 이후의 활동에 대해 토론했는데, 맥거번은 선거운동 참모인 게리 하트더러 우리에게 사과하라고 했다. 그는 선거운동본부에서 활동한 여자들을 비참하게 만들었던 거만한 젊은 남자 중 하나였다. 그는 정치 경험이 많거나 어떻게 일을 꾸려가야 하는지 아는 여자들이 별로 많지 않다고 말한 것을 사과했다.

그의 어머니나 할머니뻘이 될 만큼 나이가 많고 자신의 삶 전체를 훌륭하게 꾸려온 여자들은 너그럽게 사과를 받아들였다.

맥거번은 밖으로 나가다 문득 침묵에 잠겼다. 특이하고도 감동적인 순간이었다. 나를 보니 1965년 이후 7년간의 세월이 떠오르는 모양이었다. 시간이 갑자기 기억의 물결 속으로 그를 휩쓸고 들어갔다. 그 방에 있던 다른 사람들도 침묵하고 있었다.

"참…… 믿어지지 않는 일이지요?"

나는 뭐라고 해야 할지를 몰라서 이렇게 말했다.

"시카고 이후로 계속 믿기 어려워요."

"그래요."

그가 한참 후에 말했다.

"믿기 어려워요. 하지만 가야 할 길이 멉니다."

맥거번에 대해 감정의 동요를 느낀다면 또는 그에 대한 분노가 일어난면 그것은 그가 희망을 불러일으키기 때문이다. 리처드 닉슨은 그렇지 않다. 그리고 희망은 매우 다루기 어려운 감정이다.

그러나 다시는 닉슨의 선거 비행기에서 그랬듯 내가 여성의 부재를 알아차리지 못하는 일은 절대 없을 것이고, "가슴이 따뜻한 정치인"이 돌아오기를 바라면서 그 따뜻한 정치인이 여성일 수도 있음을 간과하는 일은 없을 것이다.

여성은 다시는 정치판에서 아무 생각 없이 커피만 끓이는 존재가 되지 않을 것이고 세상의 절반인 우리를 보지 못하는 자신감 없는 기자가 되지도 않을 것이다. 완벽한 지도자 같은 것은 없다. 우리는 우리 자신을 이끌어 가는 법을 배워야 한다.

**역주**

*1) 스토클리 카마이클 Stokely Carmichael(1941- ): 미국의 흑인해방 운동가. 블랙 파워를 주창했고 인종차별 철폐 투쟁을 분리주의 방향으로 이끌었다-.

*2) 르로이 존스 Everette LeRoi Jones(1934- ): 미국의 극작가, 시인, 소설가. 아프로-아메리카 문화의 지도자. 반 백인의 관점에서 흑인의 동일성을 추구하는 이론을 제창했다.

*3) 루이스 C. S. Lewis(1898-1963): 영국의 학자, 평론가, 소설가.

*4) 이세이아 벌린 Isaiah Berlin(1909-1997): 영국의 역사가. 정치 철학에 관한 저술로 유명하다-.

*5) 불 무스 Bull Moose는 공화당 내의 진보 세력 소수파를 가리킨다.

*6) CBS 뉴스 방송 기자. 뉴스 보도를 하면서 자기 의견과 분석을 곁들이는 새로운 저널리즘의 선구자.

*7) 에드워드 케네디 (별칭은 테드 케네디)는 존 F. 케네디 형제 중 유일하게 생존해 있는 사람으로 1969년 민주당 대통령 후보 경쟁의 선두주자였다. 1969년 7월 18일 밤, 매사추세츠 채퍼퀴딕 섬에서 그가 운전하던 자동차가 다리 밑으로 떨어져 동승하고 있던 여성이 익사했다. 케네디는 사고 현장 이탈 사실이 유죄 판명되었다. 그는 1970년 상원의원으로 재선되었으나 1972년 대통령 선거 불출마 의사를 밝혔다.

*8) 바넘과 베일리 P. T. Barnum & James A. Bailey: 20세기 초 미국의 유명한 쇼맨. 두 사람이 함께 이른바 '지상 최대의 쇼'를 공연했다

# 변화의 강물을 헤엄쳐 건너가기

### 거센 물살 I

1970년대 초 평화운동이 일어나고 페미니즘이 부활하던 때, 벨라 압죽 Bella Abzug이 의회에 입성했다. 그녀는 여성을 비롯한 사회적 약자 집단의 문제를 제기했으며, 의원으로서는 최초로 닉슨 대통령의 탄핵을 주장했다. 입법안을 만들 때 발휘한 변호사로서의 능력과 신속한 의사 진행 방식에 대한 연구로 유명해졌으며, 하원의원으로 겨우 두 번의 회기를 보낸 후에 동료 의원들이 뽑은 '가장 영향력 있는 의원' 세 명 중 한 명으로 꼽혔다. 1976년에는 용감하게도 여성으로서는 최초로 뉴욕 주 상원에 출마해서 매우 적은 표차로 패배했고, 그 다음 해에는 다수당의 뉴욕 시장 후보 경선에 출마한 최초의 여성이 되었다.

그렇다면 의회의 안전한 자리를 떠나서 여성으로서는 '최초'로 힘든 선거에 출마한 그녀의 용기는 칭송되었는가? 미국 역사에서 다른 어떤 여성보다도, 그리고 많은 남성들보다도 더 많은 정치자금을 (대부분 적은 액수의 기부금을 받아서) 모금했다는 점은 칭찬받은 적이 있는가? 적어도 모든 에너지를 다 쏟아붓고도 선거에서 졌다는 것에 대해 측은해하는 반응을 받아 본 적이 있는가? 전혀 아니었다. 페미니즘 성향의 자유주의자들은 그녀가 '너무 공격적'이라거나 '눈에 거슬린다'고 비난했고 우익 매체는 그녀를 '공산주의 성향'의 '가족파괴자', '변태들의 여왕'이란 말로 비난했다. 그 결과, 그녀가 다시 의회로 돌아가기 위한 노력은 무산되고, 대신 공화당의 백인 남자 백만장자가 당선되었다. 언론에서는, 그리고 여성 운동의 일각에서도, 그녀의 패배는 '그녀 자신의 잘못' 때문이라고 진단하며 조롱했다.

### 거센 물살 II

전국적인 여론 조사 결과에 따르면 남녀평등 수정헌법안은 남녀 미국인 대다수의 지지를 받았고 미국 인구 대부분이 몰려 있는 35개 주에서 비준되었다. 그렇지만 한줌도 안 되는 매우 고집 센 백인 남자 입법자들이 나머지 몇 개 주에서 비준에 필요한 표를 통제하고, 단 세 개 주에서 거둔 그들의 승리를 계속 이어나가려 했다. 그 지역 입법자들은 전국민의 합의를 거부하고 있다고 비난받았는가? 기자들이나 일반적인 미국인들은 그들 주에서 수정안 통과를 가로막고 있는 이해관계가 무엇인지 알려고 했는가? 아니다. 가장 인기 있는 질문은 이런 것이었다. "왜 여자들이 ERA에 반대하는가?" 두 번째로 인기 있었던 물음은 피해자를 비난하는 것일 뿐 아니라 희망 사항까지 포함하고 있다. "왜 여성운동은 죽어가고 있는가?"

### 거센 물살 III

낙태 합법화가 다수의 찬성을 얻어낼 때까지 여성운동이 오래 계속된 후, 1973년에 이르러서야 대법원이 낙태를 허용한다는 판결을 내렸다. 헌법에 보장된 사생활권에 의거해 여성에게 낙태를 선택할 권리가 있다고 판결한 것이다. 낙태가 합법화되면 수많은 여성이 건강과 생명을 구할 수 있는데도, 1976년 선거의 두 후보자는 모두 낙태를 반대한다는 입장을 밝혔으며 그로써 낙태에 반대하는 소수의 견해를 정당화하는 역할을 했다. 1977년부터는 여성 중에서도 정치적으로 가장 힘없는 사람들인 생활보호 대상자 대부분이 낙태시 정부 보조금을 받지 못하게 되었다. 어쩔 수 없이 아이를 낳아서 아이를 죽이거나 스스로 낙태를 시도하거나 불법 시술을 받다가 목숨을 잃는 것이 필연적인 결과였다. 그동안 낙태반대운동은 목소리를 높여서 로비 활동을 계속했다. 낙태에 대한 제한을 더 강화하고 결국에는 모든 낙태를 불법화하기 위한 운동을 벌였으며 환자들을 못 살게 구는 일도 시작했다. 병원 앞에서 드나드는 환자들을 감시하고 병원에 들어가는 환자를 시위대가 막아 섰으며 병원에 불을 지르기까지 했다. 어떤 병원에서는 여자들이 수술을 받고 있는 동안 낙태반대 깡패들이 침입하기도 했다. 이런 일은 대부분 모두 종교적 믿음이라는 미명하에 저질러졌다. 하지만 그런 종교적 믿음은 대다수의 지지를 받지 못했다. 종교인들에게도 지지를 얻지 못했다. 그 뿐 아니라 카톨릭의 낙태반대운동가들이 카톨릭신자 여성들을 특히 위험에 빠지게 하는 결과를 낳을 수 있었다. 왜냐하면 카톨릭 여성신도들은 피임 수단을 가지기가 더 어렵고, 따라서 다른 종교의 여성들보다 낙태를 더 많이 하는 경향이 있기 때문이다.

이런 반낙태 진영이 폭압적인 소수집단으로 보였는가? 아니면 힘으로 개인의 권리를 위협하고 교회와 국가의 분리를 위태롭게 하는 자들로 보였는가? 여론 조사에서 드러나듯이, 신문을 대충 읽는 독자들이 미국인의 60~70퍼센트가 개인의 선택권을 지지한다는 인상을 받았겠는가? 그와는 반대로 언론 보도는 미국인들 대다수가 낙태반대 집단이 '옳은 쪽으로 방향 전환시키는' 역할을 하고 있다고 생각하는 듯 보이게 했다. 게다가 폭력을 행사하는 그 집단들을 계속해서 '생명권 옹호론자' 라고 부르고 있다.


## 거센 물살 IV

우리는 겨우 오백만 달러를 가지고 2년간 휴스턴 전국여성대회를 준비했다. 대통령 후보 한 명에게 정부가 선거자금으로 지원하는 돈의 사분의 일에도 못 미치는 액수를 가지고, 56개 주에서 대회를 개최하고 이천 명의 참관인과 대표들이 모이는 행사를 치렀다. 전국에서 선출된 대표들이 모이는 행사로서는 아마 역사상 가장 민주적이고 가장 대표성이 강하며 가장 크면서도 가장 적은 비용으로 치른 대회였을 것이다.

하지만 우리가 열심히 일했고, 돈을 적게 썼고, 민주적인 절차를 거쳤다고 해서 누가 우리를 축하했는가? 연방 정부의 지원을 받은 프로젝트로서는 보기 드물게, 도중에 더 많은 돈을 요구하지도 않고 지시사항을 모두 이행한 이 대회에 대해 의회는 칭찬했는가? 전혀 그렇지 않다. 반대로 우익 집단들은 세금을 낭비했다고 주장했고 많은 기자들은 그들의 근거없는 주장을 조사해 보지도 않고 신문에 실었으며 의원들은 그것을 그대로 믿어 버렸다. 그들은 1977년 전국여성대회에 정부가 지원금을 제공함으로써 포르노같은 장면이나 연출하고 한 번의 "전국적인 소동"을 벌이는 비용으로 아까운 세금을 낭비되었다고 했다. 대회와는 아무 상관없는 자료가 의회 의원들에게 배포되었고 주요 도시를 순회했다.

너무 많은 비방이 쏟아져서 그 중 어떤 것은 오랫동안 떨어지지 않고 붙어 다녔다. 휴스턴 이후 루이스 해리스가 실시한 여론 조사 결과 미국인 대다수가 실제로는 대회 대표들이 통과시킨 주요 결의안들을 모두 지지한다는 것이 밝혀졌다. 하지만 대회 그 자체는 그와 똑같은 평가를 받지 못했다. 대회 전반에 대해 29퍼센트는 찬성하지 않았고 52퍼센트는 잘 모르겠다고 답했으며 19퍼센트만이 찬성한다고 했다. 쉽게 포착되는 대중매체의 이미지가 제대로 전달되기 어려운 실제를 눌러 이긴 것이었다. 부분적인 승리이긴 했지만 그것은 우리를 당황하게 만드는 것이었다.

앞에서 이야기한 몇 가지 이야기들은, 우리가 희망과 경악과 피곤과 분노를 제물로 바치면서 변화의 강물을 계속 헤엄쳐 나가는 데 장애가 되는 감정과 사건을 상징적으로 보여 주는 예이다. 그런데 물론 그런 공식적인 거센 물살 외에 사적인 것도 있다. 자유와 평등을 꿈꾸게 된 우리가 전혀 변하지 않은 일상의 현실에 부딪쳐 좌절할 때가 얼마나 많은가? 예를 들면 용감하게 다시 학교에 들어갔는데 매년 학력이 높아지는 여성 실업자군에 속해 있는 자신을 발견하게 된다. 여성의 경제적 독립을 위해 직장에 다니지만 집안일은 항상 여자의 몫이다. 아이들을 자유롭고 독립적인 사람으로 키우고 싶지만 이 사회의 문화는 아이들에게 일률적인 성역할만 수행해야 한다고 가르친다. 남자와 평등한 관계를 맺고 상호적인 지지와 사랑을 만들어 보려 하지만 결국 자신감이나 권력의 불균형이 그것을 가로막는다.

바로 이것이 페미니즘의 두 번째 물결이 일어나고 10년이 지난 지금, 우리가 처해 있는 상황이다. 여러 해 동안 열심히 노력해 왔지만 부푼 희망과 변화에 대한 갈망은 매번 똑같은 싸움을 되풀이해야 하는 절망적인 현실과 정면으로 충돌하고 있다. 대다수의 의식 변화를 이루어낸 결과, 낡은 의식에 권력의 기반을 두고 있던 세력들로부터 반발이 일어났다.

우리가 계속 변화를 이루어가기 위해 기억해야 할 첫 번째 교훈은 이것이다. 심한 반대가 성공의 척도라는 것. 여자들은 갈등과 저항이 아닌 사랑과 인정으로 자신의 성과를 측정하도록 훈련받아 왔다. 그것은 개인적으로 독립성을 유지하기 어렵게 하며 근본적인 변화를 추구하기 어렵게 만든다. 그런데 우리가 주머니를 털거나 모금을 해서 여성대회 비용을 마련하고 있을 때는 여성운동에 대한 조직적인 반발은 없었다. 우리의 세력이 커져서 우리가 낸 세금을 조금 끌어쓸 수 있게 되고부터 보수주의자들이 반발했던 것이다. 남녀 불평등에 대한 문제의식이 전파되어 수녀들이 신부의 권위를 문제삼고, 몰몬교 여성들이 그들의 부유한 교단이 성별·인종의 제한에 의해 유지되고 있다는 것에 분개하고, 유대교와 신교도 여성들이 랍비와 목사가 되고, 신이 아버지로 인격화되는 것 자체에 문제를 제기하기 전에는, 전통적 교회들과 근본주의적 종교 지도자들조차 여성운동에 대해 정치적으로 조직적 반대를 하지는 않았다.

동일 노동 동일 임금 원칙은 동일 가치의 노동에 동일 임금을 지급할 것을 요구하는 것이다. 얼마나 많은 여자들이 동일한 가치의 노동을 하면서도 동일한 임금을 받지 못하고 있는지 알 필요가 있다. 또한 여성 집단이 더 이상 조직되지 않은 값싼 잉여 노동력으로 이용될 수 없게 되면 이미 노동 시장에서 큰 비중을 차지하고 있는 여성 노동자들의 수가 크게 늘어날 것이고 엄청난 부의 재분배 효과가 생길 것이라는 사실도 알아야 한다.

다시 말해 여성들이 성적 차별 없이 임금을 받게 된다면 상당한 부의 재분배를 이룰 수 있다는 것이다. 바로 그것 때문에 우리는 계속해서 이 요구를 관철시키도록 노력해야 한다. 값싼 노동에 의존하면서, 상속된 부가 축적되도록 하는 체제는 다수가 소수에게 압력을 가함으로써 변화시켜야 한다.

"동일 임금"이 민중적이고 근본적인 변화의 가능성을 가지고 있다는 것을 모든 사람들이 이제 이해하기 시작하고 있다. 동일 임금을 받아야 할 사람들뿐만 아니라 그로 인해 이익이 줄어들 수도 있는 사람들까지도 그 점을 깨닫게 되었다. 당연히 저항의 심화와 지지의 확대가 일어났다. 물론 저항과 지지 중 어느 쪽인가는 여성의 싼 노동으로부터 이익을 얻는 사람(고용주, 투자자, 주주. 또는 남편도 될 수 있다)인가, 그렇지 않으면 저임금을 받는 여성인가에 따라 달라진다. 또는 능력에 따라 보상을 하고 부의 세습을 제한하여 장기적으로 모든 사람을 위해 사회가 개선되어야 한다고 믿는 사람인가 여부에 따라 달라진다.

우리는 여성으로서 그런 반대에 부딪히는 것에 대해 문화적으로 훈련이 전혀 되어 있지 않았고 현실에서 배움을 얻을 준비도 되어 있지 않았다. 시민으로서 기본권을 주장하는 자세도 거의 갖추고 있지 않았다. 기회의 평등은 미국 건국 이념 중 하나가 아니던가? 왜 우리는 당연히 가져야 할 평등한 권리를 위해 싸워야 하고 반대에 부딪힐 것을 예상해야 하는가?

경험이 바로 우리의 학교이자 교과서다. 시청에서 전화를 받는 여성은 일주일에 170달러를 받지만 경찰서에서 전화를 받는 경찰관은 306달러를 벌고 있었다. 낮 동안 사무실 건물을 지키는 남자 관리인은 주급 185달러를 받는데, 청소부 아줌마는 밤새 그와 비슷한 일을 하고 170달러를 받았다. 정식 간호사는 같은 병원에서 쓰레기 치우는 일을 하는 남자보다 더 적은 보수를 받았고 약사보다는 훨씬 더 적은 돈을 받고 있었다. 약사와 간호사는 거의 같은 훈련을 받지만 약사들은 대부분 남자들이기 때문이다. 때때로, 불평을 해서 고용주로부터 약간의 임금 인상을 얻어낼 수도 있었다. 그러나 좀더 지속적이고 좀더 광범위한 압력의 필요성을 느낄 때가 많았다. 언제나, 어떻게 조직적으로 대응해야 하는가에 대한 교훈만 얻었다. 종종, 우리는 여러 형태로 되풀이되는 똑같은 대답을 들었다.

"이러면 시 정부가 모두 마비되고 전국의 병원이 마비될 것이다."

그렇지 않으면 아주 솔직한 민간기업 고용주들에게는 이런 대답을 들었다.

"여기에 여자들을 고용하는 것은 남자를 쓰는 것보다 싸기 때문이다."

우리들 각자가 자신의 얘기를 한다면 더 많은 실례를 제시할 수 있을 것이다. 그런데 우리가 계속해서 부딪히게 될 완강한 반대의 논리와 결과를 모두 이해하려면, 평등의 실질적인 경제적 효과를 기억해야 한다.

역설적이게도 평등에 대한 반대 논리에 대해서는, 경제 혁명을 연구한 사람들보다도 페어플레이에 대한 단순한 믿음을 가진 사람들이 오히려 더 잘 대응할 수 있었다. 정치 이론가들은 여성의 불평등은 대부분 다른 더 큰 경제 문제 때문에 우연히 발생한다고 주장한다. 그들의 전제는 변화가 위에서부터 시작되어야 한다는 것이다. 하지만 그 위에는 여성이 포함되어 있지 않다.

그런 이론가들의 견해는 특정한 혁명에 한해서는 옳을 수도 있고 그를 수도 있다. 하지만 변화를 만드는 방법은 하나만 있는 것이 아니다. 그래서 우리는 우리가 시작할 수 있는 곳, 즉 아래에서부터 출발하기로 했다. 우리는 무장 폭동을 일으키려는 것이 아니었고 독립국가 수립이나 노동자들의 공장 접수를 하려는 것도 아니었기 때문에, 우리가 이용할 수 있는 전술 모델은 거의 없었다. 어떤 반대에 부딪히게 될지도 예상하기 어려웠다.

1960년대와 1970년대 초 우리 중 많은 이들은 ERA 같은 법적 조치는 별로 급진적으로 보이지 않는다는 이유로 일축해 버렸다. 우리는 모두 선거 제도를 통해서는 변화를 이룰 수 없다는 1960년대식 생각을 가지고 있었다. 한 번에 페미니스트 한 명씩 제도권에 침투시켜서 변화를 이루겠다는 식의 노력에 대해서도 회의적이었다. 정치 상황과 개인적 기질이 맞물려, 나는 그런 회의적인 진영에 속해 있었다. 프리랜서 작가의 특성 때문인지 나는 어떤 종류의 조직도 좋아하지 않았다. 뿐만 아니라 ERA는 우리 선조 여성들이 투표권에 대해 너무 큰 믿음을 가지고 있던 시절의 유물처럼 보였다.

그러나 지난 몇년간 대중운동의 압력의 잠재력이 천천히 드러나면서 우리 중 많은 사람들이 마음을 바꾸게 되었다. 우익의 반발도 그에 기여했다. 우익의 반발은 평등 원칙이 헌법에 포함되는 것의 중요성을 간접적으로 증명해 준 셈이었기 때문이다.

그러나 어떤 영리한 사람이 예전에 말했듯이, 놀랄 일이 없다는 것이 총명함의 척도다. 우리가 더 일찍 ERA의 경제적 효과를 이해했다면 더 열심히 노력했을 것이다. 우익이 입법부에 전투사령부를 만들기 전에 먼저 비준을 받을 수 있었을지도 모른다. 반대파들의 논리와 이유에 대해 언론인들에게 더 잘 알릴 수도 있었을 것이다. 그랬다면 기자들이 지금처럼 의원들의 거짓 주장을 그대로 옮겨 적는 일은 일어나지 않았을 것이다. 의원들은 '여성 유권자들이 반대하고 있어서', '남녀 공용 화장실이 생길까 봐' ERA를 반대한다고 주장하고 있다.

그러나 우리는 실질적인 경제효과 분석을 하지 않았기 때문에, ERA를 허울뿐인 대의명분으로 제시하는 경향이 있었다. (직장과 가정에서의) 불평등에 의존하는 체제에 평등권이 도입되면 매우 급진적인 결과를 낳을 수 있다는 사실도 덧붙이지 않았다.

물론 우리의 준비 정도에 따라 현재의 변화속도가 달라졌을 것이라고는 볼 수 없다. 우리는 여성의 사회적 질병 즉 죄의식이라는 불치병에 굴복하지 않도록 주의해야 한다. '주의 자치권' 그리고 '주의 입법권'은 실제로는 계급적 편견과 경제적 보수주의를 의미하는 암호로 항상 사용되어 왔다. 그것은 ERA의 경험을 통해 우리가 피부로 느꼈던 진실이다. 몇몇 지역에서 우리는 남북전쟁 이후 민주주의의 딜레마가 되어온 주 의회를 개혁해야 할 필요성을 절감했다. 예를 들면 노스 캐롤라이나주는 1976년에 여성에게 투표권을 부여한다는 수정 조항만 비준했고 미시시피주는 아직도 비준하지 않고 있다.[1] 켄터키주는 1976년까지 노예제도 금지 조항을 비준하지 않았다.

네바다주에서는 열한 명의 의원이 ERA 찬성을 약속했고 그 공약 때문에 운동단체들로부터 지지를 받았는데, 당선되고 나서는 반대 표를 던졌다. 왜 그랬을까? 반대 표를 던지지 않으면 위원회 의장직을 차지하지 못할 것이고 정치인으로서의 미래도 어둡다고 주의회 우익 지도부가 노골적으로 협박했기 때문이었다. 버지니아주 여성들은 주의회의 반ERA 지도자의 지역구에서 ERA에 찬성하는 다른 당 후보를 당선시키는 재주를 발휘했다. 그러나 한 페미니스트가 말했듯 "그런 일은 그들의 화만 돋굴 뿐이다. 이제 다른 의원들은 우리를 더 많이 괴롭히려 할 것이기 때문이다."

많은 주의회에서 민주주의가 실종된 상태임을 ERA가 드러낸 것은 장기적으로 보면 국가에 유익한 일이었는지 모른다. 그러나 전화 한통 걸기 위해서 전국적인 전화체계를 재구축해야 한다면, 그것은 얼마나 불합리하고 소모적인 일인가!

그러나 앞으로의 일을 위해서, 주의회 체계를 민주화하는 이런 과정은 시간이 걸린다는 사실을 알고 있을 필요가 있다. 몇몇 얼굴을 바꾸는 것은 소용없다. 지역구민들 대다수의 지지를 획득한다고 해도 그 의원이 특별한 이해관계를 가지고 있다면 그 지지결과가 아무 소용이 없는 것과 같다. 그 특별한 이해관계가 의회 내에서 형성되지 않도록 하기 위해서는 충분히 오랜 시간 동안 그 주변에서 감시해야 하고 의회 지도부 구조를 변화시켜야 한다.

마침내 ERA가 헌법에 포함된다면 (결국은 그렇게 되겠지만) 역사가들은 우리의 행로를 돌아보면서 우리의 가장 큰 실수는 처음에 7년이라는 기한을 받아들인 것이라고 지적할 것이다. 대부분의 수정헌법 조항들에는 전혀 기한이 정해져 있지 않았다. 처음에 ERA 비준 기한으로 제안된 것은 35년이었다. ERA를 작성하고 의회에 제출한 참정권운동가 앨리스 폴 Alice Paul은 의회 발기인들이 칠 년의 기한을 받아들였다는 소식을 듣고는 성공할 가망이 없다고 생각했다. 하지만 인종 평등이 헌법에 포함되는 데 남북전쟁과 거의 한 세기의 세월이 필요했다면, 인구의 절반의 법적 평등을 위해서는 길고 지속적인 노력을 기울여야 하는 것이

당연하다.[2]

　어떤 운동에서든 사회 교과서에서 이야기하는 사회 변화의 방법만으로는 변화를 이룰 수 없다는 것을 알기까지는 시간이 제법 걸린다. 정당 내에서 활동하면서 지도부에 문제를 설명하고 투표로 의견을 표시하고 대다수의 지지를 얻는 것, 이런 것은 모두 그럴 듯 해 보인다. 그런 것이 효과 있을 때도 가끔은 있다. 그러나 권력층의 고려 대상 중에는 다수 의견과 전혀 상관없는 것도 있다 (예를 들면 어떤 특별한 이해관계가 정치적 사안을 결정하는 가장 큰 요소가 되는가, 누가 위원회 의장을 지명하는가, 누가 의원의 윤리에 대한 지탄을 무마할 수 있는가, 어떤 의원이 "하느님은 여성을 평등하게 만들지 않으셨다"는 이유로 평등에 반대하는 표를 던지는가 등). 그리고 다수가 찬성하더라도 여러 해 동안 그 의견대로 되지 않는 사안들도 있다 (총기 규제, 완전 고용, 베트남에서 철수 등). 그러나 사회 교과서는 그런 사실을 가르쳐 주지 않는다.

　남성적 스타일의 좌파 정치운동의 시대를 살았던 여성들도 교과서를 가지고 있었다. 그 교과서에 따르면 투표, 로비활동, 다수의 지지 등을 통해서는 승리할 수 없다. 반란 외에는 어떤 것도 승리를 가져다 줄 수 없다. 거리 시위, 체제에 대한 소극적 저항 (또는 폭력적 저항) 같은 "제도권 바깥"의 방법을 택해야 하며, 위에서 말한 것에 모두 동의하지 않는 사람들은 지지하지 말아야 한다.

　실제로는, 그리고 제대로 된 상황에서는, 제도권 내의 전략과 제도권 밖의 전략이 모두 효과를 발휘해야 한다. 그러나 둘 다 실패하는 경향이 있었다. 제도권 안으로 들어간 개혁론자들은 흡수되어 버리거나 무력해져 버릴 때가 많았다. 제도권 밖의 혁명주의자들은 즉각적인 효과에만 관심을 집중하고 있었기 때문에 큼직한 변화가 즉시 나타나지 않을 때는

(또는 어쨌든 나이 서른이 되기 전에) 고립되거나 사기가 꺾였다.

　의식적으로든 아니든, 우리는 이런 양극화된 운동 방식을 여성운동에도 들여왔다. 1960년대와 1970년대 초, 우리는 "개혁론자" 또는 "자유주의" 페미니스트 ("나는 페미니스트는 아니지만..."이라고 주저하면서도 페미니즘의 주장을 지지하는 사람들까지 포함하기도 한다) 와, "사회주의" 페미니스트 또는 "급진적" 페미니스트로 나누어졌다 (이 두 가지는 동의어처럼 쓰이는 경우도 많지만 전자는 계급이 여성문제보다 더 중요하다고 생각하고 후자는 반대로 생각한다). 우리들 대부분이 여성운동이 최우선이라고 생각하면서 활동한 후에도 이런 구분은 다른 형태로 다시 나타났다. 예를 들면 "정치적 페미니스트"와 "문화적 페미니스트"로 구분되었다 (전자는 경제 문제와 관련된 운동이나 분석에 집중하고 좌파와 연대하려 하는 사람들이고, 후자는 인류학, 자기 성장, 여성문화 건설에 관심을 가지고 있는 사람들이다).

　그러나 현실에서는 한 개인이나 집단이 이 두 가지 목표가 모두 중요하다고 생각하고 두 가지 모두에 끌릴 수도 있다. 독창적으로 둘을 연결할 수도 있다. 그러나 비극적이게도 인위적인 선택이 강요될 때가 많다. 제도권 안과 밖에서 동시에 활동하고 있다고 생각될 수는 없는 것이다. 우리가 학위를 따려 한다면, 학위를 가지려 하면서도 그것을 요구하는 제도에 도전한다는 것은 위선적이라는 비난을 각오해야 했다.

　페미니즘은 인간의 본성을 여성성과 남성성이라는 양극단으로 구분하는 것의 부당함을 지적해 왔으면서도 그와 비슷한 '이것 아니면 저것'이라는 이분법을 넘어설 만큼 강해지지는 못 한 듯했다.

　그로 인해 야기되는 최악의 사실은 우리의 인식이 경직되어간다는 것이다. 현실적으로 대부분의 상황에서, 적절한 행동과 아이디어는 열두 개일 수도 있고 열네 개일 수도 있고 백 개일 수도 있고 한 개일 수도 있다. 모든 것을 반대되는 두 개의 쌍으로 양극화하는 것은 우리 스스로가 정확성, 섬세함, 독창성, 성장 가능성을 잃어버리는 것이다. 그것 때문에 우리는 우리가 선택할 수 있는 행동의 다양한 스펙트럼을 전체적으로 보지 못했다.

남성지배 사회에서 이분화의 핵심적인 기능은 이기지 못하면 지는 상황을 만드는 것이다. 여자들은 항복하거나 지는 쪽이 될 것이라고 기대된다. 그렇게 해야 착하고 인정 많은 여자가 될 수 있고 사회의 지지를 얻을 수 있다. 페미니스트들 중에서도 도덕적 순수성과 엄격함을 패배와 연결시키는 사람들이 있다. 그런 생각은 서로의 약함을 부각시키고 강함을 비난하는 결과를 낳을 수 있다.

이분법적 사고를 보여 주는 최근의 예는 온건파 또는 보수적 다수와 급진적이거나 순수한 소수로 페미니스트들을 구분하는 것이다. 이 이분법에서는 성공한 집단이나 개인은 모두 배신자 범주에 속하게 되고, 고립되고 비참해진 사람들은 모두 순수한 진영에 속하는 것 같다. 그렇게 해서 신문에서도(우익 성향의 신문이 아니라도) "보수파 또는 온건파들이 소수의 진정한 페미니스트들로부터 여성운동을 넘겨받았다."는 말을 볼 수 있게 되었다.[3]

이러한 구분의 목적이 무엇인가를 깨닫게 해주는 것은 그 두 집단 간의 불균형이다. 당신은 페미니스트들 다수는 비난받는 쪽일 것이라고 확신할 수 있을 것이다. 아주 적은 소수만이 "순수"할 수 있기 때문이다. 때때로 운동 외부에서 관찰하는 정치이론가들이 온정주의적으로 그런 소수를 "순수"한 페미니스트로 정의하려 하기도 한다. 많은 경우에는 극소수의 여성들이 자신의 도덕적 우위나 페미니즘의 소유권을 주장하기 위해 그런 자멸적인 구분을 사용한다.

어느 경우든 어떤 부류로 분류되는가는 무시하고 어떤 이슈를 가지고 어떻게 운동을 벌여왔는가를 보는 것이 중요하다. 그러면 아주 다른 점이 나타난다. 다수파 집단은 매우 페미니즘적이었고 따라서 대단히 급진적이었기 때문에, 근본적이면서도 공통적인 문제에 대해 공격할 수 있었다. 다양한 경험과 배경을 가진 여자들이 환영받는 느낌을 가질 수 있도록 할 수 있었고, 그래서 살아남았고 성장할 수 있었을 것이다. "순수"하고 과격한 소수의 페미니스트들이 고립되게 된 것은 바로 그들의 주장과 언어는 페미니즘적이지만 행동과 스타일은 배타적이고 권위주의적이었기 때문인지도 모른다. 우파에서 왔건 좌파에서 왔건 그들은 어떤 영역을 따로 떼내어 그에 대한 자신들의 소유권이나 권위를 주장한다. 그리고 그런 그들의 주장에 끊임없이 경의를 표하라고 요구한다.

그러나 사실상 페미니스트들과 페미니즘적 행동의 가장 두드러진 특성은 많은 사람을 포괄하려는 노력에 있다. 페미니즘의 급진적 전망은 올바른 몇몇에 국한되는 것이 아니라 모든 여성의 지위를 변화시킬 가능성에 달려있다.

그렇다고 해서 내부적인 구분과 비판이 건설적이지 않다는 말은 아니다. 진정한 차이를 설명해내면서도 불필요하게 우리를 분리하지 않는 구분과 비판은 건설적일 수 있다.[4] 꼬리표를 붙여서 분류하는 데 대해서는, 나는 단순히 "페미니스트"라고만 하는 것이 더 낫다고 생각한다. 여성이 완전한 인간이라는 믿음을 가지고 있다면 남성지배 구조를 변화시켜야 할 필요성을 느낄 것이고 그러면 태어나면서부터 특권을 부여하는 다른 제도들의 모델이 되는 여성차별을 제거해야 한다고 느낄 것이다. 그것만으로도 충분히 급진적인 것이다. 그러나 여성들이 기존 구조에 통합될 수 있고 남성을 모방할 수 있다고 믿는 페미니스트들이 있기 때문에 (반대로 계급 구조가 제거될 때까지 기다려야 하고 그러면 여성의 종속적 지위가 저절로 개선될 것이라고 믿는 페미니스트들도 있기 때문에) 나는 내 자신을 "급진적 페미니스트"라고 불러야 할 것 같다.

'급진적'이라는 말은 '뿌리까지 가는'이라는 의미이고, 나는 성별 카스트 제도가 그 뿌리라고 생각한다. 그것이 연대기상으로 볼 때 선사 시대에 최초의 지배 모델로 발달했든 그렇지 않든, 지금 현재 어떤 인종이나 계급을 혈통에 의해 순수하게 유지하려 하는 사회에서는 자신들의 권력을 지속시키기 위해 여성의 자유를 매우 제한하고 있다는 점은 명확한 사실이다.

성별 카스트 제도가 다른 불평등의 뿌리가 되는 결정적인 근본 원인이기 때문에, 남녀불평등에 저항하는 효과적인 운동은 모두 사회의 급진적인 변화에 기여할 것이다. 그 행동이 급진적 페미니스트에 의해 이루어지는가, 아니면 망설이면서 "나는 페미니스트는 아니지만……."이라고 말하는 누군가에 의해 이루어지는가는 중요하지 않다. 따라서 나는 내가 선택한 꼬리표를 공유하지 않는 여자들과 함께 일하고 그들을 지지하는 일을 긍정적으로 생각한다. 우리가 장기적인 분석에 합의하지 못한다는 것도 사실이다. 나는 기존 질서에 통합되거나 그것을 모방하는 것이 페미니즘이 될 수 있다고는 생각하지 않기 때문이다. 페미니즘은 기존 질서를 변화시키는 것이라고 정의되어야 한다. 그러나 단기적으로는 어떤 목표에 합의할 수 있다. 그리고 우리의 정치적 행동은 단기간 안에 이루어져야 한다.

대부분의 페미니스트들은 다양하고 잘 배합된 전술과 스타일을 하나의 강점이라고 보기 시작했다. 우리는 인종과 연령, 계급, 성 정체성의 차이를 가진 다양한 사람들과 함께 일한 경험으로부터 교훈을 얻었다. 우리는 여성 건강 운동이나 성폭력 관련법 개정, 구타당하는 여성의 쉼터 운영 등의 예에서 많은 것을 배울 수 있었다. 이 모든 것들은 다양한 접근 방식을 통해 이루어진 성과이다. 즉 제도권 안이나 밖의 전술 하나만 구사하는 것이 아니라 대안적인 여성운동 조직을 만들고 거기서 얻은 교훈을 가능한 한 많이 지배 체제에 통합시킴으로써 얻은 성과다.

각각의 문제는 해결되기까지 비슷한 발전 과정을 거친다. 해당 문제에 이름 붙이기, 그 문제에 대해 큰 소리로 이야기하기, 의식화·연구 작업, 조직 건설, 문제 해결을 위해 법을 제정하고 사회 구조를 변화시키기.

페미니즘이 살아남기 위한 두 번째 교훈은 이것 아니면 저것이라고 생각하는 이분법적인 사고를 극복하고, 힘 있는 여러 사람들과 함께 다양한 전술을 모두 활용해야 한다는 것이다. 목표를 중심으로 최대한 많은 사람들을 끌어모아야 한다.

다양성은 바람직한 페미니즘적 미래의 대표적인 특징이 될 거라고 우리는 자주 이야기했다. 그런데 이제 다양성이 전술적인 이점도 제공한다는 것을 알게 되었다. 또한 사람들이 우리의 스타일을 선택하지 않는다고 해서 우리를 거부하거나 비판하는 것은 아님을 깨달을 수 있게 됐다. 그것은 자신감을 확립해가고 있다는 의미이다. 이런 것이 우리가 자유롭게 다양한 수단을 쓸 수 있게 해 준다. 그리고 페미니즘이 추구하는, 유기체적으로 통합되는 운동에서는 수단이 곧 목적임을 볼 수 있게 해 준다. 과정에서 다양성을 북돋워주지 않으면서 나중에 다양성을 가질 수 있으리라 생각하는 것은 잘못이다.

ERA 운동에서는 철저히 구분되던 제도권 안과 제도권 밖의 여성운동이 연합해서 대다수의 지지를 획득할 수 있었다. 그것은 페미니즘의 두 번째 물결 최초의 공동 투쟁의 경험이었다. 그 다음 투쟁에서는 급진주의자들이 선거 제도의 힘을 무시하는 경향이 훨씬 적어질 것이다. 개혁론자들은 우리가 숙녀처럼 행동하기만 하면 또 치마를 입고 논쟁을 피하면 모든 것이 잘 될 것이라고 주장하는 일이 훨씬 줄어들 것이다.

그런데 여성해방이라는 가장 긴 혁명에서 이번 물결은 겨우 십 년 정도 되었을 뿐이다. 지난 물결은 한 세기 이상 지속되었고 우리의 자매들이 만들어낼 또 다른 물결이 몰려올 것이다. 그러니 미래의 여성운동을 위해서 교훈을 정리해두는 일이 중요하다.

   벨라 압죽의 낙선에 대해 생각해 보자. 우리가 거리 시위나 점거 농성이나 가가호호 방문 홍보를 해서 그녀에게는 대단한 지지자들이 있다는 사실을 알렸다면, 정치가들이나 언론은 그녀를 지지하는 목소리를 들을 수 있었을 것이다. 우리가 그녀를 돕는 활동을 했다면, 그녀가 그렇게 쉽게 낙선하지는 않았을 것이다. 그렇지만 우리들 중 많은 사람들은 우리가(또는 그녀가) 제도권 내에 있고 1970년대 초반 거리 시위의 시절은 이제 지나갔다고 생각했다. 이것은 이분법적인 사고에 굴복하는 것이다. 우리 중 어떤 이들은 그녀의 공격적이고 급작스런 스타일이 패배를 자초했다는 데 동의하기도 했다. 그런데 벨라의 스타일은 뉴욕 시민에게 가장 많은 사랑을 받은 피오렐로 라 가디아 시장의 스타일과 많이 비슷하지 않은가?
   다음 글을 더 많이 읽었더라면 우리는 좀더 강하게 정치권 외부로부터 압력을 가했을 것이고 벨라의 스타일을 더 존중했을 것이다.

   자신의 명성이나 사회적 규범을 보존하려 하는 소심한 사람들은 절
   대 개혁을 하지 않는다. 정말로 진지한 사람들은 세상 사람들이 자
   신과 자신의 일을 어떻게 평가하든 전혀 개의치 않는다. 그리고 공
   식적으로도 개인적으로도 때를 가리지 않고 세상 사람들이 경멸하
   는 생각을 자신은 찬성하고 있다는 것을 밝힌다. 자기 주장을 명확
   히 말하고 그 결과를 책임진다.

   위의 글은 1873년에 수잔 B. 안토니 Susan B. Anthony가 쓴 글이다. 이런 글에 대해 알지도 못한 채 우리는 가끔씩 첫 번째 물결의 운동가들이 순진하다고 생각한다. 그러나 그들의 전술 중에서 다양성과 힘에 있어서

우리가 따라갈 수 있는 것이 몇 가지나 되는가? 그 후의 여러 참정권 운동가들에게는 투표권에 집중했다는 이유로 개량주의자라는 꼬리표가 붙여졌지만, 그들도 급진적인 전술을 구사했다. 의회에 있는 친구들과 차를 마시며 예의바른 로비활동을 한 것도 사실이지만, 그들은 백악관 앞에서 항의를 했고 그들 친구인 의원들이 질색을 하는 시민 불복종 운동에 참가하기도 했다. 유명인사의 아내들, 윌슨 대통령과 개인적으로 친분이 있는 여자들이 체포되었다 (그것은 언론에서 매우 크게 다루었다). 노동조합 여자들이 작은 깃발로 장식한 차를 타고 대로를 달리기도 했다. 그런 일은 뜻밖의 일이긴 했지만 여성의 품위를 해치는 행동은 아니었고 '비도덕적인' 여자 노동자들이나 이민자들에 대한 틀에 박힌 이미지와는 다른 것이었다. 참정권 운동가들은 현수막을 옷 안에 숨겨 집회 장소로 몰래 들어가거나 철저한 감시를 뚫고 피켓 라인 안으로 들어가기도 했다. 하나의 현수막이 경찰에 발각되어도 열 개가 넘는 다른 현수막이 내걸릴 수 있었다. 우리의 선조 여성들은 거리 행렬에 대단한 재능을 가지고 있었다. 모두 똑같은 어깨망또를 입고 같은 색의 꽃을 들고 5킬로미터 길이의 청원서를 들고 행진했다. 더 강하게 할 필요가 있다고 생각할 때는 워싱턴의 거리에서 대통령의 연설문을 불태워서 대통령이 국제적으로 난처해지게 만들었다. 그들은 잘 갖추어진 로비활동 시스템을 활용해서 전국적으로 이용 가능한 암호로 편지, 전보를 보내고 전화통화를 할 수 있었다. 타이밍을 적절하게 하는 능력도 뛰어났다. 참정권운동가들은 전국적인 정치집회 등 정치권의 행사가 있기 전날에 집회를 열어서, 기사거리를 찾는 심심한 기자들이 모여있는 때를 이용했다.

백악관 담벼락에 자기 몸을 묶고 감옥에 가고 단식투쟁을 하다 강제로 음식물이 먹여지는 사건 등이 있었는데, 그런 것은 이제 많이 알려졌다. 그러나 그들의 전술에는 유머, 연극적 연출, 소극적 저항, 설득이 포함되어 있었다. 그리고 필요할 때는 지도층 인사들과 친한 사람이나 그들 아내가 체제전복적 행동을 하기도 했다.

그 시대에 여성운동을 공격한 사람들도 여성운동가들이 자유연애를 주창하고 가족해체를 주장하고 신을 모독한다고 비난했다. 또 자연에 어긋나는, 남자 같은 여자들이라고도 했다. 많이 듣던 이야기 아닌가?

우리는 과거의 경험으로부터 정치적 행동에 대한 아이디어, 갈등 해결 방법을 배울 수 있다. 과거에도 현재의 비난과 비슷한 적대적 반응이 있었다는 것도 알 수 있다. 그래서 세 번째 교훈이 필요한 것이다. 세 번째 교훈은 이것이다. 우리는 자매들의 역사를 알아야 한다. 영감을 얻기 위해서, 그리고 모든 아이디어를 축적해 두기 위해서이다. 그리고 그 중에서 지금도 활용할 수 있는 것은 최대한 실천해야 한다. 완전히 새로운 전술도 없고 완전히 구식인 전술도 없다. 여성들 개개인이 그것들을 새롭게 활용할 능력을 모두 소진한 후에라도 다른 여성운동가들이 그것들을 반복하고 확장시키고 변화시킬 수 있다.

우리는 모두 운동가이고 운동가는 모임에 참가하거나 책이나 기사를 읽을 때 실질적인 행동을 위한 아이디어를 얻을 수 있어야 한다. 결국 운동이란 사람들이 움직이는 것이다. 우리가 내일 잠자리에서 일어나면 어떤 변화가 이루어지게 할 것인가?

페미니즘의 강점은 위에서 미래의 변화에 대한 이론을 만들 때까지 기다리지 않고 우리 각자가 행동할 수 있게 한다는 것이다. 미국의 흑인운동, 인도의 간디주의 운동 등 자율과 단순한 정의를 위한 모든 유기체적 투쟁과 마찬가지다. 작은 집단이 상명하달식 혁명을 완수했을 때, 혁명으로 이득을 얻는 것은 그것을 만들어 낸 사람들뿐이다. 그것은 우연이 아니다. '민중에게 권력을' 주려는 좋은 의도를 가지고 있었다 해도 그런 혁명은 배신당할 수 밖에 없다.

권력은 쟁취하는 것이지 얻는 것이 아니다. 권력을 쟁취하는 과정 자체가 권력을 갖게 하는 것이다.

이런 생각을 한 번 해 보자. 개인으로서, 가족으로서, 공동체 집단으로서, 평등을 지향하는 남자로서, 어린이로서, 정치운동 단체로서, 우리가 실천할 수 있는 다양한 전술은 어떤 것이 있을까? 어떤 행동은 특정한 상황에만 맞는 것이어서 일반화해서 말할 수 없을 수도 있다. 또 어떤 행동은 우리 삶에서 에너지가 넘치는 시기에 적당한 것일 수 있고, 어떤 행동은 완전히 지쳐 있을 때, 계획과 평가의 시간을 갖는 것도 괜찮다는 사실을 알 필요가 있을 때 적당한 것일 수도 있다. 그런데 아래에 있는 것은 "아니, 그건 옳지 않아. 그대신 나는 이렇게 하겠어"하고 말할 수만 있다면 행동에 옮길 수 있는 것들이다.


## 개인이 할 수 있는 일

1970년대 초반, 내가 페미니스트 변호사이자 흑인운동가인 플로린스 케네디와 함께 순회 강연을 할 때 플로린스는 날카로운 눈빛을 번뜩이며 이런 말을 자주 했다.

"일치단결해서 벌이는 거창한 운동의 방식은 과대평가되고 있습니다. 당신이 권력자라면 오백 마리의 생쥐가 문으로 들어오는 것을 보고 싶겠습니까, 아니면 사자 한 마리가 들어오는 것을 보고 싶겠습니까?"

나는 그녀의 가르침을 명심하고 이제는 강연을 마칠 때 이런 거래를 제안한다. 그 방 안에 있는 사람들 모두가 바로 다음 날부터 24시간 안에 정의의 구현을 위해 한 가지 이상의 실천을 하기로 한다면 나도 그렇게 하겠다고 약속하는 것이다. 그것은 "당신이 직접 주워요."라고 말하는 것 같은 작은 행동이 될 수도 있고(가족의 하인 노릇을 해 온 여성들에게는 중요한 첫걸음이다), 파업을 조직하는 등의 큰 행동이 될 수도 있다. 핵심은 우리들 각자가 약속한대로 하면 두 가지 결과는 확실히 얻을 수 있다는 것이다. 첫째, 언젠가 세상은 그 전과는 다른 세상이 되어 있을 것이다. 둘째, 아침에 일어날 때 "오늘 작은 실천을 할까 말까?"가 아니라 "오늘은 어떤 작은 실천을 하지?"라고 말하는 좋은 시절을 맞이하게 될 것이다.

다음은 내가 보아 온 작은 실천의 예로 개인이 생활 속에서 실행할 수 있는 것이다.

- 여성이 신부, 목사, 랍비가 될 수 있을 때까지 더 이상 교회에 헌금하지 않겠다고 선언한다.

- 자격있는 여성은 승진을 요구한다. 백인이거나 남성일 경우(또는 백인 남성일 경우) 자신이 인종이나 성별 때문에 승진하지 못한 다른 사람보다 먼저 승진하는 것은 거부한다.

- 성차별적이거나 인종차별적인 교재에 대해 논리적으로 비판하는 글을 써서 대학 내에 배포한다.

- 여성혐오의 내용이 담긴 우스개소리나 그림을 비판한다. 종교나 인종을 이유로 비방하는 것을 비판할 때와 마찬가지로 진지하게 문제를 제기한다.

- 동료들과 함께 자기 임금에 대해 이야기한다. 불공평함을 평가할 수 있도록 하기 위해서다. (고용주들이 우리에게 임금에 대해 서로 이야기하지 못하도록 하는 것은 흥미롭다.)

- 쉴 틈이 없는 어머니가 하루 종일 자신만의 시간을 가질 수 있도록

아이를 봐준다. (남자가 이렇게 하는 것은 특히 혁명적인 행동이다.)

- 결혼 전의 성을 쓴다. 남자의 경우에는 자녀에게 부모의 성을 모두 쓰게 하는 게 어떻겠냐고 제안한다.

- 아이를 가진 여성은 일주일간 집을 떠나 있는다. 그렇게 해서 아이의 아버지가 부모 노릇 하는 것을 배우게 한다. (한 여성이 나중에 조용히 이렇게 보고했다. "집에 돌아갔더니 여자와 아기들이 하듯이 남편과 아기가 딱 붙어 있었어요.")

- 동네 도서관이나 서점에 여성학 코너를 만들 것을 요청한다.

- 회사에서 제공하는 프로그램에서 여성이 배제되고 있지 않은지 살펴본다. 회사가 지원하는 돈의 절반이 여성 고용인들을 위해 쓰이고 있는지 살피고, 만약 그렇지 않다면 부당함을 지적한다.

- 개인적으로 정치인에게 양성평등 이슈를 지지하도록 설득하고 협조적인 정치인을 칭찬한다.

- 집에 구역을 정해서 가족 각자가 혼자 책임지는 공간을 가질 수 있도록 한다. 부엌, 욕실, 다른 공용 공간을 돌아가면서 맡아 관리하도록 한다.

- 평등한 관계를 맺을 수 있는 사람과 결혼한다. 평등한 동반자가 되지 못하는 사람과는 이혼한다.

- 폭력을 휘두르는 애인이나 남편과는 헤어진다.

- 영화에서 강간 등의 폭력 장면이 나올 때는 항의 퇴장을 유도한다.

- 백인밖에 없는 백인 게토에서 일하는(거주하는) 것에 대해 공식적으로 항의한다. 백인들도 문화적인 불이익을 당하고 있는 셈이기 때문이다.

- 자녀나 부모에게 진심을 털어놓는다.

- 자랑스럽게 "나는 페미니스트다."라고 말한다. (이것은 평등에 대한 믿음을 가지고 있는 사람이라는 뜻으로, 남자가 이렇게 말하는 것은 특히 도움이 된다.)

- 동네나 아파트, 기숙사 등에서 사람들에게 유권자 등록을 하고 투표를 하라고 권유한다.

- 편견을 가진 고용주, 교사, 운동 코치, 공장 주임, 노조 위원장에게 항의하고, 그 후에도 개선되지 않으면 고소한다.

한 번으로 끝나는 실천 외에, 우리들 각자가 반드시 실천해야 하는 정기적인 행동도 있다. 예를 들면 TV 프로그램이나 상원의원의 발언 등 무엇에 대한 것이든 설득하고 비판하고 또는 칭찬하는 편지를 매주 다섯 통 쓸 수 있다. 그 외에도 사회 정의를 위해 수입의 10퍼센트를 기부하는 것, 한 달에 한 번 시위에 참가하거나 일주일에 한 번씩 의식화 그룹에 가서 에너지를 충전하는 것, 우리의 신념을 반영하면서 일상 생활을 하는 방법이 무엇인지 생각해내는 것 등이 있다. 실제로 매일매일 그런 실천을 하고 있는 사람들은 그것이 어려운 일이 아니라고 말한다. 다섯 통의 편지를 쓰는 것은 텔레비전을 보면서도 할 수 있고, 수입의 10퍼센트를 기부하는 것은 지금까지 해 온 어떤 것보다 더 좋은 투자이다. 모임에 참가하면 자유로운 공간과 친구들이 생기고 고립감이 해소된다. 직장이나 가족이나 생활방식에 의해 신념이 결정되는 대신, 신념을 실천하기 위해 직장, 가족, 생활방식을 바꾸려 노력하면, 자신이 세상에 영향을 미치고 있다는 만족감을 얻을 수 있다.

우리들 각자가 '일생 동안 다섯 사람'에게만 영향을 주어 그들이 변화한다면, 혁명의 소용돌이는 엄청나게 커질 것이다.


## 집단이 할 수 있는 일

가장 단순한 것이 가장 효과적인 집단 행동이 될 수 있다.

• 회원명단을 지역에 따라 나눠 맡은 지역에서 ERA를 홍보한다.

• 지역 공동체, 같은 직종의 모임, 노조, 종교 단체 등 자신이 속한 조직이 공식적 의제에 평등권 지지를 포함시켰는지 물어본다.

• 자신이 지지하고 있는 운동단체에서 대부분의 일을 여자들이 하지만 남자들만 간부 자리를 차지하고 있는 것은 아닌지 확인한다.

• 여성단체를 '페미니스트적'으로 만든다. 연령·인종·경제적 형편·생활 방식·능력 등이 매우 다양한 여자들, 당면 문제에 실제로 도움이 되는 다른 정치적 입장의 사람들을 모두 포괄해야 한다. 당

면 문제 해결을 위해서는 페미니스트 남자가 필요할 때도 있다. (그런 포괄성을 확보하기 위해서는 조직을 처음 만들 때부터 그렇게 하는 것이 가장 좋다. 집단이 만들어진 후에 '다른 사람들'을 포함시키는 것은 시작할 때부터 그렇게 하는 것보다 훨씬 더 어렵다.)

• 요청을 받지 않아도 필요한 곳에 도움을 준다. 예를 들면 페미니즘 서적 등에 대한 우익 관점의 검열과 싸우고 있는 학교 사서에게 도움을 줄 수 있다. 새로 이사온 이웃이 자신이 인종적으로 고립되어 있다는 느낌을 갖고 있는 듯 하면 그 집에 놀러가 친밀감을 불러 일으킬 수도 있다. (당신이 그 이웃이라면 그럴 때 사람들에게 도와 달라고 먼저 말하고 싶겠는가?)

• 다른 집단들과 연대하고 사안별로 동맹 관계를 맺는다.

• 효율적인 연락망을 갖추어둔다. 다음 주에 긴급한 일이 있다면 단체 회원들에게 즉각 알릴 수 있는가? 성차별 피해자에게 변호사가 필요하다거나, 해로운 입법안이 시의회나 국회에서 돌아다니고 있는 경우에 말이다.

• 집단의 구성원들이 관심을 가지고 있는 곳에 돈이 가도록 하고 그렇지 않은 곳에는 가지 못하게 한다. 그 지역의 매맞는 아내들의 쉼터에 단체의 돈을 기부할 수도 있고, 지역의 공공기금이 걸스카우트보다 보이스카우트에 훨씬 더 많이 지원되는 데 대해 항의할 수도 있다. 여성 소유의 사업체 명단을 출판하는 일을 할 수도 있을 것이다. 대학내 프로그램에서 백인 남자 연사들만 초청하는 데 항의하는 뜻으로 학생회비 납부를 거부할 수도 있을 것이다. (얼마나 많은 돈을

놓치고 있는지 확실히 알아야 하고 상대편도 그것을 알게 해야 한다. 더 확실히 하기 위해서는, 구체적인 개선이 이루어진 경우에만 지급하도록 하는 조건부 날인 증서로 기부할 수 있다.)

- 공식적인 성명 발표와 기자 회견을 한다. 어떤 문제를 직접 체험한 사람들이 하는 개인적 증언만큼 좋은 것은 없다.

- 긍정적인 차이를 만들어 낸 여자들(과 남자들)에게 공식적인 상을 수여하고 축하 파티를 연다.

- 단체 회원들을 교육시키기 위해 여성학 강의를 개설하거나 강사를 초빙한다. 연사들을 조직해서 자기 집단의 메시지가 지역 사회로 퍼져 나가게 한다.

- 새로 가입하는 회원이 있으면 여러 모로 그를 배려해 신입회원이 자신이 환영받고 있다는 느낌을 가질 수 있도록 한다. 기존 회원들은 신입회원들에게 그 집단의 지식을 충분히 전달한다.

- 역사의 수레바퀴를 다시 처음으로 되돌리는 일이 없도록 자신의 조직과 비슷한 다른 조직들과 협력 관계를 맺는다.

투표와 시민 불복종, 노조 여성들에 대한 지지와 불매 운동, 세금 납부 거부, 의회 청문회, 기습적인 퍼포먼스, 저녁 뉴스 감시 등 모든 종류의 전술 중에서 적당한 행동을 취할 수 있어야 한다.

그러나 빈곤의 여성화 현상을 감안하면, 집단들의 실천은 또다른 중요성을 가지고 있다. 여성들은 저개발의, 자본주의화되지 않은 노동력이며, 테크놀로지에 대해 동등한 지식을 가지고 있지 않다. 달리 말하면 세계 어느 곳에 있든 여성은 "제3세계"이다. 그렇기 때문에 호레이셔 앨저 Horatio Alger*1) 식의 개인주의적인 경제 발전 모델은 우리에게는 적용되지 않는다는 것을 깨닫기 시작하고 있다. 아마 우리는 저개발국이라고 불리는 나라의 자매들에게서 경제 발전에 대해 더 많은 것을 배워야 할 것이다. 그들이 실험하고 있는 협동조합 소유 형태와 공동 자금 마련은 동일임금만큼이나 우리의 미래에 중요한 것이 될 수 있다.

지금까지 이런 협동조합 실험은 작게 출발해 왔다. 혼자 아이를 키우는 여자들 세 명이 모여서 혼자서는 살 수 없었던 집을 사고 아이들을 함께 키우고, 여자 둘이 트럭을 사서 먼 거리를 운송하는 일을 하고, 십여명의 여자들이 저축한 돈으로 공동출자해서 빵가게를 시작하거나 집안 청소 서비스 업체를 만들고, 혼자 아이를 키우는 여자들과 여성건축가들이 낡은 건물을 새 집으로 만들기도 했다.

제3세계의 예들은 우리에게 더 많은 노력을 해야겠다는 자극을 주기시작했다. 케냐 농촌 지역의 극빈층 여자들이 여러 해 동안 저축해서 공동 출자를 하고, 버스를 사고, 승객들에게 요금을 받아서 돈을 벌고, 협동조합 가게를 낸다. 그렇다면 더 많은 자원을 가진 우리가 서로를 도와서 그와 같은 일을 못할 이유가 어디 있겠는가? 글을 읽을 줄 모르는 인도 여자들이 신용협동조합을 설립해서 운영하고, 여자들이 거기서 저리 대출을 받아서 물건을 만들어 거리에서 팔 수 있도록 하고 있다. 그런데도 미국 여자들이 돈이 없어서 아무 것도 못한다고 할 수 있겠는가? 보통은 전문 기술이 선진국에서 후진국으로 수입된다. 하지만 우리가 그들의 경험에서 배움을 얻는다면 보통의 흐름을 뒤집는 것이라는 점에서도 바람직하다. 그리고 여성운동가들의 국제적 연대는 우월감과 불신이라는 국가 간의 깊은 골을 가로지르는 다리가 될 것이다. 집단과 단체는 이슈 중심의 운동과 선거에의 개입, 의식화와 직접적 행동의 기초가 되어 왔다. 미래에는 집단과 단체들이 우리의 경제적인 기초가 될 수도 있을 것이다.


## 전략가로서 할 수 있는 일

우리는 물에 빠진 여자들을 서로 구해 주면서 페미니즘의 두 번째 물결의 처음 십여 년간을 보냈다. 예를 들면 강간과 구타 등 여성에 대한 폭력을 극복하기 위해 쉼터와 상담 전화를 만들어서 조직적으로 피해자들을 도울 수 있게 했고, 폭력으로부터 여성을 보호하라고 경찰에게 압력을 가했다. 복지 서비스와 법률을 개선했으며, 사회가 더 이상 피해자를 비난해서는 안 된다고 주장했다.

이제는 강 상류로 가서 여자들이 물에 빠지는 이유가 무언지를 살펴보아야 한다.

구타 남편이나 폭력적인 남자들을 다루는 데 효과적이라고 증명된 바 있는 새로운 전략들에 대해 더 많이 연구할 수도 있다. 그런 전략이 성공했던 이유는 바로 그것이 경험에서 나온 것이었고 또 페미니즘의 관점에서 나온 것이었기 때문이었다. 페미니즘의 관점에서 보면 폭력은 남성 지배 사회가 만들어 낸 하나의 중독으로서, 남자아이들에게 '진짜 사나이'는 세상을, 특히 여자를 지배하고 통제해야 한다고 가르침으로써 만들어진 것이다. 어떤 남자가 남성성을 증명하기 위한 폭력에 중독되어 있을 때 일반적인 프로이드주의적 치료법은 다음과 같이 말하는 것뿐이었다.

"그렇다. 남성은 본래 공격적이지만 그 정도를 조절하는 법을 배워야 한다."

그것은 마약 중독자에게 헤로인을 아주 조금만 맞으면 된다고 말하는 것과 같다.

프로이드가 아니라 경험에 기초한 치료법은 이렇게 말한다.

"아니다. 남성이 원래 공격적인 것이 아니다. 폭력성으로부터 남성성과 자아정체감을 분리시키고 그 습관을 완전히 벗어던져야 한다."

이런 접근 방식을 가진 소수의 프로그램들은 구타 남편들과 강간범, 다른 폭력적인 남자들, 범죄자들에게 도움을 줬다. 또한 스스로를 정상적인 남자라고 생각하고 있어서 어찌할 수 없던 위험한 남자들에게도 도움을 줬다. 이같이 남성성이라는 문화적 인식에 근본적으로 도전하는 것은, 여성의 관점에서 환경 문제도 해결할 방법이 있을 것이라는 희망을 준다.

우리의 네 가지 주요 목표를 위한 전략은 아주 다양하다. 우리의 목표 네 가지는 생식에 관한 자유권, 여성 노동의 재정의, 가족의 민주화, 평등 문화 건설이다.

이 목표들을 이루려면 아직 많은 시간이 필요하다는 것은 확실하다. 우리가 이 목표들이 있는 저편 강기슭까지 가려면 아직 멀었다.

그런데 강을 건너간다는 이미지는 우리가 경험한 현실을 묘사하기에는 너무나 단순한 것이라고 할 수도 있다. 사실상 우리는 비슷한 투쟁을 주기적으로 되풀이하는 듯 보이고 그 사실은 단기적으로는 우리를 힘 빠지게 한다. 그러나 각각의 투쟁은 조금씩이라도 변화된 지형에서 일어난다. 페미니즘을 특이한 것이라고만 여기는 피상적 이해의 과정을 거치고 법률도 통과해서 남성중심적인 문화를 완전히 바꾸기 전까지 완전한 혁명은 이루어지지 않을 것이다. 오랜 세월을 돌아볼 때에만 우리는 되풀이되어 온 투쟁 각각이 모두 한 방향으로 움직여 오고 있다는 것을 볼 수 있다. 역사의 나선형 발전을 볼 수 있는 것이다.

여성운동을 처음 시작하던 시절에 나는 이것(페미니즘을 말한다)을 몇 년 정도만 하고 내 진짜 삶으로 돌아갈 것이라고 생각했다. (내 '진짜 삶'이 어떤 것인지는 정하지 못했지만 말이다.) 이런 생각을 하게 된 부분적인 이유는, 순진하게도 불평등을 지적하기만 하면 고쳐질 것이라고 생각했기 때문이다. 용기가 부족했기 때문이기도 했다.

그러나 운동을 하는 동안 우리는 진짜 삶을 위해서, 우리 자신의 삶을 위해서 여성운동을 하고 있음을 알게 되었다. 역사의 나선형적 발전 과정을 보지 않아도 우리가 여행한 거리를 보면 알 수 있다. 현재의 나보다 불완전한 사람이었던 과거의 나 자신을 되돌아보기만 하면 된다.

그리고 그것이 마지막 교훈이다. 우리가 얼마나 멀리 왔는지 보라. 그러면 알게 될 것이다. 이제 돌아갈 수는 없다는 것을.

—1978년, 1982년

**각주**

1) 미시시피주는 1982년에 여성에게 투표권을 부여한다는 수정 조항을 비준했다.

2) 정해진 기한 안에 비준되지 못하자 1982년 7월 ERA는 다시 의회에 제출되었다. 같은 해 11월 선거에서 평등권 찬성론자들이 플로리다와 일리노이에서 비준을 위한 충분한 수의 의원들을 당선시켰다.—플로리다와 일리노이는 ERA를 저지한 대표적인 주였다. 그 두 개 주의 의회에서 ERA가 통과됐지만, 똑같은 비준 절차를 따른다면 그것이 실행되기까지는 최소한 10년이 걸릴 거라고 추정되고 있다.

3) 다른 운동이나 이익집단과 비교하면 여성운동이 더 급진적이라고 할 수 있다. 여성운동이 근본적인 변화에 더 많은 관심을 기울인다는 것이다. 1976년, 하버드 국제문제연구소와 「워싱턴 포스트」의 미국을 이끌어 가는 집단(정당 등의 청년회, 흑인운동, 그 외 많은 집단)에 대한 조사에 따르면 페미니스트들은 다른 집단보다 근본적인 변화의 문제(예를 들면 공익 설비와 석유회사의 국유화, 소득의 재분배 등)를 제기하는 경향이 더 강한 것으로 일관되게 나타났다. 조사 대상은 대부분 전미여성협회 NOW와 전국여성정치회의 National Women's Political Caucus의 회원들이었는데, 그들은 '보수적' 페미니스트들이라고 불리던 사람들이었다.

4) 첫 번째 물결과 두 번째 물결의 여성운동내 집단들과 경향에 대한 설명으로는 다음을 보라. Shulamith Firestone, *Dialectics of Sex* (New York: Bantam Books, 1971), pp.15-40.

**역주**

*1) 19세기 말 미국의 인기 작가. 구두닦이 소년이 큰 부자가 된다는 식의 이야기를 주로 썼다.

# 옮긴이의 말

이 책은 미국의 대표적인 여성운동가 글로리아 스타이넘의 『Outrageous Acts and Everyday Rebellions』라는 책을 완역해 두 권으로 엮은 것 중 하나이다. 이 책의 일부는 1995년에 곽동훈 씨가 번역하여 『여성망명정부에 대한 공상』이라는 제목으로 출판된 바 있는데, 원서에서 보강된 부분은 보충하고 빠진 글들을 모두 채워넣어서 새로이 완역본으로 내게 되었다. 곽동훈 씨의 이전 번역본에서 도움을 받았다는 사실과 그에 대한 감사를 여기에 밝혀야 할 것 같다.

이 책에 실린 「남자가 월경을 한다면」이나 「여성망명정부에 대한 공상」 같은 글에는 많은 사람들에게 획기적인 영감을 준 새로운 상상이 담겨 있다. 여성의 몸, 시간, 언어에 관한 예리한 통찰과 관찰도 있다. 그 중에서도 이 책을 옮기면서 내게 가장 인상적이었던 부분은 저자 개인의 성장 과정, 운동의 경험과 기록이었다.

사실 나는 글로리아 스타이넘에 대해 아주 피상적으로만 알고 있을 뿐이었다. 페미니스트 잡지 『미즈』를 만든 사람으로 미국의 스타 페미니스트라는 것 정도만 알고 있었고, 얼마 전 환갑이 다 된 나이에 처음으로 결혼을 한다는 짧은 외신과 그의 예쁜 얼굴이 제법 크게 실린 사진을 보고 약간 당황스러움을 느끼기도 했다. 예쁜 여자에 대한 불신감에, 대중적으로 인기를 얻은 사람은 분명 얼음같고 칼날같기보다는 뭔가 들쩍지근한(관점에 따라서는, 구린) 구석이 있을 것이라고 막연히 생각하고 있었던 것 같다.

그런데 나는 이 예쁜 여자가 쓴 글을 읽는 동안 그의 인간적인 매력

(이것이야말로 들쩍지근한 표현이지만)을 감지할 수 있었고 그가 지닌 힘에 감염되어갔다. 아니, 감전되는 것 같았다.

저자는 곳곳에서 솔직하면서도 분석적인 자기 이야기를 들려주고 있는데, 이야기 속의 저자는 어릴 때부터 말 잘 하고 나서기 좋아하는 적극적인 여성하고는 거리가 먼 것이었다. 글로리아 스타이넘이 자신에 대한 이야기에서 순순히 밝히고 있는 사실은 오히려 그 반대다. 많은 사람들 앞에서 이야기하는 데 대해 공포에 가까운 두려움을 가지고 있었고 훈련된 숙녀다움은 분쟁과 갈등 상황을 무서워하게 만들었다는 것이다. 훌륭한 사람들의 이야기에서 이런 평범한 약점을 발견하고 기뻐하는 것이 나만의 악취미인지 인지상정인지는 모르겠지만, 그런 수줍은 여자가 당찬 여성운동가로 성장해나가는 과정을 듣는 것은 단지 위안 삼을 이야기가 아니라 가슴 뿌듯한 일이다. 저자는 동료 여성운동가들을 만나면서, 그리고 자기 경험을 통해 여성 의식과 여성운동가의 자질을 키워나갔으므로, 다른 여성들에 대해서도 열린 마음으로 바라볼 수 있는 모양이다(다섯 명의 여자에 대한 글에서 그런 자매애가 특히 잘 드러난다). 그래서인지 사실 그에게서 얼음이나 칼날같은 원칙, 급진성은 느껴지지 않는다. 모든 사람의 변화 가능성을 인정하는 포용과 느긋한 기다림 같은 것이 느껴진다.

이 책을 옮기면서 시큰하고 찡하고 눈물이 핑 도는 순간이 글마다 최소한 한 번씩은 있었다. 물론 코, 가슴, 눈에서 말이다. (무릎이나 어깨는 그보다 더 자주 시큰거렸다.) 예를 들면, 무슨 기념 행사에서 제일 좋은 옷을 풀 먹여서 차려입고 나온 듯한 한 할머니가 저자에게 다가와서 "내 마음 속 이야기를 해줘서 고맙다는 이야기를 하러 왔다." 고 속삭였다는 일화가 그랬고, 대학 동창회 퍼레이드에서 여성운동 이슈를 적은 플래카드를 들고 행진하는데 젊은 흑인 학생들이 주먹을 치켜올리며 인사하더라는 대목에서도 그랬다. 나는 그게 깃발을 들고 거리에 나설 때와 비슷한 기분이라고 생각했는데, 나중에 읽은 글에서 그 찌릿하면서도 힘찬 기분의 정확한 이름을 알게 되었다. 그것을 "세상에 영향을 미치고 있다는 만족감"이라고 저자는 표현하고 있다. 또는 함께 세상에 영향을 미칠 수 있는 다른 여자들을 만났다는 반가움일 것이다.

「Outrageous Acts and Everyday Rebellions」가 나뉘어 번역된 또 다른 책, 『글로리아 스타이넘의 일상의 반란』에 실린 「변화의 강물을 거슬러 헤엄쳐 가기」라는 글에는 세상에 영향을 미치는 방법들이 아주 상세히 나와 있다. 대중매체나 정치가들에게 항의 편지나 칭찬 편지 보내기, 사회 정의를 위해 수입의 일부를 기부하기, 여성 의사나 건축가 등 여성 전문가를 찾고 일을 맡기기 등 신념을 일상 생활에 반영하는 여러 가지 실천 방법이 제시되어 있다. 나는 그런 작고 멋진 실천을 통해 세상에 영향을 미칠 수 있다는 생각만으로도 강렬한 행복감을 가질 수 있었다. 독자 여러분도 여자들의 손에서 손으로 전해지는 전기와 같은 찌릿하고 힘찬 행복감을 이 책에서 얻어가시기를.

2001년 12월
양이현정